莫卧儿帝国

THE FALL of THE MOGHUL EMPIRE OF HINDUSTAN

从奥朗则布大帝时代到莱克勋爵占领德里

[英]H.G.基恩 著 赵秀兰 译

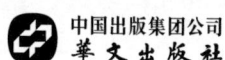

图书在版编目（CIP）数据

莫卧儿帝国：从奥朗则布大帝时代到莱克勋爵占领德里 / (英) H.G.基恩 (Henry George Keene) 著；赵秀兰译. -- 北京：华文出版社，2019.1（2019.11重印）

（华文全球史）

ISBN 978-7-5075-4980-5

Ⅰ.①莫… Ⅱ.①H… ②赵… Ⅲ.①莫卧儿帝国(1526-1857)—历史 Ⅳ.①K351.32

中国版本图书馆CIP数据核字(2018)第230463号

莫卧儿帝国：从奥朗则布大帝时代到莱克勋爵占领德里

作　　者：[英] H.G.基恩
译　　者：赵秀兰
选题策划：盛世
插图供应：029—85504182
责任编辑：董云梅
出版发行：华文出版社
社　　址：北京市西城区广外大街305号8区2号楼
邮政编码：100055
网　　址：http://www.hwcbs.com.cn
电　　话：总编室010—58336239
　　　　　发行部010—58336212
经　　销：新华书店
印　　刷：三河市国英印务有限公司
开　　本：710×1000　1/16
印　　张：23.75
字　　数：278千字
版　　次：2019年1月第1版
印　　次：2019年11月第2次印刷
标准书号：ISBN 978-7-5075-4980-5
定　　价：89.00元

版权所有　侵权必究

出版前言

随着中国开放的大门的越开越大,关注世界各国尤其是西方国家文明的源流、发展和未来已经成为当下世界史研究的一个热点,为了成系统地推出一套强调"史源性"且在现有世界史出版物中具有拾遗补阙价值的作品,我们经过认真论证,推出了"华文全球史"系列,首次出版约为一百个品种。

"华文全球史"系列从书目选择到人名地名的规范,从书稿中图片的采用到译者的确定,都有比较严格的遴选规定、编审要求和成稿检查,目的就是要奉献给读者一套具有学术性、权威性的高质量的世界史系列图书。

书目的选择。本系列图书重视世界史学科建设,视角宽阔,层级明晰,数量均衡,有所突出。计划出版的华文全球史中,既有通史,也有专题史,还有回忆录,基本上是世界历史著作中的上乘之作,同时也是填补国内同类作品出版的空白。

人名地名规范。本系列图书中人名地名,译名规范,重视专业性。同时,在人名翻译方面,我们坚持"姓名皆全"的原则,加大考据力度,从而实现了有姓必有名,有名必有姓,方便了读者的使用。另外,在注释方面,书中既有原书注,即完整地保留了原著中的注释;也有译者注,又体现了译者的研究性成果。

书中的插图。本系列图书的一个重要特征是书中都有功能性插图，这些插图全方位、多层次、宽视角反映当时重大历史事件、或与事件的场景密切相关，涉及政治、军事、经济、社会、外交、人物、地理、民俗、生活等方面的绘画作品与摄影作品。全景插图与文字结合，赋予文字视觉的艺术，增加了文字的内涵。

译者的确定。本系列图书的翻译主要凭借的是一个以大学教师为主的翻译团队，团队中不乏知名教授和相关领域的资深人士。他们治学严谨，译笔优美，为确保质量奉献良多。

"华文全球史"系列作为一套具有较高学术价值的优秀的世界历史丛书，对增加读者的知识，开阔读者的视野，具有积极的意义。但也要看到，很多西方历史学家虽然也包含着一些正确的即符合事实的观点，但很多都存在错误的历史观，甚至还有较多的史实的歪曲，对于这些，我们希望读者不要不加分析地对它们全盘接受或全盘否定，而是要批判地吸收外国文化中有益的东西。

华文出版社
2019年8月

原　序

本书的前两个版本已经脱销。为了适应学生的学习，是时候再版了。首先介绍一下我对前两个版本的增补与修订。

蒙特斯图亚特·埃尔芬斯通[①]在《印度史：印度教与伊斯兰教时期》中描述了莫卧儿帝国的强盛时期，并在1885年出版的《印度简史》中专门研究了莫卧儿帝国的兴衰。然而，对于标志着18世纪大混乱局面结束，即英国入侵莫卧儿帝国之前的那段黑暗时期，在这两部作品中都没有全面的记载，其他相关作品也未对此有过详细描述。

《莫卧儿帝国：从奥朗则布大帝时代到莱克勋爵占领德里》主要讲述了从1759年莫卧儿帝国君主阿拉姆吉尔二世[②]遇刺到1830年杰拉德·莱克[③]占领德里这段时期的历史。本书前几章是介绍性

---

① 蒙特斯图亚特·埃尔芬斯通（1779—1859），苏格兰政治家和历史学家，著有多本关于印度和阿富汗的史书，如《印度史》和《英国在东方的崛起》等。——译者注
② 阿拉姆吉尔二世（1699—1759），贾汉达尔·沙之子，莫卧儿帝国皇帝，1754年到1759年在位。——译者注
③ 杰拉德·莱克（1744—1808），英国将军。1798年，他指挥英军镇压爱尔兰之乱。1799年，他担任英属印度军队总司令。1801年7月，他在加尔各答致力于改革东印度公司的军队。1803年，第二次盎格鲁-马拉塔人战争爆发，杰拉德·莱克击败了达乌拉·辛迪亚。同年9月11日，他率军占领德里，10月10日占领阿格拉。——译者注

的，用来说明一些重大历史事件的相关背景。同时，书中增补了有关1760年到1761年伯拉里加特战役的内容。因为迄今为止，史书上所有与该战役相关的叙述似乎都没能充分说明它的重要性。伯拉里加特战役发生在梅迪兹瓦尔战争末期，虽然战役持续时间短，以马拉塔人的惨败结束[①]，但披坚执锐的马拉塔骑兵还是给对手造成了一定伤害。这场战役是英国人进入莫卧儿帝国的关键一战，如果当时马拉塔人胜利，英国在印度的统治能否扩张到贝拿勒斯[②]以北还是一个未知数。

我希望借用本书第二版序言的结语，来结束上面简短的介绍："本书要避免两种弊端：第一，赋予这段时期过多的重要性；第二，试图通过其他作家的作品解释这段时期。当然，有些作家令人敬仰，他们的作品详细讲述了罗伯特·克莱夫[③]和沃伦·黑斯廷斯[④]的故事。最后，我尽力使叙述简明扼要，但枯燥乏味之处在所难免。"

在新版结语中，我要补充的是，本书难免有一些缺陷，还望读者指正。优点则是富有趣味性，描述了东印度公司在印度确立霸权的过程。我希望，本书可以像S.欧文先生的书一样，起到一定积极作用，使人们不再怀疑，在英国统治印度期间，印度人也有所收获。

最后，需要注意的是，著名作家蒙特斯图亚特·埃尔芬斯通去世后出版的《英国在东方的崛起》与本书并不冲突。《英国在东方

[①] 1761年，马拉塔人被阿富汗人征服。——译者注
[②] 贝拿勒斯是印度东北部的一座城市。——译者注
[③] 罗伯特·克莱夫（1725—1774），被称为"印度的克莱夫"，他确立了东印度公司在孟加拉的霸权。——译者注
[④] 沃伦·黑斯廷斯（1732—1818），英国政治家，先后担任孟加拉第一任总督和印度第一任总督。——译者注

贝拿勒斯

的崛起》虽然脱离印度实际，研究视角也与本书不同，但可贵的是，它讲述了早期英国军官在马德拉斯①和孟加拉的政治军事活动，为本书提供了有效的指导。可以说，蒙特斯图亚特·埃尔芬斯通的叙述与本书的研究主题之间的关系，就像《来自罗镇的罗马人》②与法兰西北部的卡林帝国历史之间的关系。

H.G. 基恩

于牛津

---

① 马德拉斯，南印度东岸的一座城市，现称"金奈"。——译者注
② 《来自罗镇的罗马人》是罗伯特·瓦斯写的一首诗体编年史，讲述了从诺曼底的罗洛到 1106 年坦谢布赖战役这段时期的诺曼公国的历史，是一部诺曼底的民族史诗。——译者注

目 录

第1章 印度的变迁 ······ 001

印度的气候——印度的经济形态——印度的语言——宗教——德里和阿格拉——德里红宫——印度人的性格——种姓制度

第2章 奥朗则布与莫卧儿帝国内战 ······ 021

察合台汗国的后裔——奥朗则布——莫卧儿帝国内战——奥朗则布与宗教斗争——巴哈杜尔·沙——赛义德兄弟——苏丹·罗山·阿赫塔

第3章 穆罕默德·沙 ······ 039

赛义德兄弟失势——钦·库利奇——纳迪尔·沙——孔雀宝座——艾哈迈德·汗·阿卜达里——卡姆尔-乌尔-丁·汗遇袭身亡——穆罕默德·沙暴卒

第4章 阿拉姆吉尔二世 ······ 049

1748年至1754年——艾哈迈德·沙·巴哈杜尔——罗希拉人——年轻的加齐-乌德-丁·汗——登上王位的阿拉姆吉尔二世的困惑

I

第 5 章 阿富汗人入侵 ································· 063

1754 年到 1760 年——加齐 – 乌德 – 丁·汗的进展——艾哈迈德·汗进入德里——阿里·高哈尔王子逃跑——艾哈迈德皇帝被谋杀——阿卜达里进攻德里

第 6 章 马拉塔人战败 ································· 075

马拉塔人联盟——萨达舍奥·拉奥——艾哈迈德·沙·杜兰尼进入德里——霍尔卡和苏拉杰·马尔的告诫——洗劫德里的皇宫——易卜拉辛·汗进攻罗希拉人——纳吉布·汗坚守阵地——冉吉克被杀

第 7 章 英国人进入印度 ································· 099

英国人——舒贾 – 乌德 – 道拉——王储进入比哈尔——沙·阿拉姆二世的性格——拉贾·拉姆纳拉亚恩击败舍瓦利耶·劳——加雅战役——挺进印度——巴特纳大屠杀——卡西姆和苏姆罗奥出逃——布克夏尔战役——与英国签订条约——条约内容——在阿拉哈巴德建立政权——君主确立权威

第 8 章 马拉塔人回归 ································· 119

纳吉布·汗与米尔扎·贾万·巴克特——贾特人——巴特普尔邦——苏拉杰.马尔攻击贾特人——谈判——苏拉杰·马尔之死——贾特人进攻斋浦尔——马拉塔人回归——马拉塔人进攻巴特普尔——罗希拉人投降——纳吉布·汗之死——罗希尔坎德邦——扎比塔·汗——马拉塔人邀请君主返回德里

第 9 章 沙·阿拉姆二世返回新德里 ················· 139

辛迪亚家族王政复辟的代表玛多吉·辛迪亚——扎比塔·汗进攻米尔扎·纳贾夫·汗——扎比塔·汗逃走——与罗希拉人签订条约——扎比塔·汗重新上任——马拉塔人进攻德里——绝望的米尔

扎·纳贾夫·汗——马拉塔人进攻罗希尔坎德——奥德先头部队反击英国军队——阿卜杜勒·阿希德·汗重新上任——扎比塔·汗的可疑行为与他扣留罗希拉人的贡品——卡特拉战役——舒贾－乌德－道拉之死——攻打贾特人纳贾夫·库里·汗的战役——帝国军队的胜利——扎比塔·汗与锡克教徒——米尔·卡西姆之死

第10章 宰相米尔扎·纳贾夫·汗 ······ 167

米尔扎·纳贾夫·汗的活动——扎比塔·汗反叛——君主投入战斗——反叛被镇压——沃尔特·莱因哈特的扎伊吉尔——阿卜杜勒·阿希德·汗投入战斗——针对锡克教徒的战役失败——德里受到威胁——在米尔扎·纳贾夫·汗的安排部署下德里的危险解除——玛多吉·辛迪亚占领瓜廖尔——沃尔特·莱因哈特的妻子——米尔扎·纳贾夫·汗之死——随后的交易——阿弗拉西阿卜·汗成为宰相——米尔扎·沙菲回到德里——谋杀米尔扎·沙菲——沃伦·黑斯廷斯的行动——王子逃跑——玛多吉·辛迪亚去了阿格拉——阿弗拉西阿卜·汗之死——英国人要求进贡——扎比塔·汗之死——玛多吉·辛迪亚至高无上——全国陷入饥荒

第11章 玛多吉·辛迪亚 ······ 201

格拉姆·卡迪尔·汗——国之栋梁——围攻拉戈加尔赫——英国的政策——玛多吉·辛迪亚的措施——拉杰普特人联盟——拉尔索特战役——穆罕默德·贝格之死——伊斯梅尔·贝格变节——玛多吉·辛迪亚的伟大——格拉姆·卡迪尔·汗进入德里——受到沃尔特·莱因哈特的寡妻和纳贾夫·库里·汗的阻击——格拉姆·卡迪尔·汗得到宽恕——格拉姆·卡迪尔·汗加入伊斯梅尔·贝格的阵营——拉杰普特人的使者——君主亲征——修书给乔治三世——纳贾夫·库里·汗反叛——王子之死——围攻高卡尔加尔——君主返回德里——费罗扎巴德战役——盟军在德里——遇到的困难——玛多吉·辛迪亚的怠惰——贝努瓦·德·布瓦涅

第12章 沙·阿拉姆二世被废黜 ······ 233

莫卧儿人的背叛——联盟军占领皇宫——君主被废黜——皇宫遭劫——格拉姆·卡迪尔·汗——君主双目失明——马拉塔人迫近——劫掠者的疑惧——回历正月炸皇宫——逃往密鲁特——抓住格拉姆·卡迪尔·汗的可能意图——玛多吉·辛迪亚采取的措施——富兰克林上尉富有诗意的慨叹

第 13 章　英国势力的兴起 ·············· 253

玛多吉·辛迪亚人住皇宫——英国的政策——贝努瓦·德·布瓦涅兵力增强——伊斯梅尔·贝格加入拉杰普特人起义——帕坦之战——玛多吉·辛迪亚在马图拉——围攻阿杰梅尔——焦特布尔王公——米尔塔战役——对手惶惶不安——法国军官——进入浦纳——塔库吉·霍尔卡前进——伊斯梅尔·贝格被俘——拉克海利战役——玛多吉·辛迪亚被斥责——乔治·托马斯崛起——乔治·托马斯离开沃尔特·莱因哈特的寡妻——玛多吉·辛迪亚在浦纳——玛多吉·辛迪亚的死因及其性格

第 14 章　英法争夺印度 ·············· 281

道拉·拉奥·辛迪亚——乔治·托马斯被阿帕·坎蒂·拉奥收为养子——萨尔达纳革命——沃尔特·莱因哈特的寡妻受到攻击——沃尔特·莱因哈特的寡妻成为更睿智的女性——阿富汗人的入侵——贝努瓦·德·布瓦涅退休——佩龙将军——伊斯兰教徒的诡计——阿富汗人受阻——在奥德继位——拜斯之战——阿富汗人和英国人——辛布纳特崛起——乔治·托马斯独立——拉科瓦·达达反叛——贾斯万·拉奥在印多尔被击败——佩龙的权力

第 15 章　杰拉德·莱克占领德里 ·············· 307

马拉塔人的世仇——佩龙攻击乔治·托马斯——《博森条约》——《勒克瑙条约》——阿瑟·韦尔斯利——阿瑟·韦尔斯利得到支持——法国人的恐惧——道拉·拉奥·辛迪亚受到威胁——佩龙的影响力——法国人的计划——第一执政官——阿瑟·韦尔斯利的观点——宣战——杰拉德·莱克的军队——道拉·拉奥·辛迪亚的欧洲军官——英国人——法国人的反英情绪——佩龙失败——德里战役——杰拉德·莱克进入首都——君主的请愿书——没有签订条约

第 16 章　莫卧儿帝国衰落后的印度 ·············· 333

气候对种族的影响——早期移民——法国人和英国人——没有被英国推翻的伊斯兰统治——佩龙的行政管理——之后的变化——塔卢克达尔——杰拉德·莱克的意图——塔卢克达尔的失职——权力受到遏制——没有人生、财产、交通等方面的保护政策——诸如此类的事情依然依赖外国

专有名词英汉对照 ·············· 351

第 1 章

印度的变迁

精彩看点

印度的气候——印度的经济形态——印度的语言——宗教——德里和阿格拉——德里红宫——印度人的性格——种姓制度

严格而恰当地说，印度地形大致呈菱形，西北接印度河与萨特累季河，西南临印度洋，东北连喜马拉雅山脉与加格拉河，东南达纳巴达河与宋河。莫卧儿帝国统治时期，印度包括锡林德①、拉杰普塔纳②、古吉拉特③、马尔瓦④、奥德⑤、阿格拉⑥、阿拉哈巴德⑦和德里，行政区划为省⑧、县⑨、乡⑩、村四级。

　　17世纪末，莫卧儿帝国的领土还包括德干⑪、旁遮普⑫和喀布尔。这些地区一直被强大的莫卧儿帝国的君主统治。但随着莫卧儿帝国

---

① 或称"拉合尔"。——原注
② 拉杰普塔纳，意为"拉杰普特人的土地"，是印度的一个地区，包括现在的拉贾斯坦邦、中央邦的部分地区、古吉拉特邦和一些毗邻今巴基斯坦南部的信德省的地区。——译者注
③ 古吉拉特是位于印度最西部的一个邦。——译者注
④ 马尔瓦是印度历史上中西部的一个地区，因区域内有温迪亚山脉，故又称"温迪亚高原"，这里是兵家必争之地。——译者注
⑤ 包括历史上的罗希尔坎德和罗希拉斯。——原注
⑥ 阿格拉是印度北方邦西南部历史名城，位于亚穆纳河西岸。——译者注
⑦ 阿拉哈巴德是印度北方邦的一座大城市，阿拉哈巴德地区的行政总部，是印度人口最多的地区。——译者注
⑧ 原文为 subahs or divisions。——译者注
⑨ 原文为 sarkars or districts。——译者注
⑩ 原文为 dasturs or sub-divisions。——译者注
⑪ 德干，即德干高原，是印度中部和南部的一个大熔岩高原。——译者注
⑫ 旁遮普，印度西北部的一个邦，西与巴基斯坦毗邻。——译者注

的衰落，这些地区逐渐脱离莫卧儿帝国的统治。在本书叙述的这段时期，它们已经不是莫卧儿帝国的领土，因此，书中很少提及这些地区。

孟加拉、比哈尔①和奥里萨②也曾是莫卧儿帝国的领土，但在本书叙述的这段时期，它们只在很短时间内扮演了重要角色。18世纪初，作为弱小封疆的孟加拉、比哈尔和奥里萨虽然承认德里王权的统治，但大部分已经开始独立。

阿杰梅尔③位于印度河平原海拔最高的地方，坐落在阿拉瓦利山脉东部的斜坡上，在德里以南约三百七十公里处。阿拉瓦利山脉属于原始花岗岩山系，主峰阿布海拔约五千英尺，阿杰梅尔所处高地海拔不到三千英尺。

总体上来看阿杰梅尔的地形，是海水枯竭后地壳隆起形成的盆地。由于这片海域的存在，德干高原的面积曾比锡兰岛④还大。总体而言，这片盆地的土壤属于沙质土壤，土质轻薄，但不是不毛之地，可以种植小麦，小麦的平均产量约为每英亩一千磅。种植的谷物属于冬季作物，因为这里的气温与同纬度的非洲地区相近。虽然这里从不下雪，但夜里常会形成薄冰，春天露水较多，西风强劲。随着白天越来越长，光照越来越强，天气也越来越热。

5月下旬，从印度洋北部孟加拉湾吹来的季风非常活跃，通常会持续到9月底，雨会一直下到10月，平均降水量在二十英寸左右。

---

① 比哈尔位于印度北部，北邻尼泊尔，东接孟加拉邦，西边是北方邦和中央邦，南连奥里萨邦，是印度大邦之一。——译者注
② 奥里萨是印度东部的一个小邦。——译者注
③ 阿杰梅尔是印度西北部拉贾斯坦邦的主要城市之一。——译者注
④ 锡兰是斯里兰卡的古称。——译者注

第1章 印度的变迁

这个时节的天气是一年中最糟糕的,疟疾常常肆虐。直到冬天,疟疾才会结束。

冬天一过,人们就开始种植葫芦科作物、水稻、甘蔗和棉花。进入雨季后,人们开始种植小米等粗粮。春季作物在当年的10月收割,而冬季作物一般在第二年的三四月收割。五六月时,天气炎热,大地龟裂,这里几乎与极寒天气中的英国一样。因此,除了最炎热的五六月,其他月份农民都在忙碌。

关于阿杰梅尔的炎热天气,蒙特斯图亚特·埃尔芬斯通的描述非常生动:"天气炙热,连风都是热的。大地被烤成了棕色,非常干燥,尘土四处飞扬。几乎所有的小溪都干涸了,因为小河的流水不足以'回报'小溪。恒河的水量锐减,留下一片宽阔的沙质河床

农民忙着收割农作物

和一条狭窄的河道。"然而，需要补充的是，这个可怕的季节快要结束时，喜马拉雅山上的积雪融化，为即将干枯的河流补给了水源。即便如此，不幸遇上偶尔延长的干旱天气，阿杰梅尔还是会普遍缺水，形成大面积的饥荒。各阶层的人们都会受到饥荒的影响。紧接着，瘟疫就会暴发。最后，季风引发的疟疾会导致特殊疾病的暴发。这些特殊疾病常常迅速蔓延，并且通过风、朝圣或其他形式的人际交往传播到各地。这是大自然控制土著人口过度增长的残忍方式之一。因此，建设排水灌溉工程不仅直接保证了莫卧儿帝国的暂时繁荣，也间接增加了君主的责任。1848年至1854年，现在被称为"印度西北诸省"（的人口比率从每平方英里二百八十人上升至每平方英里三百五十人。这些省恰好具有上述所有地理特征。随后的十六年里，印度人口比率持续上升。最新的人口比率已经从每平方英里

建设排水灌溉工程

三百七十八人上升至每平方英里四百六十八人,人口比率的上升幅度与英伦群岛①相差无几。）

当时,因为土地不是佃农集体所有,所以在田间劳作的佃农的日常工资,是按照普遍采用的分成制地租②来支付的。一般情况下,这些土地的主人属于同一个部落。

佃农所需的生产资料由世袭的地主提供。地主一般还是杂货零售商人。为了确保农作物的收成,他们会向佃农预付货物、种子和金钱。

地主、工匠和手工业者都住在城里。城里有些高利贷商人非常富有,因为他们的贷款年利率高达三十六个百分点。这里没有金银矿,也没有对外贸易,商品价格低。

印度的语言被称为乌尔都语③。迄今为止,乌尔都语是整个印度的通用语,由不同元素混合而成,但各元素比例不同,虽然遵循相同的语法规则,但重音与习语之间存在差别。乌尔都语由阿拉伯化的波斯语和印地语两部分组成。宽泛地讲,文明用语中的名词性实义词、恭维语中的形容词以及修辞学中的形容词源自阿拉伯化的波斯语;动词、常用词汇和日常生活中的小品词源自印地语。同样,除狩猎时所用的动物名称外,其他动物的名称都来自印地语。

---

① 英伦群岛,指英国。——译者注
② 在莫卧儿王朝,农村的村镇分为两类:一类是属于柴明达尔的村庄,另一类是农民的村庄。在柴明达尔村庄,柴明达尔负责向农民征收田赋,将其上交给国家官吏和皇帝所属的扎吉达尔。柴明达尔的自耕地不交田赋。没有自耕地的柴明达尔则在所征田赋中扣一部分（各地区从四分之一到十分之一不等）。柴明达尔还向农民征收杂税,役使低种姓的人为他无偿劳动。在农民的村庄,村庄由"村头人"负责向农民征收田赋并上交国家,"村头人"可自留所收田赋的2.5%,并有权分配村社的荒地、森林给村民使用或耕种。——译者注
③ 由古印度语与以俗语为基础的方言结合而形成。——原注

据说，乌尔都语最初源自突厥语。"Urdu"的字面意思是"营地"，莫卧儿人首先在其营地内使用乌尔都语。因此，就像沙·贾汗定都德里后，乌尔都－伊－木阿里①成为新德里的代名词一样，乌尔都－奇－扎班②指德里的通用语。正如英语可能是爱德华三世统治伦敦时的通用语一样，乌尔都－奇－扎班可能是莫卧儿帝国时期的通用语。传统的阿拉伯语和波斯语专门用于法律、学术和宗教等。印度教徒在商业和宗教活动中一般使用梵语和印地语。在日常生活中，莫卧儿帝国的君主和大臣使用突厥语。以察合台方言为代表的突厥语至今还在喀什地区使用。

上述因素使印度语不断丰富。年复一年，印度语在印度偏远地区传播得越来越广，不仅公立学校在教印度语，而且英国人和印度人翻译欧洲文学采用的媒介也是印度语。这是因为印度语具有很强的吸收外语词根的能力，非常适合做翻译媒介。这种吸收能力不是简单地用固定方法将外语嵌入印度语中，而是像那些非常成熟的语言一样，印度语词汇会在出现外来事物时产生某种"化学反应"。以"jau"③为例，麦片被引进印度后，人们立刻将麦片称为"jaui"，也就是小大麦。

印度半岛之于亚洲，就像意大利之于欧洲一样。只是与西西里岛之外的意大利相比，印度半岛面积更大。同理，喜马拉雅山脉就像阿尔卑斯山脉，北部的鞑靼人④相当于印度的泰德斯基人；波斯

---

① 乌尔都－伊－木阿里，印地语的一种方言。——译者注
② 乌尔都－奇－扎班，德里附近印地语的一种方言。——译者注
③ 也就是大麦（barley）。——原注
④ 鞑靼人是东欧伏尔加河中游地区的居民，属突厥语民族，混合了蒙古血统。广义上的鞑靼人指俄罗斯境内使用突厥语的各族。——译者注

第1章 印度的变迁

就像法国，喀布尔①相当于皮埃蒙特②，旁遮普相当于伦巴第③。这种类比可以使接下来的叙述更清楚。

入侵者不断从中亚平原涌入莫卧儿帝国。在入侵者中，有些或许类似于欧洲哥特人、匈奴人和撒克逊人的祖先。本书所讲的这段历史中，印度土著被赶进德干高原边上的山林。德干高原比较容易进入的地带大多住着首陀罗④。首陀罗可能是第一批塞西亚入侵者。塞西亚人⑤之后，讲梵语的古代波斯人的后裔来了，并带来了拜火教⑥。拜火教曾经是一神教，这一点在它的早期经文《吠陀》中可以找到。这个教派兼收并蓄，信仰越来越弱，后来被一种保守形式取代。在高塔马⑦的支持下，这种保守形式开始流行，直到被《宇宙古史》⑧的伟大神话取代。此后，《宇宙古史》成为印度教徒的普遍信仰。

---

① 喀布尔位于阿富汗东部，是阿富汗的首都和最大的城市。——译者注
② 皮埃蒙特是意大利西北的一个大区，如同法国的勃艮第，以盛产酒闻名。——译者注
③ 伦巴第是意大利北部的一个区名，首府为米兰。——译者注
④ 首陀罗是印度四大种姓中最低级的种姓，主要充当仆役。——译者注
⑤ 塞西亚人，又译为"西徐亚人"或"斯基泰人"，是公元前活动在中亚东欧一带的游牧民族，势力一度非常强大。——译者注
⑥ 拜火教，又称"琐罗亚斯德教"，是流行于古代波斯及中亚等地的宗教，因印欧人早期对火的崇拜而得名，开创者是琐罗亚斯德。中国史称袄教、火袄教、拜火教。——译者注
⑦ 高塔马，也译为"乔达摩"，是释迦牟尼的俗姓。——译者注
⑧ 《宇宙古史》，也译作《往世书》，是一类古印度文献的总称。这类文献覆盖内容非常广泛，包括宇宙论、神谱、帝王世系和宗教活动，通常为诗歌体，以问答的形式写成，其基本内容经常是由不同人物联系起来的一些故事。——译者注

现在的印度教徒被划入三大教派：萨拉瓦吉斯派①、湿婆派②和毗湿奴派③。

随着移民浪潮的出现，除印度教徒外，印度出现了众多穆斯林教徒。奥朗则布④统治时期，随着改宗现象的出现，穆斯林人口增加。现在，伊斯兰教徒大约占印度总人口的七分之一。莫卧儿帝国衰亡后，这一比例没有发生大的变化。

尽管一直受到周围其他宗教的影响，但印度的伊斯兰教徒始终坚守着自己的宗教信仰。他们庆祝回历正月的仪式虽然没有什么品位，但非常奢华。他们在拉姆赞斋戒四十天。回历正月的日期是可变的，在印度举行这样的仪式似乎不太合适，因为有时回历正月正值酷热的夏季——但阿拉伯人的先知可能从未想到这一点。印度教徒用海吉拉⑤后的农历年来纪年，这种纪年方式令人迷惑不解。按照回历，每三年中有一年为十三个月。因为莫卧儿帝国的君主采用突厥人的纪年方式，所以纪年方式更加混乱了。即便如此，印度教徒还是坚持在商务方面使用自己民族的桑巴特，或自拉贾⑥比克拉姆·阿吉特开始的纪元。

---

① 萨拉瓦吉斯派，也就是耆那教徒，代表某种与佛教徒或高塔马的追随者结盟的教派。——原注
② 湿婆派，印度教主要派别之一，以湿婆神为最高教神。——译者注
③ 毗湿奴派，印度教有力的分派之一，以毗湿奴神及其同体异名或化身为最高神，与湿婆派和性力派并称印度教三大派。——译者注
④ 奥朗则布是莫卧儿帝国的君主（1658—1707），他引入了伊斯兰学说并扩展了疆土，但穷兵黩武，导致莫卧儿帝国衰落。——译者注
⑤ 海吉拉，即"出走"或"逃亡"，指622年伊斯兰教先知穆罕默德从麦加出走到麦地那，标志着回教纪元的开始。——译者注
⑥ 拉贾，印度人称王公、首领等，以下统一译为"王公"。——译者注

第1章 印度的变迁

统一印度的过程中，阿克巴大帝试图创造一种新的宗教。他想通过这种方式，证明自己的鞑靼和波斯祖先迫使阿拉伯人改变信仰的做法是正确的，同时也想得到信奉印度教的臣民的赞同。然而，像大多数折中计划一样，阿克巴大帝失败了。阿克巴大帝统治时期及之后，基督教虽然势力微弱，但存续了下来。这个判断来自一封权威、真实的信，该信是关于三个世纪的传教结果的，1874年5月由印度圣公会①主教写给英国牧师。内容如下：

> 没有证据能够证明大部分印度人的心已经被打动，或者说他们的信仰已经受到严重影响。在推动印度人信仰基督教方面还没有任何进展。普林尼②曾描述，或特土良③曾宣告，基督教已经成为从前时代的特征，但这种情况还没有出现。事实上，如果从广泛的范围来看传教工作，尤其是从我们自己派出的传教士的工作来看，我们必须承认，在大多数情况下，传教工作是停滞不前的。传教士似乎缺乏启迪他人的能力。因此，他们没有让印度人改宗。改信基督教的人不能潜移默化地影响自己的同胞，所以他们传教不顺。尤其是在传教过程中，传教士并没有大量吸收受

---

① 圣公会即安立甘宗，是新教主要宗派之一，为英格兰国教，称英国国教会。印度圣公会是英国圣公会教堂在印度的一个独立联盟，目前还不是世界圣公会的成员，其名义领袖为坎特伯雷大主教。——译者注
② 普林尼（23—79），即盖乌斯·普林尼·塞孔都斯，古代罗马百科全书式的作家，以其所著的《自然史》著称，世称"老普林尼"，以与其养子小普林尼相区别。小普林尼，即盖尤斯·普林尼·采西利尤斯·塞孔都梓（61—113），是一位罗马帝国元老、律师和作家。——译者注
③ 特土良（155—240），基督教神学家和哲学家。——译者注

过教育的人，甚至没有将那些在他们自己学校里受过教育的人争取过来。受过教育的当地人通常远离真理，充其量暂时处在一种精神空虚的状态，在无神论和基督教之间摇摆。虽然他们放弃了无神论，但信仰基督教不但没有帮助他们克服内心的恐惧，而且限制了他们的忠诚。

印度北部的中心城市一直是德里和阿格拉。德里是早期穆斯林帝国①的首都，而阿格拉在一个多世纪里一直是莫卧儿帝国宫廷的所在地。后来，莫卧儿帝国将首都重新迁到德里。不过，莫卧儿帝国的君主并没有打算重振德里古城，而是在一个新的、更适合的地方建了宫殿。

如果印度是亚洲的意大利，那么德里就是亚洲的罗马。在现在的居民区周围，德里古老的遗址绵延数英里，它的原始地基变成了神秘的古迹。基督教②时代之前，一座叫因陀罗补罗湿多的印度城坐落在朱木拿河岸边、离现在的德里城不远的地方。伊斯兰教不同的征服者占领了因陀罗补罗湿多附近的地方，现在这里仍然有许多

---

① 穆斯林帝国主要指德里苏丹国（1206—1526），是13世纪到16世纪由来自阿富汗的突厥人建立的穆斯林政权，先后有五个王朝（奴隶王朝、卡尔吉王朝、图格鲁克王朝、赛义德王朝和洛迪王朝）建都德里。——译者注
② 基督教于公元1世纪传入印度，由于基督教主张"只有一个上帝""人皆平等""人皆兄弟"，因此在种姓制度盛行的印度颇受欢迎，不少低种姓的印度教徒皈依该教。另外，由于传教士的说教和教会的善举，其影响不断扩大。现在基督教是除了印度教和伊斯兰教之外信众最多的宗教。——译者注

遗址。据坎宁安将军①讲述，今天的顾特卜塔②附近有一座城，约公元前57年，由一位印度教王公建立。这里就是原来的德里③所在地，但德里这一名称的来源不得而知。加兹尼④王朝的马哈茂德⑤入侵时，德里被遗弃。后来，公元1060年左右，德里被重建。在所有古老的城镇中，最后修建的是胡马雍的汀帕纳。汀帕纳几乎是在一座古老的印度小镇的旧址上建起来的。然而，因为胡马雍的儿子阿克巴大帝和孙子贾汉季长期待在阿格拉或其他地方，所以汀帕纳变得破败不堪。

现在的新德里是胡马雍的曾孙沙·贾汗修建并命名的。迄今为止，伊斯兰教徒依旧把新德里称为沙贾汗纳巴德⑥。新德里方圆七英里内总共有七道门。宫殿和城堡坐落在朱木拿河右岸，呈不规则的半圆形，占城市总面积的十分之一。这里以不远处的一系列低矮山丘为界，平原海拔约八百英尺。莫瓦特高地⑦上流下来的水灌溉

---

① 坎宁安将军，即亚历山大·坎宁安爵士（1814—1893），是一名英国陆军工程师，对印度历史和考古非常感兴趣。1861年，他被任命为印度政府考古测量员，并组建了印度考古普查局。——译者注
② 顾特卜塔位于新德里以南十五公里处，建于1192年。这座红砂石尖塔高72.5米，号称"印度七大奇迹"之一，1993年入选世界文化遗产。——译者注
③ 即德里古城。——原注
④ 加兹尼王朝（962—1186），又译"加色尼王朝""哥疾宁王朝"，是统治阿富汗东南部的突厥人建立的伊斯兰王朝，因其都城在加兹尼而得名。——译者注
⑤ 马哈茂德是加兹尼王朝君主，971年到1030年在位，以文治武功著称，他在位时是加兹尼王朝极盛时期，共征服约六十八万平方英里的土地，囊括印度、阿富汗和伊朗。他是伊斯兰国家第一次使用"苏丹"作为称号的君主。——译者注
⑥ 沙贾汗纳巴德，即旧德里城，1648年由莫卧儿帝国第五代帝王沙·贾汗兴建。沙·贾汗将莫卧儿王朝的都城从阿格拉迁至旧德里，此后直到1657年莫卧儿帝国衰落，旧德里均为莫卧儿帝国的都城。——译者注
⑦ 莫瓦特是印度哈里亚纳邦和拉贾斯坦邦的一个历史地区，位于印度西北部。——译者注

着平原。6月是一年中最炎热的月份，即使有树荫遮蔽的地方，平均温度也高达92华氏度①，但1月的温度有时会低至53华氏度。从地图上看，新德里的地形条件非常好，因此成了印度的行政中心。新德里还是商业重镇。这里气候温和怡人，没有极端天气，唯一的缺陷可能是水比较咸。于是，不同时期的人们开凿了许多造价高昂的运河和沟渠，将偏远地方纯净的水引了过来。1645年，沙·贾汗在新德里建了一座坚固辉煌的皇宫——德里红宫。他的子孙一直住在德里红宫。直到1857年大起义②，德里红宫才被起义军占领。

　　德里红宫入口处有一座高大的防御碉堡。这座碉堡现在依然傲然矗立。进入碉堡，迎面而来的是一个宽敞的、带有拱廊的前厅。这里从前是分配给禁军官兵使用的，后来出租给了小店主。通过前厅有一个院子，院子后面有一个大门，里面是一个回廊，供人们欣赏皇家乐队的演奏。穿过回廊，会进入一个庭院。早期的君主在这里展出珍禽异兽，举办盛大的阅兵仪式，但现在这里已经不复往日辉煌。庭院的正面是政务大厅（后来改成了食堂），背面（当游客面朝东面或面对朱木拿河时）是已修复的私人会客厅。庭院前后各有一座呈梯形的亭子，两边的私人房间将两座亭子连接起来。

　　德里红宫东面有一座横跨朱木拿河的桥。这座桥将德里红宫与对岸的帕坦堡连在一起。帕坦堡是萨利姆加尔③的古老要塞，后来

---

① 华氏度是用来计量温度的单位，符号℉，包括我国在内的世界上很多国家都使用摄氏度，美国和其他一些英语国家使用华氏度。——译者注
② 1857年大起义指1857年印度北部和中部爆发的反对英国统治的民族大起义。——译者注
③ 萨利姆加尔，即萨利姆加尔堡，位于德里，兴建于1546年，后来莫卧儿帝国君主奥朗则布将其改为监狱。自1857年英国占领萨利姆加尔堡以来，萨利姆加尔堡一直被用作监狱。萨利姆加尔堡是红堡建筑群的一个组成部分。——译者注

新德里城，呈不规则的半圆形

1857 年大起义爆发后,皇宫被起义军占领

德里红宫

逐渐变得简陋、荒凉。莫卧儿帝国后期的君主将帕坦堡作为国家监狱。德里红宫四周都是高高的雉堞状城墙，与其他地方形成鲜明对比。城墙用附近的红砂岩建成，高七十英尺，外观庄严、肃穆，显得有威慑力。即使经历了无数次浩劫，德里红宫的外观依然展现出昔日的辉煌。下面，我将叙述富丽堂皇的德里皇宫内部被损毁的经过。朝廷经常会在阿格拉审理案件。现在阿格拉宫殿的遗迹依然清晰可辨。任何对阿格拉宫殿的详细描述都很难与当代对德里红宫的描述相提并论。但在《印度史》的总序中，我详细描述了它的雄伟与繁荣。

学者们对以德里为首都的印度人的性格见仁见智。虽然有很多截然相反的观点，但仍然可以从中找到一些相同点。不可否认的是，印度人对一些美德的坚持超过了大多数欧洲人，甚至他们的后代也是如此。令人感慨的是，印度人性格温和，自控能力强，有耐心，遭遇不幸时也能保持尊严，与家人、亲戚感情深厚。能够直接展现普通印度人良好教养的，便是村民去集市或从集市回来的场景：健壮的年轻男子由妻子陪着，女人们披着彩色头巾，匀称的手臂上覆盖着廉价的玻璃制品，看起来好像没有胳膊。每个人都面带微笑，露出洁白的牙齿，亲切温柔地说笑着。看，一个小男孩牵着一匹小马，胡子花白的祖父微笑着骑在马上；一个婴儿兴高采烈地骑在父亲的肩膀上。古老的东方景象展现在现代人眼前，时而是《出埃及记》①中的场景，时而是圣约翰②和他的羔羊。成百上千的人有序地走在

---

① 《出埃及记》是《圣经》中摩西五经的第二本经书，记录了神如何将以色列人从为奴之邦埃及救赎出来的故事。——译者注
② 圣约翰是基督耶稣的十二门徒之一。——译者注

街上，从来没有人会折断路边的一根树枝。当游客小心翼翼地骑马从人群中穿过时，印度人不会对游客说一句粗鲁的话。村民们每天就这样早出晚归。

然而，虽然印度是亚洲的意大利，但我们不能草率地认为印度人就是亚洲的意大利人。印度人缺乏同情心、不善观察。气候条件造成的无精打采及几个世纪以来的政治腐败，使他们变得自私自利，意志薄弱，缺乏刚毅精神，偶尔还显得厚颜无耻。对一个不怕死的民族来说，这一点几乎无法让人理解。许多人认为，这种道德上的缺陷应该归咎于种姓制度。按照种姓制度，一个人一出生就注定属于某个阶层，甚至终身禁止摆脱这个阶层。但这并不是最重要的原因。事实上，一些坦率的外国评论家并不认为种姓制度是一种纯粹邪恶的制度。下面引用圣公会主教信中的一段话，也许可以适当增补、客观评价种姓制度对这个民族的性格和习惯的影响：

> 在印度，种姓制度是社会的纽带，它界定了人与人之间的关系。种姓制度尽管在本质上与人类最优秀、最崇高的社会关系格格不入，但形成了印度政府管理社会的秩序和制度，维系着广大的社群。贸易因此繁荣，穷人因此维持生计，一些家庭美德因此普遍流传。

麦考利[①]在《论沃伦·黑斯廷斯》一文中并没有夸大印度人的

---

① 麦考利即托马斯·麦考利（1800—1859），英国历史学家，辉格党政治家。他关于英国历史的著作被誉为"文学杰作"。——译者注

缺点。他将南德·科马尔①的性格描述为"一种在印度民族性格中最具讽刺意味的标志性类型"。但孟加拉人有许多可爱的地方。因此，这种博人眼球的说法并不适合雄辩的散文家。越往北走，人们发现越来越多的印度人具有更可贵的品质。对穆斯林教徒需要补充的是，虽然他们中的大部分是强大移民的后裔，但他们将印度人的性格具体化了。在一定程度上，这一点恰好证实了印度人的道德受环境影响的说法。这个问题将在本书最后一章中进行更充分的阐释。

---

① 一位孟加拉作家。——原注

第 2 章

奥朗则布与莫卧儿帝国内战

精彩看点

察合台汗国的后裔——奥朗则布——莫卧儿帝国内战——奥朗则布与宗教斗争——巴哈杜尔·沙——赛义德兄弟——苏丹·罗山·阿赫塔

近两个世纪以来，察合台汗国王室后裔中诞生了一批聪明能干的王子。勇敢纯朴的巴布尔、四处流浪的胡马雍、成就辉煌的阿克巴、从容善变的贾汗季、英伟不凡的沙·贾汗，这些统治者继承了突厥人的优秀品质。与其他东方国家的君主相比，他们的治国方式更好。当代对沙·贾汗的统治及他在建筑艺术和艺术实践方面的描述，是可信的。他对建筑艺术有着独到的理解，德里清真寺和红宫都是他亲自设计的。即使经历了两个世纪的无数次浩劫，这些建筑仍然代表了印度-撒拉逊风格①建筑艺术的最高水平，可以与科尔多瓦②和格拉纳达③最优秀的建筑相媲美。

沙·贾汗最优秀的儿子是奥朗则布。奥朗则布精明能干，骁勇善战。在东方历史上，他的政治智慧和治国方略几乎无人能及。他废

---

① 印度-撒拉逊风格，即建筑骨架为欧式风格，外表点缀一些印度风格装饰的建筑风格。该风格至今仍然盛行。——译者注
② 科尔多瓦是西班牙南部城市，科尔多瓦省首府，位于莫雷纳山麓，瓜达尔基维尔河畔，是一座拥有无数文化遗产和古迹的城市。——译者注
③ 格拉纳达是西班牙格拉纳达省首府，位于安达卢西亚自治区东部。这里汇集了穆斯林、犹太教和基督教风格的著名历史古迹。——译者注

除死刑，鼓励发展农业，建立无数学校，修建道路，建立桥梁体系。从童年时代起，他一直以日记形式记录所有公共事件，并亲自公开审理案件。不管总督管辖的地区有多远，奥朗则布都不纵容他们腐败。这些君主也许不够好，但在一定程度上是罕见的伟大世袭统治者。

出身于帝王之家的人对优秀品质的继承可能源于两个重要因素。首先，历代帝王制定的与印度公主联姻的政策和宗教信仰自由政策，为莫卧儿帝国王室源源不断地输入新鲜血液，从而有效抑制了家族

奥朗则布精明能干，骁勇善战，其政治智慧和治国方略在东方历史上几乎无人能及

第 2 章 奥朗则布与莫卧儿帝国内战

疾病。几乎没有一个种族能避免感染淋巴结核、肺结核、神经衰弱或精神错乱等疾病。如果一个患有这类疾病的男子娶了自己家族的女人，这类疾病极有可能遗传。但这种危险对莫卧儿帝国的王子而言，并不存在。贾汉季的第二个儿子胡拉姆①后来继位为君，他的母亲和两个祖母都是印度人。沙·贾汗所有的儿子都是由他的波斯妻子——泰姬②所生。

沙·贾汗和他的波斯妻子

---

① 胡拉姆继位后改称"沙·贾汗"。——译者注
② 泰姬是印度莫卧儿帝国第五代皇帝沙·贾汗的宠妃，原名阿姬曼·芭奴，沙·贾汗封她为泰姬·玛哈尔。印度知名度最高的古迹之一泰姬陵，全称为泰姬·玛哈尔陵，是沙·贾汗用纯白色大理石建造的纪念阿姬曼·芭奴的陵墓。——译者注

此外，君主驾崩后手足相残的斗争导致了"自然选择"①，并最终证明只有强者才能称王。然而，虽然人们可以反抗这种君主制带来的罪恶，但毫无疑问，与强者斗争中获胜者的品德，在斗争结束时，一定会在他的身上体现出来，并继续发展。

然而，上述两个因素最终很有可能导致君主制解体。

印度人开始反感奥朗则布的统治。早期君主与印度人联姻形成的联系使党派主张逐渐发展为独立要求。但每位君主驾崩后，他的儿子们之间的斗争给了印度酋长越来越多增强自己军事力量的机会。

当时，每个争位者都竭力从对手的阵营中争取尽可能多的有影响力的封臣，并将自己的领地送给他们，慷慨赏赐他们。争位者的祖先牺牲了很多人的幸福和生命积累的、后来交由他们管理的领地，就这样被肆意分割得七零八落。即使消灭了其他争位者，最终的胜利者也很难收回之前送出去的领地——即使能收回，这些领地也总是以封赏的形式落在某个势力强大的人手里。

1658年，奥朗则布即位。他囚禁了自己的父亲，打败并杀害了自己的兄弟，成为莫卧儿帝国有史以来最强大的君主。同时，他是莫卧儿帝国最能干的统治者。在他统治时期，帖木儿家族达到鼎盛。他暂时征服了喀布尔野蛮的帕坦族②。波斯国王竭力讨好他。他还占领了穆斯林据守的戈尔康达堡③和比贾普尔堡④这两个古老的要

---

① 借用现代物理学中的术语。——原注
② 帕坦族操普什图语，又称普什图人，是阿富汗斯坦东南部和巴基斯坦西北部的民族，也是阿富汗斯坦的主体民族。——译者注
③ 戈尔康达堡是印度著名的要塞之一，位于印度第五大城市安德拉邦的首府海德拉巴德以西十一公里处。——译者注
④ 比贾普尔堡是位于印度卡纳塔克邦比贾普尔县的一个城镇。——译者注

第 2 章 奥朗则布与莫卧儿帝国内战

塞。一直以来顽强不屈的拉杰普特人①也被征服,向莫卧儿帝国纳贡。另外,即使马拉塔人团结起来,聚集在西高止山脉上,气势如同海上升起的云朵一样,也无法长期抵抗强大的莫卧儿帝国。

然而,奥朗则布的统治结束前,强盛而伟大的莫卧儿帝国已经只剩一个空架子。借用一个熟悉的比喻:莫卧儿帝国就像伊特鲁里亚②人的尸体,虽然头戴王冠,身披铠甲,但注定会因为风吹或人们的触碰而消失。它就像一座金碧辉煌的宫殿,其镀金的圆顶和高耸的尖塔的建材来自世界各地,当菩提树具有破坏性的根扎在宫殿的地基下面时,宫殿就会轰然倒塌,成为一片废墟。因此,这个伟大的统治者为我们提供了一个著名的、可以一直吸取教训的例子——国家可能会治理过度。如果不是奥朗则布急于将自己的形象与威名镌刻在皇宫和寺庙的墙壁上、铸造在用于市场交易的钱币上、印刻在每个人的心里,也许他可以像那些思想自由、追求享乐的先祖一样成为成功的统治者。但他是东方的路易十四③。虽然与同时代的欧洲统治者相比,他少了些浮华,但和他们一样,有着强烈的征服他人、独揽大权和统一宗教的欲望。虽然每个君主都认为朕即国家,但奥朗则布可能不知道,在他弥留之际,他的帝国正在消亡。其实,对每一位继任者来说,这是一个隐藏已久的、不可避免的大灾难。这似乎是他们一直维护的君主制度的必然结果。

---

① 拉杰普特人是印度中北部各部族的土地所有者,其祖先是古代侵入印度的白匈奴人、大月氏人、亚历山大希腊人、塞种人等民族的后裔。——译者注
② 伊特鲁里亚是意大利中部的一个古代城邦国家,后被罗马人吞并。——译者注
③ 路易十四(1638—1715),全名路易·迪厄多内·波旁,自号"太阳王",是波旁王朝的法国国王和纳瓦拉国王。——译者注

1658年，奥朗则布继位

奥朗则布率军征服帕坦族

奥朗则布的独特之处在于，他统治时期对人民的迫害完全是他的性格使然。他的祖先——乐观而仁慈的突厥人，从不固执己见。事实上，阿克巴和他的儿子贾汗季很可能是伊斯兰先知的信徒。然而，奥朗则布的信仰大不相同，他无情地将自己的信仰强加给印度教臣民。因此，他在帝国面临的普通危险之上又增加了两种特殊危险：绝大多数臣民对中央集权的忌恨和根深蒂固的不满。危险远不止这些，王位继承问题还没有任何固定的解决办法。即使他在政治方面非常睿智，在漫长的统治时期内，他也无法随意将一个儿子的王位继承权给予另一个儿子。没错，不只是奥朗则布面临这种问题，他的先辈也遇到过类似的问题。然而，那时莫卧儿帝国的制度还很完善、稳定。他的继任者注定要步他的后尘。这些危险愈演愈烈，导致莫卧儿帝国后期的傀儡皇帝被迫开始与英国政府接触，最终被流放到遥远的地方，屈辱地死去。

因此，当权杖从死人的手中坠落时，许多邪恶的影响就会产生。经验不足却自以为强大的人随时准备争夺王位。获胜者将拥有整个半岛，年收入估计高达三千四百万英镑。整个半岛由一支五十万老兵组成的军队守卫。

奥朗则布的遗嘱丝毫没有说明如何分配他的遗产。"我幸运的儿子中谁将有机会统治我的帝国。"这是这份简短而意义非凡的遗嘱中唯一提到的有关王位继承的句子。

因此，奥朗则布的第三子④与他的两个兄弟⑤争位。相继打败他

---

④ 原名穆阿扎姆（Muhannad Mu），称帝后改为"巴哈杜尔·沙"。——译者注
⑤ 奥朗则布的大儿子穆罕默德·阿扎姆·沙（Muhammad Azam Shah）和小儿子穆罕默德·卡姆·巴克什（Muhammad Kam Bakhsh）。——译者注

第 2 章 奥朗则布与莫卧儿帝国内战

们后,登上了帝位,称为巴哈杜尔·沙。虽然巴哈杜尔·沙是一位英明勇敢的君主,但因为他的统治时间很短,所以很难证明他可以成功控制或延缓灾难的来临。在他短暂的统治时期内,改变帝国命

巴哈杜尔·沙,他是一位英明勇敢的君主,但其统治时间很短

运的政权和王朝开始出现。它们参加了对莫卧儿帝国的瓜分，大都掠夺了莫卧儿帝国。许多敌人①出现了，察合台－突厥人后裔的帝国遭到蹂躏与打击。这些蹂躏与打击尽管大多基于一种自私的动机，但或多或少包含一种爱国情感。锡克教徒②、马拉塔人和拉杰普特人都想独立。本土的伊斯兰教徒非但没有加入莫卧儿帝国的阵营，建立统一战线共同对付敌人，反倒反抗莫卧儿帝国，从而无法挽回地削弱了防御敌人的力量。

奥朗则布驾崩后第五年，巴哈杜尔·沙在镇压锡克教徒期间驾崩于拉霍尔③。于是，司空见惯的王位争夺战接踵而至。巴哈杜尔·沙的大儿子米尔扎·莫伊祖丁打败并杀害了其他三位皇子。他的党羽控制并大规模屠杀家族中其他成员，将他扶上了皇位，称为贾汉达尔·沙。几个月后，在比哈尔邦总督、阿拉哈巴德总督以及巴尔哈部落的赛义德兄弟④的帮助下，唯一一位幸存的皇子⑤推翻并杀死了这个无能的君主。这位胜利者继承了他叔叔的皇位，称为法鲁赫希亚尔⑥。

---

① 既有印度人又有穆斯林。——原注
② 锡克教徒是印度信仰锡克教的旁遮普人，主要分布在印度旁遮普邦，在巴基斯坦、马来西亚和美国也有少量分布。锡克人身形高大、倔强高傲，尚武骁勇、战斗力强悍，是印度的主要兵源之一。——译者注
③ 拉霍尔是巴基斯坦开伯尔－普赫图赫瓦省斯瓦比地区的一个小镇。——译者注
④ 赛义德兄弟，指赛义德·阿卜杜拉·汗和赛义德·哈桑·阿里·汗·巴尔哈，他们是18世纪早期莫卧儿帝国最有实力的将领，声称是穆罕默德先知的后裔。1712年巴哈杜尔·沙一世逝世，他们与贾汉达尔·沙不和，所以下令刺杀他。贾汉达尔·沙在阿拉格的战役中被击败，后被流放。赛义德兄弟拥立法鲁赫希亚尔，开始了他们造王者的历史。——译者注
⑤ 巴哈杜尔·沙第二个儿子阿兹姆－乌什－善（Azim-ush-Shan）的儿子法鲁赫希亚尔（Farrukhsiyar）。——译者注
⑥ 法鲁赫希亚尔（1685—1719），奥朗则布的曾孙，印度莫卧儿帝国君主，1713年到1719年在位。——译者注

在镇压锡克教徒期间的巴哈杜尔·沙

米尔扎·莫伊祖丁

法鲁赫希亚尔

有着非凡勇气和才能的赛义德兄弟，接下来打算攻击拉杰普特人，欲使拉杰普特人的首领阿杰特·辛格王公像从前一样向他们进贡，并把女儿嫁给法鲁赫希亚尔。法鲁赫希亚尔也像先前的君主们一样，急于娶一位印度公主。然而，他的轻浮和犹豫不决导致他很快被推翻并被杀害。至此，莫卧儿帝国已经筋疲力尽。

一个短暂的皇位虚悬期出现了。其间，手握大权的赛义德兄弟试图扶持一位皇室成员作为傀儡君主，他们在背后操纵。然而，他

手握大权的赛义德兄弟试图扶持一位皇室成员作为傀儡君主，而他们在背后操纵

第 2 章 奥朗则布与莫卧儿帝国内战

们找不到能够绝对听从他们操纵的人。约七个月的时间里,两位傀儡君主相继驾崩。最后,赛义德兄弟不得不选择一位比较能干的傀儡——巴哈杜尔·沙幼子的儿子。这位傀儡君主叫苏丹·罗山·阿赫塔。他不仅得到了有着帝王尊严的头衔——穆罕默德·沙[①],还以最后一个坐在沙·贾汗孔雀宝座[②]上的莫卧儿皇帝闻名。

孔雀宝座

---

① 穆罕默德·沙(1702—1748),莫卧儿帝国君主,1719 年到 1748 年在位。穆罕默德·沙是巴哈杜尔·沙一世第四子的儿子,沙·贾汗二世及拉菲·达拉贾特的堂弟。——译者注
② 孔雀宝座是莫卧儿帝国的王座。17 世纪早期沙·贾汗命人打造,放在德里红宫的私人会客厅里。孔雀宝座的名字来自它的外型,宝座的后方立有两只孔雀造型的饰品,孔雀的尾羽开启,并且以蓝宝石、红宝石、祖母绿、珍珠和不同宝石作为装饰。——译者注

前面章节中简要提到的一些事件，虽然无法概括莫卧儿帝国解体的整个过程，但清楚地预示了接下来会发生的事情。在第六章中，我们会更清楚地看到加速莫卧儿帝国解体的重要事件。伊斯兰教长期统治期间，外国势力利用帝国内部的邪恶势力与帝国的弱点挑起了一系列事端。穆罕默德·沙的继承者们犹如无足轻重的装饰品，居无定所，经常被赶到不同的宫殿里。他们越想奋力争取自由，却感觉被束缚得越紧。从此，越来越多的省脱离了帝国的统治，莫卧儿帝国摇摇欲坠，以至于没有一个人愿意继承皇位。帝国悲剧的最后一幕即将上演，帷幕也会随之落下。

第 3 章

穆罕默德・沙

精彩看点

赛义德兄弟失势——钦·库利奇——纳迪尔·沙——孔雀宝座——艾哈迈德·汗·阿卜达里——卡姆尔－乌尔－丁·汗遇袭身亡——穆罕默德·沙暴卒

新继任的君主是一位理性且精力充沛的年轻人。在母亲的引导下，他结交了许多对赛义德兄弟充满敌意的朋友，开始了他的统治。君主和他的朋友属于逊尼派，而赛义德兄弟属于什叶派。同一宗教内部不同派系之间的仇恨也许比完全不同的宗教之间的仇恨更深。此外，朝臣们因为自己是外来民族的后裔而感到自豪，他们鄙视印度本土大臣。因为他们的母语是突厥语，所以他们掌握了一种与君主①交流的特殊方式。于是，印度本土大臣自然而然被排除在外。赛义德兄弟很快失势，这正合突厥派首领钦•库利奇和一位来自波斯的冒险家萨阿达特•阿里的心意。现在，贵族分成图兰人和伊朗人两个对立阵营，而且两者间的矛盾越来越尖锐。图兰人建立了奥德公国②，奥德公国于1856年灭亡。伊朗人建立了海德拉巴德王朝③，这个王朝现在依然存在。然而，这两个阵营都受到马拉塔人

---

① 他们本族的人。——原注
② 奥德是印度北部的一个地区，奥德公国曾为印度北部一个诸侯国。——译者注
③ 1687年莫卧儿命名海德拉巴德为德干的首府，后来，莫卧儿统治时期海德拉巴德的最高统治者阿萨夫贾希家族宣布独立，并于1724年建立尼扎姆王朝，1948年最后一个尼扎姆王朝被强制加入新的印度共和国。——译者注

的野心和武力的压制，尤其在博帕尔①。钦·库利奇不得不向马拉塔人屈服。马拉塔人不仅逼迫他割让马尔瓦②，还强迫他承诺莫卧儿帝国向他们进贡。

旧贵族的难堪境地是在强大的奥朗则布的统治下逐渐形成的。钦·库利奇现在腹背受敌：如果他去自己的首府海德拉巴德，也许会在筋疲力尽中度过余生；如果他回到莫卧儿帝国的首都，他将成为以汗·达乌兰③为首的朝臣们的笑柄，忍受他们无情的蔑视和嘲讽。

曾经有一段时间，波斯君主纳迪尔·沙④敦促德里宫廷解决边界争端和类似的不满。因此，1738年，作为两个对立派别的首领，以尼扎姆⑤头衔闻名的钦·库利奇与当时还在德里的波斯人萨阿达特·阿里商议后，联名致函波斯君主。波斯君主将萨阿达特·阿里派到印度。在《印度史》中，蒙特斯图亚特·埃尔芬斯通叙述了萨阿达特·阿里来到印度后造成的所有影响。

在这里，细述萨阿达特·阿里为保卫莫卧儿帝国进行的短暂而虚假的防御并不合时宜。为了拯救莫卧儿帝国，汗·达乌兰丢掉了性命，钦·库利奇异想天开，打算与波斯人谈判。众所周知，波斯人进攻德里，屠杀了约十万德里居民，幸存者必须交纳赎金才能获得自由。当波斯人回到自己的国家时，他们掠夺的战利品价值约八千万英镑，其中包括著名的孔雀宝座。

---

① 博帕尔是今印度中央邦首府。——译者注
② 马尔瓦是印度历史上中西部的一个地区，因区域内有温迪亚山脉（Vindhya Range），故又称温迪亚高原。——译者注
③ 汗·达乌兰，法鲁赫希亚尔的有力支持者与近臣。——译者注
④ 纳迪尔·沙（1688—1747），是伊朗历史上最强大的统治者之一，1736年到1747年为波斯（伊朗）国王，1747年被谋杀。——译者注
⑤ 尼扎姆是1793年到1950年统治印度海德拉巴德的土邦君主的称号。——原注

纳迪尔·沙率领波斯人进攻德里,屠杀德里居民

钦·库利奇与纳迪尔·沙谈判

波斯人在德里掠夺的战利品包括著名的孔雀宝座，纳迪尔·沙坐在上面耀武扬威

钦·库利奇无疑是这个悲惨事件的最大赢家。他不仅当上了德干的总督，还大大增强了在德里的势力。汗·达乌兰去世后不久，萨阿达特·阿里也去世了。此外，1740年，波斯人实施入侵莫卧儿帝国的计划前夕，钦·库利奇唯一活着的对手巴继·拉奥也去世了。巴继·拉奥是白沙瓦①的马拉塔人。1745年，罗西康德省、孟加拉东部各省、比哈尔邦和奥里萨邦独立。钦·库利奇让他的儿子代表自己留在德里，他作为一个独立的统治者定居在海德拉巴德。尽管他仍然声称自己是莫卧儿帝国的臣子，但自封瓦基勒－伊－穆塔拉克，也就是摄政王。

不久，艾哈迈德·汗·阿卜达里率领的来自北方的入侵者出现了。艾哈迈德·汗·阿卜达里是道拉尼的阿富汗人的首领。他趁纳迪尔·沙被谋杀后波斯政局混乱期间，占领了莫卧儿帝国的边疆各省。然而，新一代莫卧儿贵族的势力逐渐崛起，他们的雄才大略在莫卧儿帝国的衰落期形成一道短暂而亮丽的风景。在宰相②卡姆尔－乌尔－丁·汗的儿子米尔·曼努及他的妹夫费罗泽·扬和已故奥德总督的侄子阿布－曼苏尔·汗③的英明领导下，莫卧儿人将艾哈迈德·汗·阿卜达里率领的入侵者驱逐了出去。1748年3月3日，一场决定性的战役在锡林德附近打响。这是令人难忘的一刻，因为这是欧洲人统治印度人之前，莫卧儿帝国最后一次反抗阿富汗人。1748年3月11日，宰相卡姆尔－乌尔－丁·汗去世。他不仅是莫

---

① 白沙瓦是今巴基斯坦开伯尔－普赫图赫瓦省最大的城市，也是该省首府。——译者注
② 宰相即维齐尔（Vazir）是伊斯兰教国家的元老或高官，相当于首相或宰相。以下统一译为宰相。——译者注
③ 欧洲人称他为萨夫达尔·扬（Safdar Jang）。——原注

艾哈迈德·汗·阿卜达里——达乌拉尼的阿富汗人的首领

卧儿帝国突厥派的首领，还辅佐王位继承人，成为这次远征名义上的领袖，尽管主要荣誉由他英勇的儿子米尔·曼努获得。虽然米尔·曼努击败了敌人，并迫其撤退，但他的父亲没能活着分享这次胜利。1748年3月11日，阿富汗人撤退之前，卡姆尔－乌尔－丁·汗在帐篷里祈祷时，被一颗子弹击中身亡。穆罕默德·沙统治时期，卡姆尔－乌尔－丁·汗是他的好友，与他一起经历了风风雨雨。这位忠实仆人去世的消息沉重打击了已经疲惫不堪的君主。1748年4月16日，当穆罕默德·沙坐在破败的德里宫殿里处理政务时，身体突然产生一阵强烈的抽搐，当场死亡。

第4章

阿拉姆吉尔二世

精彩看点

1748年至1754年——艾哈迈德·沙·巴哈杜尔——罗希拉人——年轻的加齐–乌德–丁·汗——登上王位的阿拉姆吉尔二世的困惑

在罕见的公平意见支持下，艾哈迈德·沙·巴哈杜尔①开始了他的统治。他是花季少年，最亲近的同伴都以勇气和才干著称。对德干高原的马拉塔人而言，这位尼扎姆是一道"屏障"，而北方的入侵者早已不见踪影。

然而，将成功建立在个人素质上的行政管理体系的不确定性导致了一个致命缺陷。重要职位任期的不确定性表现出的第一个危险迹象就是，继君主驾崩后，德干总督——年迈的钦·库利奇也去世了。

钦·库利奇的长子与已经去世的萨阿达特·阿里的侄子阿布-曼苏尔·汗展开竞争。阿布-曼苏尔·汗因出任宰相时期的名字萨夫达尔·扬而闻名。钦·库利奇的儿子纳西尔·扬是德干副总督。当时，拉杰普特的统治权引起了争议。起初，它由一位波斯贵族治理。该贵族曾是一位巴克什②，同时也是一位阿米尔-乌尔-乌姆拉③。

---

① 艾哈迈德·沙·巴哈杜尔（1725—1775），印度莫卧儿帝国第十五任皇帝，1748 年继位时，莫卧儿帝国已经开始衰落，在位六年。——译者注
② 巴克什指军队里的出纳员（Paymaster of Forces）。——原注
③ 阿米尔-乌尔-乌姆拉（Amir-ul-umra），意为高级军事将领。——译者注

然而，灾难和耻辱正在等待他。他的全权代表之职暂时被搁置。约同一时间，萨夫达尔·扬被授予宰相之职，这个职位之前由卡姆尔-乌尔-丁·汗担任。此外，萨夫达尔·扬接替了他叔叔的职位，出任奥德总督，也就是奥德的纳瓦布①。因此，萨夫达尔·扬后来因"省督-宰相"的称号闻名于世。

萨夫达尔·扬

① 纳瓦布，即莫卧儿帝国的省督。以下统译为省督。——译者注

第 4 章 阿拉姆吉尔二世

做出这些安排后，艾哈迈德·沙·巴哈杜尔开始我行我素。他尽情享乐，置各省政务于不顾，让各省自行解决。因此，大权很快旁落到一个叫贾维德·汗的太监手中。贾维德·汗一直是艾哈迈德·沙·巴哈杜尔的母亲乌德哈姆·巴依最宠爱的太监。乌德哈姆·巴依曾是印度女芭蕾舞演员，史称库德塞亚·贝加姆。现在，

尽情享乐的艾哈迈德·沙·巴哈杜尔

在朱木拿河岸边、离新德里的喀什米尔门不远的一个花园里，人们仍然可以看到一座刻有她名字的别墅遗址。当时，这位皇太后充分利用自己的地位优势，随意支配这座别墅和新德里的宫殿。与此同时，帝国的两大附庸罗希尔坎德①和旁遮普成了血腥的战场。

罗希拉人打败了由萨夫达尔·扬亲自指挥的皇家军队。尽管萨夫达尔·扬最后洗雪了前耻，但使皇家军队蒙受了更大的耻辱，因为这种做法加速了印度人对日渐衰弱的莫卧儿帝国的打击。

在马尔哈·拉奥·霍尔卡②率领的马拉塔人和苏拉杰·马尔③率领的贾特人的援助下，萨夫达尔·扬在恒河大峡谷击败了罗希拉人，并把他们驱逐到了疟疾频发的库毛恩山脚下。如果不是艾哈迈德·汗·阿卜达里率领阿富汗亲军突然出现，库毛恩山脚下的饥荒和疟疾会使他们很快投降。

为了酬谢马拉塔人，萨夫达尔·扬允许马拉塔人占领罗希拉人四分之一的领土，马拉塔人也承诺会协助莫卧儿帝国抵御阿富汗人的入侵。然而，当马拉塔人到达德里时，他们才知道，萨夫达尔·扬远征期间，君主已将拉霍尔省和木尔坦专区④割让给艾哈迈德·汗·阿卜达里。战争就此结束。

与此同时，萨阿达特·汗率领的远征军被派往阿杰梅尔。萨阿达特·汗是什叶派的早期贵族，也就是在拉杰普特享有指挥权的伊

---

① 罗希尔坎德是印度北方邦西北部的冲积低地，恒河上游平原一部分，地处恒河与北部国界之间。——译者注
② 马尔哈·拉奥·霍尔卡（1693—1766），马拉塔帝国（也就是现在的印度）的一位贵族，马拉塔人的猛将。——译者注
③ 苏拉杰·马尔（1707—1763），印度拉贾斯坦邦婆罗多布尔的统治者。——译者注
④ 木尔坦专区是巴基斯坦旁遮普省的一个区。——译者注

第4章 阿拉姆吉尔二世

朗人党派的贵族。同时，他也是莫卧儿帝国派驻阿格拉的总督。然而，因为萨阿达特·汗率领的远征军途中必须经过贾特人的国家，所以他将自己的时间与精力都耗费在了攻击贾特人上。当他终于接近阿杰梅尔时，又卷入了当地的斗争，而镇压当地人的叛乱正是他此次远征的目的。经过约十五个月的战争，他无功而返，然后被势力强大的贾维德·汗罢免。随后，菲罗兹·扬继任萨阿达特·汗的职位。

道森教授①在《艾哈迈德·沙史》的每一部分结尾处，几乎都暗示了这位备受宠爱的太监的不幸结局及他造成的影响。在后续事件中，艾哈迈德·沙·巴哈杜尔不值一提，因为他的母亲和太监贾维德·汗才是真正的统治者。艾哈迈德·沙·巴哈杜尔认为自己最适合做的事就是尽情享乐。他整天沉迷后宫，纵情声色，甚至一连几个星期不见一个男性。他身旁没有一个可以真诚以待的朋友向他提出警告，因此，厄运渐渐降临。明显的预兆并没有引起人们的关注，整个帝国充斥着邪恶和痛苦。惨遭失败的萨阿达特·汗从阿杰梅尔归来后，试图打击皇太后和贾维德·汗的势力。然而，他非但没有成功，反倒使自己的处境雪上加霜。皇太后等人指使突厥人反对他，并试图离间他和萨夫达尔·扬，逼迫萨夫达尔·扬离开德里赴任奥德总督，留下摇摇欲坠的莫卧儿帝国在混乱中继续以自己的方式分崩离析。

皇太后掌管的内阁现在操纵在一个巫师手中，但巫师必须给他的亲信们提供职位，否则他们就会罢免他。然而，对菲罗兹·扬和马拉塔人而言，菲罗兹·扬的计划似乎给萨阿达特·汗提供了一个

---

① 道森教授，即约翰·道森（1820—1881），英国印度学家。——译者注

一座刻有库德莱亚·贝加姆名字的别墅遗址

皇太后库德塞亚·贝加姆利用自己的地位优势，在新德里宫殿享乐

解脱的机会，因为菲罗兹·扬同意撤走危险的雇佣军，夺取德干地区的代理官员之职。现在这个职位掌握在菲罗兹·扬的第三个兄弟萨拉巴特·扬手中。纳西尔·扬去世后，萨拉巴特·扬掌握了德干地区的统治权。纳西尔·扬是老尼扎姆钦·库利奇的第二个儿子和第一继承人，他去世前让他的侄子谢哈布丁代表自己统治德里。

波斯人党派很高兴看到自己的对手离开，他们几乎没有想到纳西尔·扬留下的男孩会给他们带来危险。这个年轻人是钦·库利奇的四儿子菲罗兹·扬的儿子，叫谢哈布丁，因家族头衔加齐-乌德-丁·汗·菲罗兹·扬三世出名。在印度历史上，他因官衔阿迈德-乌尔-穆尔克闻名于世。萨拉巴特·扬离开后，谢哈布丁立即担任了军队首领，成为司令。他叔叔在奥兰加巴德猝死的消息传到德里时，他只有十六岁。萨夫达尔·扬从勒克瑙①回来后，1752年8月28日，暗杀了皇太后的宠臣贾维德·汗。毫无疑问，他终于实现了自己的心愿。在软弱焦虑的君主的暗中指使下，年轻的谢哈布丁再次发动了对波斯人的战争，也就是上一任统治者发动的对图兰与伊朗的战争——逊尼派与什叶派的战争。唯一不同的是，现在双方都非常清楚，在过去斗争中维持的和睦假象已经被彻底打破。因而，城市的街道成了两个派系之间日常斗争的场所，许多古老城市的辉煌遗迹在这些斗争中被彻底摧毁。来自布尔特普尔的贾特人在他们著名的领袖苏拉杰·马尔的率领下，掠夺周边地区。宰相的一部分波斯人部下突破了城墙的堡垒，胜利对他们而言近在咫尺。但谢哈布丁的近亲、旁遮普著名的总督米尔·曼努，派出一支退伍军人组

---

① 勒克瑙是今印度北方邦的首都。——译者注

第 4 章 阿拉姆吉尔二世

成的部队援助莫卧儿人，从而扭转了局势。莫卧儿人，即突厥人，暂时取得了胜利，谢哈布丁掌握了军队的指挥权。英提扎姆－乌德－道拉，也就是汗·克哈南，被任命为宰相。汗·克哈南是已经去世的卡姆尔－乌尔－丁·汗的女婿，谢哈布丁的表弟。于是，萨夫达尔·扬开始公开叛乱，并请苏拉杰·马尔率领的贾特人援助他。因此，莫卧儿人不得不向马拉塔人求援。马尔哈·拉奥·霍尔卡率领的马拉塔人甚至成为莫卧儿帝国名义上的特遣队，攻击与他们信奉同一宗教的贾特人和他的前任主子奥德总督。虽然奥德总督还算精明，但缺乏个人勇气，很快撤回自己的领地。于是，谢哈布丁的军队大举进攻不幸的贾特人。

艾哈迈德·沙·巴哈杜尔君主和汗·克哈南都认为现在的形势很糟糕。汗·克哈南熟知他的族人肆无忌惮、冷酷无情，因此，坚决放弃了削弱贾特人的首都——布尔特普尔实力的围攻。在这种情况下，为了安全起见，君主有必要选择能够确保成功的行动。此时，他父亲的老朋友兼仆人卡姆尔－乌尔－丁·汗的儿子——勇敢的米尔·曼努并不在旁遮普，而是去镇压阿富汗人了。但艾哈迈德·沙·巴哈杜尔的妹夫汗·克哈南已经准备好应对的计策。如果召回萨夫达尔·扬，并公开答应贾特人的要求，可能只需要一次精心策划、全力以赴的战役。但如果坚定而毫无保留地支持谢哈布丁，不仅能立即休战，还能同时压垮强大的贾特人。

然而，犹豫不决的君主面对这些计划，无法勇敢地做出决定。他从德里出发，宣称打算支持谢哈布丁，并派人给谢哈布丁送信鼓励他。同时，他写信给苏拉杰·马尔，承诺将从背后偷袭自己的军队，让贾特人有机会从被围困的要塞里突围。

但萨夫达尔·扬并没有上当，他仍然非常不悦。君主写给贾特人的信落到了大将军谢哈布丁手中，他愤怒威胁了君主后，把信还给了他。这位警觉的君主打算返回他的首都。萨夫达尔·扬率兵追击。与此同时，马尔哈·拉奥·霍尔卡在博兰德沙附近的塞康德拉巴德突然对君主的军营发动进攻，并大肆劫掠。他们将君主的家眷洗劫一空，然后用乡下马车将他们送回德里。君主和他的大臣人心涣散，仓皇逃回德里，刚好赶在贾特人的猛烈攻击前，躲进了皇宫。

君主和大臣们都了解谢哈布丁的为人，他们最后的希望显然是奋力抵抗，并立即与奥德总督和贾特人的统治者求和。据一本可靠的本土历史书记载，这是宰相给君主的最后忠告。然而，也许君主觉得这样做困难重重，因为众所周知，萨夫达尔·扬对他充满敌意，加上加齐-乌德-丁·汗对莫卧儿士兵的巨大影响，他拒绝采纳这个大胆的建议。对此，汗·克哈南只能回到自己已经加强防守的宅邸。君主剩下的追随者打开大门，与谢哈布丁签订了条约。1754年6月5日，谢哈布丁穿上宰相的官方长袍，召集莫卧儿达巴①开会。他用一贯的讲话风格，直言不讳地表明了自己的野心，并设法获得了内阁支持。参会的贵族们说："这位君主的作为已经表明他不适合做统治者。他不能应对马拉塔人，对朋友虚情假意，阳奉阴违。让我们废黜他，让更有才能的帖木儿子孙登上王位。"这个决议立即生效。这位不幸的君主被挖掉了双眼，被关进了毗邻皇宫的国家监狱。1754年7月，法鲁赫希亚尔的竞争对手贾汉达尔·沙的儿子宣布登基，世称阿拉姆吉尔二世②。五十四岁的新皇帝是个虔诚的信徒，他唯一的乐趣就是阅读宗教书籍和参加礼拜。前任

---

① 达巴（Darba）是一种荣誉头衔或尊称，一般指拉杰普特和穆斯林酋长。——译者注
② 他使用阿拉姆吉尔二世这个头衔是因为伟大的奥朗则布第一个使用了这个头衔。——原注

第4章 阿拉姆吉尔二世

君主一直被关在国家监狱里，再也没有遭到骚扰，直到1775年驾崩，享年五十岁。与此同时，谢哈布丁被任命为宰相，住在汗·克哈南的宅邸里。约五年后，汗·克哈南被杀害。

人们在这些事件中第一次听到一个人名，就是纳吉布·汗，后来他变得非常出名。因为目前莫卧儿帝国的历史仍是由一系列传记构成，所以先来讲一讲纳吉布·汗从政生涯的开端。

纳吉布·汗是一位幸运的阿富汗士兵，他娶了达乌德·汗[①]的女儿。达乌德·汗让他管辖罗希尔坎德西北角的一个地区，也就是现在的比杰诺尔。萨夫达尔·扬占领这个地区后，他投奔了萨夫达尔·扬。但在与谢哈布丁的斗争中，萨夫达尔·扬遭到了羞辱。当谢哈布丁打算攻击这个地区时，萨夫达尔·扬派纳吉布·汗率领一支莫卧儿部队先行占领了萨哈兰普尔[②]地区。当时，萨哈兰普尔被称为巴瓦尼，是前宰相汗·克哈南的札吉尔[③]。于是，这个领地从莫卧儿帝国中分离了出去，由纳吉布·汗及其家族统治，延续了两代人。纳吉布·汗虽然野心勃勃，但并不是一无是处。他积极、勤奋、忠诚。早年，他克服了困难后，成为一名优秀的管理者。他统治了不断衰落的莫卧儿帝国九年，最后平静地死去。但他管辖的地区的状况已经得到改善，逐渐稳固，为继任君主的统治做好了准备。他受到了当时在印度的英国人的高度评价。

---

① 罗希尔坎德的帕坦人的一位首领。——原注
② 萨哈兰普尔是印度北部城市。——译者注
③ 帝国的大部分土地按战功分封给贵族作为军事采邑，叫作札吉尔，其领受者称札吉达尔。16-17世纪中叶，札吉尔是莫卧儿帝国土地占有的基本形式。——译者注

现在，阿克巴和奥朗则布的领土已经分崩离析。虽然整个半岛名义上仍然由莫卧儿帝国统治，但除了多阿布[①]北部的部分地区和萨特累季河以南的几个地区以外，其他省份都脱离了莫卧儿帝国政府的管辖。古吉拉特邦遭到马拉塔人的蹂躏；孟加拉、比哈尔邦和奥里萨邦被阿里瓦迪·汗[②]的继任者占领；奥德和阿拉哈巴德被萨夫达尔·扬占领；多阿布的中心地区被班加什的阿富汗部落占领；现在称为罗希尔坎德的省被罗希拉人占领；旁遮普被遗弃。除了像德干这样的地区仍然是卡姆尔-乌尔-丁·汗的儿子们发动家庭战争相互争夺的目标外，印度的其他地区重新归印度教徒统治。英国商人继续小规模地侵占印度的领土。

---

① 多阿布是印度的恒河与朱木拿河之间的河间地区。——译者注
② 阿里瓦迪·汗（1671—1756），1740年到1756年任孟加拉的纳瓦布。——译者注

第 5 章

阿富汗人入侵

精彩看点

1754年到1760年——加齐-乌德-丁·汗的进展——艾哈迈德·汗进入德里——阿里·高哈尔王子逃跑——艾哈迈德皇帝被谋杀——阿卜达里进攻德里

革命刚刚结束，年轻的宰相就采取了一系列有效措施来巩固自己的地位。他首先囚禁了他的表弟汗·克哈南，并占领了汗·克哈南的宅邸。此时，恰好萨夫达尔·扬的去世（1754年10月17日）为他消除了另一个威胁。在纳吉布·汗的帮助下，一场由谢哈布丁的专断行为引发的兵变被无情平息。谢哈布丁不但非常严酷地惩戒了可怜的俘虏，而且起到了杀一儆百的作用，震慑了可能正在试图发动叛乱的人。

试图发动叛乱的人不在少数，而且其中很多人身居高位。愚蠢的君主成为阴谋集团的意志中心，他们妄图毁掉勇敢而年轻的谢哈布丁。虽然谢哈布丁的预防措施阻止了事态的发展，但无休止的阴谋最终导致他在管理上所做的一切努力毫无成效，并增加了他思想中那份愤世嫉俗的孤独感，这可能是促使他犯罪的导火索。

谢哈布丁决定离开宫廷，他组织了一次对旁遮普的远征。后来，在旁遮普，英勇的米尔·曼努从马背上摔下来去世。人们对这位优秀的公仆充满敬意。因此，在莫卧儿帝国统治后期，当拉霍尔省和木尔坦省被割让给阿富汗人时，新的统治者最终还是让米尔·曼努来管辖这两个省。甚至在米尔·曼努去世后，艾哈迈德·汗·阿卜达里仍然继续执行这项政策。他以米尔·曼努幼儿的名义来管理这两个省。在米尔·曼努的儿子未成年时处理两省政务的实际上是米尔·曼努的遗孀和一位经验丰富的当地政治家阿迪纳·贝格。这位政治家是一个印度人，他大胆、聪明，通过自己的奋斗取得了成功。

谢哈布丁决定抓住时机反击。他匆忙起兵，用莫卧儿帝国所剩无几的钱募集到一支军队，和王储阿里·高哈尔一起率领军队进军拉霍尔城。他奇袭并占领了拉霍尔城，挟持了米尔·曼努的遗孀及其女儿。回到德里后，他声称自己逼迫阿富汗国王签订了一份条约，并任命阿迪纳·贝格为诸省最高行政长官。

尽管如此，君主还是不满意，而且谢哈布丁的成功只会使他更加残暴。艾哈迈德·汗·阿卜达里一旦腾出手来，就不可能允许任何未经授权的人干涉他对自己的领土所做的安排，因为他有充分理由将这片土地视为己有。因此，这位阿富汗首领很快采纳了君主这一派代表的意见，迅速率领一支军队出现在距德里二十英里的地方。谢哈布丁不知道纳吉布·汗在与入侵者秘密通信。于是，在纳吉布·汗的陪同下，他率兵出城迎战。由于完全处于孤立状态，当他看到自己的主力部队跟随纳吉布·汗走进敌军队列，并被视为如期而至的客人时，他才看清事情的真相。

危难之际，谢哈布丁凭借个人能力挽救了自己。他娶了米尔·曼努的女儿为妻，他请求岳母出面斡旋。最后，他不仅得到了侵略者艾哈迈德·汗·阿卜达里的赦免，而且在短时期内完全取得了艾哈迈德·汗·阿卜达里的信任，获得了比入侵拉霍尔城之前更大的权力。

艾哈迈德·汗·阿卜达里现在掌管政务。他委派谢哈布丁在多阿布地区收取贡赋，又派萨达尔·贾汗·汗去向贾特人征税。他本人留下来劫掠首都。

第 5 章 阿富汗人入侵

第一次远征时,艾哈迈德·汗·阿卜达里劫掠了很多战利品。但对贾特人的攻击并不成功,因为贾特人据守着星罗棋布的众多据点,以此对抗阿富汗军队。贾特人还偷袭阿富汗军队的秣粮队。阿格拉也在其总督的指挥下顽强抵御阿富汗军队。于是,入侵者劫掠了邻近城市马图拉。他们在一个宗教节日突袭马图拉,血腥屠杀了当地居民,无论男女老少,无一幸免。

德里的居民苦难深重。他们遭受的痛苦甚至可以与二十年前波斯人纳迪尔·沙带给他们的痛苦相提并论,只是当时的波斯征服者并不文明,能够满足他们的财富也不多。1757 年 9 月 11 日,艾哈迈德·汗·阿卜达里进入德里,在之后的两个月里,德里居民遭受了无法想象的痛苦。这时距大兵变①,即印度兵起义,英国政府的复仇大军占领德里,整整一百年。

一番血腥劫掠后,入侵者艾哈迈德·汗·阿卜达里返回恒河岸边阿努普沙哈尔的军营。他在那里瓜分莫卧儿帝国的领土,将它们分配给他喜欢的穆斯林酋长。他任命纳吉布·汗为阿米尔-乌尔-乌姆拉,负责守卫皇宫及看守皇宫里的囚犯。然后他返回自己的国家,因为他最近收到了一些令他不满的消息。君主想要利用自己的影响力娶穆罕默德·沙的女儿为妻,但艾哈迈德·汗·阿卜达里也被这位年轻的女子吸引,决心迎娶她。同时,艾哈迈德·沙·杜兰尼②

---

① 大兵变,又称"大反叛""印度兵起义""印度兵变""1857 年起义""印度暴动""印度第一次独立战争",发生于 1857 年到 1859 年,是印度反抗代表英国政府的东印度公司的统治而爆发的一次大型的、以失败告终的起义。——原注
② 1747 年 10 月,艾哈迈德·汗·阿卜达里成为新建立的阿富汗国家的第一任君主。称帝后,他宣布自己为艾哈迈德·沙·杜兰尼,意为"珍珠一般的君主艾哈迈德"。从此之后,阿卜达里部落改名为杜兰尼部落。——译者注

阿迪纳·贝格——一位经验丰富的政治家

王储阿里·高哈尔

让自己的儿子帖木儿·沙娶王储阿里·高哈尔的女儿为妻。然后，他让帖木儿·沙掌管旁遮普，自己随大军退回坎大哈。

虽然谢哈布丁暂时从焦虑中解脱了出来，但他完全被自己病态的残酷支配，这侵蚀了他的才智。他花钱雇佣许多马拉塔人来保护自己免受众多敌人的攻击。为了支付雇佣金，他用极其残忍的手段敲诈勒索莫卧儿帝国的臣民。他轻而易举地驱逐了纳吉布·汗（因为他被尊称为纳吉布-乌德-道拉，即国家英雄），摧毁了支持君主的贵族势力并控制了贵族，他甚至企图控制王储阿里·高哈尔。

三十七岁的王储阿里·高哈尔展现了他的种族具有的所有优秀品质，但他和他的家族因为皇宫中骄奢淫逸的生活逐渐失去了活力。曾经有一段时间，他被公开囚禁在阿里·马尔丹·汗[①]的府邸。这是一座位于河岸上的非常坚固的府邸。阿里·高哈尔获悉，谢哈布丁打算将他转移到皇宫内的国家监狱——萨利姆加尔——严密看守。对此，他与他的同伴拉姆纳特王公和一位穆斯林绅士赛义德·阿里密谋，打算突围出去。赛义德·阿里同意带着他的四名亲兵加入这次冒险行动。第二天清晨，他们来到院中，悄悄翻身上马。

形势刻不容缓。一些警觉的士兵已经爬上邻近的屋顶，开始向逃跑者开火，而他们的主力守卫着大门。屋后临河一侧的墙上碰巧有一个豁口，王储和他的朋友们骑马从那里逃了出去，毫不犹豫地跳入了宽广的朱木拿河。赛义德·阿里留下来殿后，独自一人拖住追兵，掩护王储逃跑。这位忠诚的追随者为此付出了生命。王储等人一直逃到纳吉布·汗新领地的中心地区锡根德拉。王储在纳吉布·汗的保护下过了一段时间，然后来到勒克瑙。为了争取与奥德的新

[①] 阿里·马尔丹·汗（？—1657），库尔德拉军事领袖和行政长官。——译者注

艾哈迈德·汗·阿卜达里的儿子帖木儿·沙

省督一起合力应对英国人的进攻，最后他被迫寻求这支反叛势力的帮助。

从来自德里的信件中，艾哈迈德·汗·阿卜达里得知了这些事情，准备再次入侵莫卧儿帝国。与此同时，在马拉塔人的帮助下，阿迪纳·贝格从拉霍尔追击艾哈迈德·汗·阿卜达里的儿子帖木儿·沙。在另一支部队的帮助下，他们将纳吉布·汗赶出他的新领地，并迫使他躲进了巴瓦尼·马哈尔的城堡。奥德的新总督以艾哈迈德·汗·阿卜达里的名义，召集罗希拉人和他自己的追随者将马拉塔人逐出了罗希尔坎德。阿富汗人从纳吉布·汗的领地上渡过朱木拿河，来到德里北部。1759年9月，他们再次来到阿努普沙哈尔。在这里，他们可以与奥德一直保持联系。

现在，残酷无情的谢哈布丁几乎耗尽了所有资源。因此，他决定打出最后一张牌。如果不能通过人们对他残暴行为的恐惧而赢得最后的胜利，他将失去所有并退出政治舞台。

现任君主虽然缺点很多，但非常尊重化缘的僧侣，这种现象在亚洲非常普遍。一个克什米尔人为了谢哈布丁的利益，利用了君主的这个特点。他抓住有利时机告诉阿拉姆吉尔二世，在费罗扎巴德市以南约两英里处的一座被毁的要塞里，隐居着一位特别神圣的僧人。费罗扎巴德市当时在朱木拿河右岸，现在朱木拿河已经萎缩，距这座城市非常远。君主决定拜访这位神圣的僧人，于是坐着轿辇来到要塞前。在菲罗兹沙宫东北角的一个房间门口，克什米尔人取下君主的武器，让他进屋，并关上房门。不久，房间里传出呼救声。君主的女婿、勇敢的米尔扎·巴巴尔立刻反应过来，打伤了哨兵，但因寡不敌众被制服，然后被塞进君主的轿子，送到了萨利姆加尔监狱。与此同时，一个一直驻扎在国家监狱里叫巴拉巴什的凶残的

第 5 章 阿富汗人入侵

乌兹别克狱卒抓住君主，一刀砍断了这位手无寸铁的君主的头。然后，他剥去君主的袍子，将尸体从窗户抛出去。君主的无头尸在沙子上放了几个小时，直到克什米尔人下令将尸体抬走。这一悲惨事件发生在 1759 年 11 月 10 日①。三天前，宰相汗·克哈南被他的继任者下令杀害。卡姆·巴克沙②的孙子随后被带出萨利姆加尔监狱，并以沙·贾汗二世的响亮头衔称帝。因为他的统治时间太短，所以现在他并不在君主名单上。谢哈布丁试图效仿赛义德兄弟的做法，在幕后操纵这个傀儡皇帝。然而，被谋杀的君主的儿子③在比哈尔宣布继位。在下一章中我们将看到，艾哈迈德·汗·阿卜达里向谢哈布丁发兵。经过审慎考量后，这位年轻且无耻的政客逃到了巴特普尔。在那里，苏拉杰·马尔给他提供了一个临时庇护所。

至此，这位焦躁不安的逃亡者结束了他的政治生涯。应该一提的是，最后他很不情愿地退到了法鲁哈巴德④，直到 1771 年，沙尔·阿拉姆来到那里，将谢哈布丁逐出法鲁哈巴德，他再次成为一个流浪者。通过伪装，他默默无闻地度过了接下来的二十年。约 1791 年，英国警察偶然在苏拉特⑤发现了他。苏拉特总督下达命令，允许他带着盘缠前往许多穆斯林公开的避难所——麦加。从麦加回来后，他访问了喀布尔。在喀布尔他与一位德里王子企图入侵德里，但这位王子在木尔坦发疯了。谢哈布丁离开他，前往本德尔肯德⑥。他

---

① 道森（Dowson），第八卷，第 243 页。——原注
② 奥朗则布不幸的儿子。——原注
③ 即逃跑的阿里·高哈尔，阿拉姆吉尔二世被杀害后，他在比哈尔称帝，称沙·阿拉姆二世（Shah Alam Ⅱ）。——译者注
④ 法鲁哈巴德是印度北部一个城市。——译者注
⑤ 苏拉特是印度西部港口城市。——译者注
⑥ 本德尔肯德是印度历史上的一个地名。——译者注

在那里得到了一块土地，度过了余生。1800年，谢哈布丁去世，葬在旁遮普的帕克帕坦。

因此，艾哈迈德·汗·阿卜达里的复仇再次落到首都无辜的居民身上。烧杀劫掠后，艾哈迈德·汗·阿卜达里留下一支军队驻守皇宫，他率军离开了几乎是一座空城的德里，回到阿努普沙哈尔的旧军营，与罗希拉人一起和奥德省督谈判。最后，印度的穆斯林联合起来，准备为保卫伊斯兰教进行一场决定性的战斗。这些事件将辟专章进行讲述。

第 6 章

马拉塔人战败

精彩看点

马拉塔人联盟——萨达舍奥·拉奥——艾哈迈德·沙·杜兰尼进入德里——霍尔卡和苏拉杰·马尔的告诫——洗劫德里的皇宫——易卜拉辛·汗进攻罗希拉人——纳吉布·汗坚守阵地——冉克吉被杀

1759年，从贝拉尔①边界到恒河岸边的这片地区，马拉塔人联盟势不可挡。虽然马拉塔人联盟一边被尼扎姆·阿里·汗和海德尔·阿里②牵制，另一边被年轻的奥德统治者舒贾-乌德-道拉③牵制。但实际上，马拉塔人在这片地区无人能敌。西边新建立的穆斯林王朝即杜兰尼帝国，将长期构成威胁。但艾哈迈德·沙·杜兰尼很可能会和其他穆斯林国王一样，签订和平条约。这一切都取决于一个人的性格和行为。这个人就是萨达舍奥·拉奥。萨达舍奥·拉奥是马拉塔人的佩什瓦④的堂兄兼牧师，马拉塔联邦的统治权掌握在他手中。马拉塔人著名的统治者、最初的创建者西瓦吉⑤的后裔是个差点儿沦为囚犯的傀儡，正如几年前的日本天皇一样。

---

① 贝拉尔，印度中西部一地区，是早期德干王国之一。——译者注
② 海德尔·阿里（1720—1782），印度南部迈索尔的穆斯林统治者。——译者注
③ 舒贾-乌德-道拉（1732—1775），1754年至1775年任奥德行政长官。——译者注
④ 佩什瓦，即首相。佩什瓦是西瓦吉孙儿夏胡在位期间所设立的一个职位。佩什瓦的职位相当于现今的总理，是为了确保国家在危急关头仍能正常运作而设的。——译者注
⑤ 西瓦吉，即贾特帕拉蒂·西瓦吉（1630—1680），17世纪在印度次大陆中德干地区独立的马拉塔王国的缔造者、反抗莫卧儿王朝外族统治的印度教英雄。——译者注

托德①引用了一位当代历史学家对当时印度状况的描述："这个时期的印度人民只为个人的安全和欲望着想。逃脱苦难的人无视苦难，只关心自己，不为自己的同胞考虑。在纳迪尔·沙入侵之后，这种既无视公共道德又破坏个人美德的自私自利行为在印度非常普遍。自此，人们非但没有变得更加善良，反倒因此变得既不幸福也不独立。"

1759年夏末，我们现在称为杜兰尼帝国的君主艾哈迈德·沙·杜兰尼（人称阿卜达里）听说阿拉姆吉尔二世被谋杀的消息后（上一章对此有所叙述）回到印度，并带兵来到德里。狡猾的谢哈布丁听闻他到来的消息后，立即躲到贾特人那里。虽然马拉塔人的军队暂时占领了旁遮普的一些地区，但还是被击败，被迫进入德里。因此，艾哈迈德·沙·杜兰尼再次占领和劫掠了首都。之后，他退回到盟友纳吉布·汗的领土，并召集罗希拉各部的酋长。与此同时，马拉塔人向拉杰普特人和贾特人的首领求援，并向北挺进。1759年12月，他们占领了首都。

离开德干后，马拉塔人的主力由两万精挑细选的骑兵组成，并由宰相萨达舍奥·拉奥直接指挥。为了方便起见，我们用萨达舍奥·拉奥的头衔"巴奥"称呼他。巴奥还带着一支由一万步兵和炮兵组成的强大而纪律严明的军队，这支军队由一个叫易卜拉辛·汗的穆斯林将军率领。这位将军在担任蒲塞的警卫队指挥官时学会了法国军队的管理模式，并获得了卫士头衔，表明他曾经受过专业的军事训练。

---

① 托德即詹姆斯·托德（1782—1835），英国东印度公司官员和东方学者。——译者注

穆斯林将军易卜拉辛·汗（左一）与宰相萨达舍奥·拉奥（左二）

在行军途中，霍尔卡、辛迪亚、牧牛王①、戈宾德·潘特等人率领的马拉塔人的军队也加入其中。许多拉杰普特土邦加入进来。苏拉杰·马尔带来了由两万名身强力壮且勇猛的贾特人组成的特遣队。印度教各派系正在为一个共同的目标团结起来。伊斯兰教徒也因为必要的抵抗联合起来。各个派系都热切盼望奥德总督舒贾-乌德-道拉统领什叶派的联盟，因为他的先祖曾公平地领导过不同派系的人。

巴奥的声望很高。一直以来，他战无不胜，深得人心。他从首都掠夺了大量战利品，其营地变得非常豪华。格兰特-达夫②说："高大宽敞的帐篷里堆满了丝绸和毛织品。帐篷上装饰着大型的镀金饰物，从远处看时金光灿灿，引人注目……营地里有许多大象。各色旗帜、精良的马匹将营地装扮得非常华丽……看似是从世界各地收集来的……营地的装饰模仿了莫卧儿帝国鼎盛时期莫卧儿人的高雅品位。"特别之处并非只有这些。迄今为止，马拉塔人一直是轻骑兵，每个人都带着自己的食物、饲料、被褥、绳索，这些都是他们装备的一部分。这种装备可以保证他们被击败后还可以行军五十英里，然后停下来，做好再战一天的准备。现在，他们第一次得到一支正规的炮兵队伍和一支训练有素的步兵军队的支援。然而，所有这些表面上的优势最终加速了他们被更彻底、更可怕地摧毁。

---

① 牧牛王，旧时印度巴罗达土邦统治者的称号。——译者注
② 格兰特-达夫，即詹姆斯·格兰特-达夫（1789—1858），一名来自苏格兰的英国士兵和历史学家，在英属印度非常活跃。——译者注

第6章 马拉塔人战败

出于掠夺的天性，霍尔卡和苏拉杰·马尔告诫巴奥，正规战争不同于他们熟悉的战斗。因此，他们建议将家属、帐篷及所有重型设备留在安全的地方，比如占西和瓜廖尔这些几乎坚不可摧的城市。他们的骑兵应该去骚扰敌人，将敌人周围的地区洗劫一空。但巴奥轻蔑地拒绝了他们的苦心劝告。在南方战争中，巴奥曾看到枪支和严明军纪的作用，他自信地预见到他的军队将会取得的成就。他决定尝试用他理解的科学化军队作战模式，看看能够取得怎样的效果。后来，结果证明这个决定毁灭了他。不是因为他选择的武器不好，而是因为武器还不完善，而且他不知道如何使用它们。二十年后，玛多吉·辛迪亚用同样的方法征服了印度所有的对手，他成功的主要原因是他有一位欧洲将军——布瓦涅伯爵。玛多吉·辛迪亚是与布瓦涅伯爵同时代的伟大领袖之一，允许布瓦涅伯爵运用自己的战略战术：正规军和炮兵是军队的核心，行动时果断有力，目标明确，而骑兵的行动只是为了护送、侦察和追击。在这场重要战役中，我们看到训练有素的军队在亚洲领导人的领导下虽然基本完成了任务，但由于人数太少，缺乏将才，他们最终还是失败了。

一到达德里，巴奥就指挥他的军队包围了皇宫。皇宫由一支势力薄弱的穆斯林部队守卫。这支部队是杜兰尼帝国的宰相沙·瓦力·汗的侄子匆匆募集来的。短暂的轰炸过后，这支驻军缴械投降，巴奥带兵占领了皇宫，并洗劫了皇宫内剩余的财宝，包括私人大厅[3]内一块银制的天花板。这块天花板在熔炉里融化后，得到了价值约十七万卢比的银子。

---

[3] 私人大厅是莫卧儿皇帝接见贵宾、外国使节的地方。——译者注

玛多吉·辛迪亚

布瓦涅伯爵

与此同时，由于艾哈迈德·沙·杜兰尼与舒贾-乌德-道拉的谈判悬而未决，艾哈迈德·沙·杜兰尼被迫停留在罗希拉人边境附近的阿努普沙哈尔军营。1760年的雨季即将到来，因为没有桥梁渡河，所以这段时间无法展开军事活动。艾哈迈德·沙·杜兰尼的军队最需要做的是趁这段时间休整，做好准备。罗希拉人的首领纳吉布·汗非常急切地建议艾哈迈德·沙·杜兰尼说服舒贾-乌德-道拉，与他们一起对付马拉塔人。他指出，虽然莫卧儿帝国已经没落，但舒贾-乌德-道拉依然是莫卧儿帝国的纳瓦布。此外，萨夫达尔·扬是舒贾-乌德-道拉的父亲，而艾哈迈德·沙·杜兰尼曾经是已故奥德省督萨夫达尔·扬的手下败将，且萨夫达尔·扬对他一直怀有敌意。因此，艾哈迈德·沙·杜兰尼必须考虑清楚萨夫达尔·扬会对舒贾-乌德-道拉产生多少影响。谨慎的纳吉布·汗补充道："然而，我们必须记住，过去的经历会使这位省督变得胆小多疑。这次重要谈判的形势将变得非常微妙。因此，我们不能将它委托给普通代理人，也不能通过平常所用的通信方式传递信息。"

艾哈迈德·沙·杜兰尼赞同这些观点，决定派纳吉布·汗亲自拜访舒贾-乌德-道拉，并向他阐明现在的局势及其利害关系。纳吉布·汗作为特使前往奥德。舒贾-乌德-道拉在恒河岸边的马赫迪加特扎营。纳吉布·汗开门见山地说明来意，并凭借自己一贯准确的判断力，很快谈到关于人的本性这个非常有说服力的话题。实际上，无论是什叶派还是逊尼派，所有的穆斯林都是马拉塔人仇恨的对象。纳吉布·汗非常清楚，如果马拉塔人的联盟获胜结果将会怎样。若是结局如此，舒贾-乌德-道拉的处境会更好吗？"毕竟，这是上帝的旨意。我们应该通过自己最大的努力使我们的命运平坦一些。请您仔细考虑，与您的母亲商量商量。我不喜欢麻

第 6 章 马拉塔人战败

烦，如果我对此不感兴趣，也不会远道而来拜访阁下了。"从舒贾-乌德-道拉的追随者那里我们了解到，这是这位罗希拉首领建议的主要内容。

这些谈判的性质无须推测。印度作家卡西·拉杰·潘迪特[①]描述了在这些谈判中发生的事情。卡西·拉杰·潘迪特当时为舒贾-乌德-道拉效命，他不仅见证了这次战役，还受命参与了马拉塔人和伊斯兰教徒之间的谈判。迄今为止，他对这次战争的描述[②]在所有印度本土的记录中是最真实、最详细的。

经过认真思考，舒贾-乌德-道拉决定采纳纳吉布·汗的建议。既然做出了决定，他就决心坚持到底。他将家人送到勒克瑙后，与纳吉布·汗一起来到阿努普沙哈尔。在那里，他受到艾哈迈德·沙·杜兰尼和宰相沙·瓦里·汗的热情接待。

不久，穆斯林的联合部队来到德里附近的沙赫德拉。沙赫德拉是历代君主的狩猎圣地。实际上，沙赫德拉与德里仅一河（朱木拿河）之隔。但由于雨季来临，双方的军队暂时不可能相遇。他们趁这段时间进行谈判。巴奥首先考验了舒贾-乌德-道拉的忠诚。他向舒贾-乌德-道拉提出大量优厚条件，劝说他背弃什叶派。舒贾-乌德-道拉听了作为中间人的卡西·拉杰·潘迪特传递的消息后非常高兴。但所有这些只有纳吉布·汗知道，因为舒贾-乌德-道拉自始至终只与他进行磋商。纳吉布·汗意识到这一交易显然有利于印度教徒。因此，他抓住这个机会，利用舒贾-乌德-道拉与贾特

---

① 潘迪特，博学者、梵文学者。——译者注
② 其中一个翻译版本出现在 1791 年的《亚洲研究》（*Asiatic Researches*）中，1799 年在伦敦重印。——原注

人之间的古老联盟，动摇苏拉杰·马尔的决心，说服他背弃巴奥统帅的联盟军。后来，当巴奥傲慢地拒绝采纳苏拉杰·马尔的建议时，苏拉杰·马尔开始想背弃联盟军了。卡西·拉杰·潘迪特的建议是，倘若双方都不想和平解决，就应该分而治之。他显然不知道巴奥的真实想法，只是通过巴奥的行为认为他是一个大胆的、雄心勃勃的政治家。根据另一个阵营中的情况他发现，纳吉布·汗采取了一种更有远见的计划，使他无法继续推动和平谈判。当然，在这场胶着而痛苦的战争中，精明的罗希拉首领纳吉布·汗是最终获益最多的人。然而，巴奥首先采取了敌对行动。他率部逆流而上，准备攻打侵略军的侧翼。

距德里以北约八十英里、位于西朱木拿河与朱木拿河右岸两英里远的地方之间的草地上，有一座叫昆杰普拉的小镇。纳迪尔·沙入侵时，这座小镇被一支波斯神枪手军队占领。这支军队给莫卧儿帝国的军队造成了巨大损失。也许是出于对那场战争的追忆，艾哈迈德·沙·杜兰尼犯了一个错误，他将自己的一队人马驻扎在这座小镇上。但当时正值秋季，宽阔的朱木拿河河水上涨，洪水肆虐，将他与这支军队隔开。巴奥在这座小镇发动了第一次进攻，虽然阿富汗驻军顽强抵抗，但最终全部被俘。巴奥的军队洗劫了小镇，而阿富汗的主力部队只能在对岸看着，无能为力。

达沙哈杰[①]终于来临，这是纪念半人半神的拉摩进攻楞伽城[②]的日子，也是一个众所周知的神圣节日，它预示着印度交战季节的来临。

[①] 达沙哈杰是印度秋天的一个节日，庆祝阿逾陀国王子罗摩战胜了楞伽城的罗刹魔王拉瓦那，并解救了王妃悉多的节日。达沙哈杰意味着开始。——译者注
[②] 楞伽城是罗刹之都，在今天的斯里兰卡。——译者注

第6章 马拉塔人战败

一支波斯神枪手军队占领
昆杰普拉镇

艾哈迈德·沙·杜兰尼按照印度人的习惯,在节日前一天检阅了军队。卡西·拉杰·潘迪特积极评价了他的军队的状态。军队由两万八千名身强力壮的阿富汗骑兵和三万八千名步兵组成。这些人骑着矫健的土库曼马,配备了四十门大炮和四十挺机枪,还有骑着骆驼的轻型机枪手,由印度穆斯林指挥。马拉塔人骑兵多,步兵少,有两百挺机枪,如果加上在常规战中可以被称作骑兵的掠夺成性的友军的援助,他们的全部兵力达到二十万以上。但结果证明,他们中的大部分人倒在了马刀与机枪下。

1760年10月17日，阿富汗人在沙赫德拉与盟友分手。1760年10月23日到25日，阿富汗军队在朱木拿河上游的一座小镇巴格帕特渡河。敌对双方的位置因此发生变化：北部的侵略者向德里靠近，巴奥的整个军队在他们后方。来自西北的印度穆斯林的军队一直南下，他们身后是荒芜的锡林德。1760年10月26日下午，艾哈迈德·沙·杜兰尼的高级警卫队到达位于桑帕特与帕尼帕特之间的桑巴尔卡，他们遇到一支马拉塔人的先锋部队，随后进行了一场激战。虽然阿富汗军队死伤一千人，但马拉塔人被赶回他们的主力部队所在的地方。这支主力部队连续几天缓慢撤退，将他们所经之处洗劫一空，最后到达帕尼帕特。他们在帕尼帕特镇外安营扎寨，挖了一条六十英尺宽、十二英尺深的壕沟，并在城墙上架起了机枪。艾哈迈德·沙·杜兰尼驻扎在距帕尼帕特南部四英里处。根据他的作战习惯，他让军队砍伐树木，修筑防御工事，在防御工事前面支起一顶毫无防御措施的小帐篷，便于他亲自察看敌情。

　　马拉塔人在桑巴尔卡的失利很快激化了矛盾，双方和解的可能性越来越小。戈宾德·潘特·邦德拉带着一万轻骑兵在密鲁特附近寻找粮草，突然遇到了阿泰·汗率领的一支同样在寻找粮草的阿富汗军队。戈宾德·潘特·邦德拉被杀。这一事件导致巴奥军队的粮草补给被切断，但极大增强了艾哈迈德·沙·杜兰尼的粮食补给。不久，巴奥的一支有两千名骑兵的队伍，每人带着一桶从德里抢来的银币，在返回途中遇到了一支阿富汗巡逻队。由于天黑，他们误以为这支阿富汗军队是自己的队伍。当他们用自己的语言回答哨兵的提问时，被阿富汗巡逻队包围并杀害。巴奥失去了约二十万银币。易卜拉辛·汗和他纪律严明的雇佣军现在因为拖欠佣金争吵不休。为此，霍尔卡建议骑兵在没有雇佣军的情况下立即发动进攻。虽然

阿富汗步兵

巴奥用轻蔑的态度默许了霍尔卡的建议，但他与霍尔卡翻脸了，因为霍尔卡打算指挥这次行动。

接下来的两个月中，双方不断发生冲突。纳吉布·汗在一次战争中失去了三千罗希拉人，自己也差点丧命。最终，印度穆斯林的首领非常急切地想通过一场决定性的战斗来结束他们与艾哈迈德·沙·杜兰尼之间的对峙。然而，艾哈迈德·沙·杜兰尼是一位极具耐心的伟大领袖，他不断消磨敌人的热情。他非常清楚，敌人都是"自作自受"（套用现代领导人在类似场合所说的一句话）。这是征服者的主要特点之一，他总是用自己遇到的麻烦来衡量对手的不幸。因此，麻烦变成了获得勇气而非丧失信心的依据。

与此同时，艾哈迈德·沙·杜兰尼派五千名优秀的骑兵在寒冷的冬夜巡逻。他的巡逻队的警惕性很高，几乎完全封锁了马拉塔人。一次，一支两万人的马拉塔军队在出去寻找部队给养时，被这支巡逻队杀死在阿富汗人营地附近的一片树林中。

巴奥因为这些持续的打击和警告情绪低落。他派人去见舒贾-乌德-道拉，表示为了和解愿意接受任何条件，其他所有酋长也都愿意和解。因此，艾哈迈德·沙·杜兰尼把和解的事情交给罗希拉首领。但纳吉布·汗不愿意和解。卡西·拉杰·潘迪特去见纳吉布·汗，欲竭尽全力说服他同意和解。但纳吉布·汗清醒而敏锐地意识到这次和解的本质。他说："我愿意用其他方式满足省督，并表示我对他的尊敬。但誓言只是语言，不是锁链。一旦敌人挣脱了迫使他发誓的威胁，誓言将永远无法束缚他。只要我们稍做努力，就可以将这根刺从我们身上拔出来。"

虽然已是深夜，但纳吉布·汗要求立刻觐见艾哈迈德·沙·杜兰尼。他进入艾哈迈德·沙·杜兰尼的帐篷后，重申了自己的观点，

艾哈迈德·沙·杜兰尼——一位具有耐心的伟大领袖

并补充说无论艾哈迈德·沙·杜兰尼如何决断，对他来说都无足轻重。他总结道："我只不过是一名幸运的战士，为了我自己我可以接受任何一方的条件。"艾哈迈德·沙·杜兰尼对他的直言进谏感到非常高兴，说："你是对的，纳吉布。省督被年轻人的冲动误导。我不相信马拉塔人的忏悔，我一直让你主管这件事，我是不会背弃你的。虽然站在我的立场上，我必须听每一个人的意见和建议，但我保证绝不会采纳违背你意愿的意见。"

当这些事情在穆斯林军营里传播时，马拉塔人已经在劫掠帕尼帕特镇时耗尽了他们最后的物资。当天晚上，他们的首领聚集在一顶大帐篷里。时值1761年1月6日，我们可以想象，瑟瑟发抖、饥肠辘辘的南方人蹲在地上，在火把的光亮中讨论他们的窘境。他们已经两天没有吃东西了。他们表示，自己宁愿战死，也不愿被饿死。分发完最后的面包，所有人发誓要在破晓前一小时发起进攻，要么赶走入侵者，要么在战斗中牺牲。

首领集会上，巴奥表面上看起来英勇沉稳，但私下里，他给卡西·拉杰·潘迪特送去一封信，具体内容是："情况非常紧急。如果你能做点什么，就赶紧行动。如果不能，请立刻明确告知我，因为以后不会再有时间写信或传递消息了。"当那封信凌晨3时送达时，卡西·拉杰·潘迪特正和舒贾-乌德-道拉在一起。他把信交给舒贾-乌德-道拉，舒贾-乌德-道拉开始询问信使。这时，舒贾-乌德-道拉派到马拉塔军队的间谍跑进来，告诉他马拉塔人已经离开军营。舒贾-乌德-道拉立刻去见艾哈迈德·沙·杜兰尼。

艾哈迈德·沙·杜兰尼正在休息。侍卫牵着他的马站在帐篷外，马鞍已经备好。他忙从床上起身，问道："发生什么事了？"舒贾-乌德-道拉将得到的情报告诉他，艾哈迈德·沙·杜兰尼立即派人

第 6 章 马拉塔人战败

去请卡西·拉杰·潘迪特。卡西·拉杰·潘迪特证实了舒贾-乌德-道拉带来的消息。艾哈迈德·沙·杜兰尼骑在马上，嘴里叼着一支波斯烟斗，凝视着黑暗的远方。突然，马拉塔人的大炮开始开火。艾哈迈德·沙·杜兰尼立即将烟斗交给一个传令官，平静地对省督说："你带来的消息是真实的。"然后，他召集首相沙·瓦力·汗和参谋长沙·帕桑德·汗开会。破晓时分，他做好了大规模战争的部署。

是的，消息千真万确。巴奥的信发出不久，马拉塔人的军队分发完了他们最后的面包，准备决一死战。他们走出军营，衣冠不整，脸色蜡黄，做好了战死的准备。他们排成一列纵队行进，举着大小不等的枪，直视前方。巴奥和佩什瓦的儿子率领近卫军在队伍中间。左翼是易卜拉辛·汗率领的护卫队，右翼是霍尔卡和辛迪亚家族率领的军队。

与马拉塔人敌对的阿富汗人也排成相似的队形。他们的左翼是纳吉布·汗率领的罗希拉人，以舒贾-乌德-道拉和沙·瓦力·汗为中心；右翼是两个旅的波斯军队，以印度著名的帕坦人首领哈菲兹·拉马特及其他首领领导的罗希拉人为中心。天亮了，阿富汗人的炮火依然保持沉默，对方的炮火却越来越近。炮火从阿富汗人的头顶飞过，落在他们身后一英里的地方。沙·帕桑德·汗命一支身披铠甲的阿富汗精锐骑兵掩护左翼军队前进。艾哈迈德·沙·杜兰尼站在后方的那顶小帐篷里，观察形势，指挥战斗。

阿富汗军队似乎没有采取任何有效的防御措施，只有一支护卫队在警惕的将领的率领下，悄悄前进，一枪不发。另外两个步兵营在他们的左翼弯腰行进，以防他们遭到敌军阵营最右端的波斯骑兵的进攻。易卜拉辛·汗率领的军队很快显示出法国军纪的严明，也许另一支这样的军队能打胜仗。易卜拉辛·汗全副武装，骑在马上，手里拿着指挥旗帜。他命令士兵上刺刀，朝着罗希拉人的阵地进攻，使将近八千罗希拉人失去了战斗力。三个小时内，易卜拉辛·汗的军队完全控制了那一部分战场。舒贾-乌德-道拉带领的精锐部队继续保持静止，既不投入战斗，也不逃跑。马拉塔人开始攻击他们。沙·瓦力·汗的军队在舒贾-乌德-道拉的军队和帕坦人哈菲兹·拉马特的军队的中间，他们遭到巴奥亲自率领的近卫军的猛烈攻击。派来向舒贾-乌德-道拉汇报战况的卡西·拉杰·潘迪特发现，沙·瓦力·汗的军队中有许多人开始退却。沙·瓦力·汗试图让士兵们鼓起勇气，大声说道："你们将去向何方，我的朋友们？你们的国家离这里很远。"

与此同时，在穆斯林军队的左边，谨慎的纳吉布·汗在一面胸墙①的掩护下，逐渐接近敌军。他说："今天我们很危险，绝对不能犯任何错误。"纳吉布·汗对面的敌军由当时的辛迪亚家族首领指挥，这个人是纳吉布·汗的仇人。直到中午时分，纳吉布·汗仍然在防守，继续击退对他的土木工事发动的近距离进攻。到那时为止，形势显然对马拉塔人有利。舒贾-乌德-道拉、沙·瓦力·汗和纳吉布·汗指挥的穆斯林盟军的左翼仍然坚守着自己的阵地，但中间的军队被一分为二。右翼军队几乎被摧毁。胜利似乎属于马拉塔人。

虽然形势变化使穆斯林盟军陷入了危机，但还有一线希望。此时，我们看到的只是格兰特-达夫对马拉塔人的描述，现在

---

① 胸墙是为了便于射击和减少敌人火力可能造成的损害，在掩体前面和战壕边沿用土堆砌起来的矮墙。——原注

第 6 章 马拉塔人战败

我们来说说另一方的情况。我们最好还是相信卡西·拉杰·潘迪特的描述。根据卡西·拉杰·潘迪特的描述，战斗打响的前几个小时，艾哈迈德·沙·杜兰尼在左翼部队的保护下，在他的帐篷里观察战争的形势。但现在听到他的右翼部队溃不成军、中间部队被击败的消息后，他觉得是时候做最后一次努力了。在他面前，印度人胜利的欢呼声与阿富汗人"真主保佑"的祈祷声此起彼伏。战斗形势依然摇摆不定，艾哈迈德·沙·杜兰尼看到时机来临。他派自己的五百名护卫带着他的命令，召集军队中所有身强力壮的人，不惜任何代价将他们送到前线。他又派一千五百人去堵截正在逃跑的人，残酷无情地杀了所有不肯回来的人。这一千五百人与一支四千人的预备队一起去支援右翼溃败的罗希拉的帕坦人。他派剩下的一万名强壮的预备队队员去支援沙·瓦力·汗。沙·瓦力·汗一直在中央阵地上抵御人数上占优势的巴奥的部队。艾哈迈德·沙·杜兰尼的命令非常果断。这些顶盔披甲的战士与宰相沙·瓦力·汗组成冲锋队形，全速出击。当他们向着敌人冲锋时，艾哈迈德·沙·杜兰尼命令参谋长和纳吉布·汗进攻敌军的任意一个侧翼。他们立即执行命令。

下午 1 时，穆斯林盟军发起冲锋。短兵相接，盟军顽强战斗。士兵们用剑、长矛、斧头，甚至匕首进行战斗。下午 2 时至 3 时，佩什瓦的儿子受伤后从马上摔下来，被安置在一头大象身上。巴奥做的最后一件事是从另一头大象身上下来，骑上他的阿拉伯战马。不久，这位年轻的首领被杀害。霍尔卡和牧牛王立即率部逃跑。刹那间，马拉塔人的反抗停止了。无助的马拉塔人立刻遭到屠杀，数千人被砍倒，其他人在逃跑时被踩死，或被遭受过他们长期掠夺的国家的人杀害。艾哈迈德·沙·杜兰尼和他的高级指挥官回到营地，让下属军官去追杀逃跑的马拉塔人。据说有四万马拉塔人被杀害，英勇睿智的将领易卜拉辛·汗也被抓。虽然他身负重伤，但被抬到了舒贾-乌德-道拉的帐篷里，舒贾-乌德-道拉不仅命人好好照顾他，还命人给他缝合了伤口。舒贾-乌德-道拉还竭力保护辛迪亚家族的首领。从战场上逃回来的辛迪亚家族中的一个成员，后来成为整个纳格浦尔王国①的统治者，他就是著名的玛多吉·辛迪亚。已故的斯金纳上校②曾有一段时间为玛多吉·辛迪亚服务，玛多吉·辛迪亚向他讲述了当时逃跑的情景：他骑着一匹体型娇小、步履蹒跚的德干母马，被一个骑着一匹体型高大的北方马的阿富汗人紧追不舍，内心非常痛苦，那个凶残的阿富汗人追了他很多英里。

第二天，当时辛迪亚家族的首领冉克吉被冷酷无情的纳吉布·汗杀害。易卜拉辛·汗被强行从舒贾-乌德-道拉的帐篷中带走，由一个阿富汗大臣看管。一个星期后，易卜拉辛·汗去世。人们在距主战场约二三十英里远的地方发现了一具无头尸，应该是巴奥的尸体。省督舒贾-乌德-道拉为巴奥和佩什瓦的儿子举行了印度教的火葬仪式。此后，不时有人冒用这位东方的塞巴斯蒂安③的名字。1782年最后一位冒名者被囚禁，但沃伦·黑斯廷斯释放了他。

之后，穆斯林盟军来到德里，但杜兰尼帝国的军队出现了分裂，开始争论不休，然后解散了。舒贾-乌德-道拉率军队来到马赫迪

---

① 纳格浦尔王国是印度中东部的一个王国，18世纪中叶成为马拉地帝国的一部分。纳格浦尔市是该州的首府。第三次英马拉战争之后，它于1818年成为大英帝国的君主国，并于1853年并入英属印度，成为纳格浦尔省。——译者注
② 斯金纳上校，即詹姆斯·斯金纳（1778—1841），英裔印度军事冒险家。——译者注
③ 塞巴斯蒂安是指圣塞巴斯蒂安（死于公元288年）。圣塞巴斯蒂安是早期的基督教圣人和殉教者。——译者注

加特，六个月前他曾来过这里，当时他被莫卧儿帝国的宰相派任到此。艾哈迈德·沙·杜兰尼曾写信给逃亡的阿里·高哈尔，称他为君主。艾哈迈德·沙·杜兰尼拿走了他能够从空虚的国库中榨取的钱财，然后离开德里返回自己的家乡。纳吉布·汗仍然以纳吉布-乌德-道拉的头衔留在德里，他将阿里·高哈尔的儿子扶上王位，自己成为摄政王。做出这些安排后，艾哈迈德·沙·杜兰尼回到自己的国家，后来他再次介入印度半岛的政务。

这就是著名的第三次帕尼帕特战役。这场战役造成了马拉塔人联盟军的第一次大规模灾难，席卷了整个印度，为英国的到来扫清了障碍。

在第三次帕尼帕特战役时期，阿里·高哈尔王储在加尔各答向罗伯特·克莱夫[①]寻求庇护。与此同时，罗伯特·克莱夫收到手握大权的德里宰相谢哈布丁的一封信，他在信中要求罗伯特·克莱夫将王储作为反叛分子逮捕，并将他送到德里皇宫进行羁押。罗伯特·克莱夫一面要求谢哈布丁给他一笔钱来交换王储，一面写信建议查塔姆勋爵[②]发布命令，准许他代表英国国王出任印度东部诸省的总督。他还要求谢哈布丁保证每年准时向他支付五十拉克[③]，约是莫卧儿帝国每年财政收入的五分之一。他说："由于莫卧儿帝国内乱，这

[①] 罗伯特·克莱夫（1725—1774），英属印度总司令，是一位英国军官和私掠者，在孟加拉建立了东印度公司的军事和政治霸权。——译者注
[②] 查塔姆勋爵，即威廉·皮特（William Pitt，1708—1778）。第一位查塔姆勋爵，18世纪中叶两度领导英国政府辉格党的政治家。历史学家称他为查塔姆的皮特，或老威廉·皮特，以区别他与他的儿子威廉·皮特，小威廉·皮特曾为首相。威廉·皮特也被称为"伟大的平民"，因为他长期拒绝接受头衔，直到1766年。——原注
[③] 拉克，十万，特指十万卢比。——原注

笔钱最近没有按时支付,这使东印度公司无法关注那些遥远省份的问题。"虽然这些事件并没有真正发生,但在这里提及它们,是因为这些事件预示了接下来会发生的事情。

第7章

英国人进入印度

精彩看点

英国人——舒贾-乌德-道拉——王储进入比哈尔——沙·阿拉姆二世的性格——拉贾·拉姆纳拉亚恩击败舍瓦利耶·劳——加雅战役——挺进印度——巴特纳大屠杀——卡西姆和苏姆罗奥出逃——布克夏尔战役——与英国签订条约——条约内容——在阿拉哈巴德建立政权——君主确立权威

之前的章节中描述的事件完全侵蚀了帖木儿家族的势力和莫卧儿帝国的实力。莫卧儿帝国能否再次恢复影响力，完全取决于接下来的这场危机。一支新的力量正在东部的比哈尔和孟加拉迅速崛起，因此，这两个省引起了人们的普遍关注。英国这支新生力量被视为印度未来的仲裁者。当时，奥德省督也在这场危机中扮演了一个重要角色。喀布尔的统治者①回到他最近参与了决定性战役的平原，指日可待。

1759年，谢哈布丁派他忠实的部下围攻莫卧儿帝国残存的继承人阿里·高哈尔王储。阿里·高哈尔勇敢地杀出重围，渡过朱木拿河，逃到罗希拉人纳吉布·汗那里避难。当时，纳吉布·汗在萨哈兰普尔。萨哈兰普尔由五十二个帕尔加纳②组成。但阿里·高哈尔很快发现，纳吉布·汗无法为他提供物质支持，另外，他仍然担心敌人的阴谋诡计，于是逐渐退到勒克瑙。他或许打算在勒克瑙等待

---

① 即杜兰尼帝国的统治者艾哈迈德·沙·杜兰尼。——译者注
② 帕尔加纳是具有特定名称和边界的小行政区，包括十到一百多个村庄和若干个较大的镇。——译者注

杜兰尼帝国的统治者回来，这可能会给他提供一个求助伊斯兰教徒和印度教叛乱分子的机会。

现任奥德省督舒贾-乌德-道拉是著名的萨夫达尔·扬的儿子。舒贾-乌德-道拉与他的父亲一样能干，他的军事素养甚至远胜于他的父亲。他年纪轻轻就继承了他父亲几乎独立的封地，并最大限度地发挥自己引以为傲的先天优势。他不但英俊非凡，身材高大，而且头脑敏锐，但有点太过灵活。军事上他更倾向实战训练，而不

身材高大的舒贾-乌德-道拉

第 7 章 英国人进入印度

是静坐沉思。然而，萨夫达尔·扬的儿子并不是完全没有接受过军事和不择手段地争取个人利益方面的训练。与其他国度相比，东方国家尤其重视这种治国之道。这种治国之道也不是在舒贾－乌德－道拉完全没有准备、无法理解所学内容时接受的。与罗希拉人的战争中，舒贾－乌德－道拉的行为称不上坦率直接，但现在他明确表示不愿毫无保留、全心全意地效忠一位已经驾崩的君主的继承人。求助奥德省督的请求遭拒后，阿里·高哈尔转而求助占有阿拉哈巴德要塞及阿拉哈巴德地区的家族的一个成员，这个人叫穆罕默德·库里·汗。阿里·高哈尔以自己的名义向穆罕默德·库里·汗表明，作为王子，他有权担任巴哈尔、孟加拉和奥里萨的代理官员。当时，这些省份是加尔各答的英国商人和掠夺成性的阿里瓦迪·汗的后裔之间争斗的地盘。阿里·高哈尔建议穆罕默德·库里·汗加强自身的军事实力，并适当地削弱竞争对手的实力。阿里·高哈尔是一个有抱负且精力充沛的人，他得到了他的亲戚奥德省督舒贾－乌德－道拉的支持。我们将很快发现，出于个人原因，舒贾－乌德－道拉高度赞同这个建议。一位叫卡姆加尔·汗的有影响力的官员承诺将在比哈尔邦为阿里·高哈尔提供援助。1759 年 11 月，在这些人的支持下，阿里·高哈尔渡过卡拉姆纳萨河，也是在这个时候，他不幸的父亲丢了性命。

一个多月前，也就是 1760 年 1 月，在这个混乱的国家，阿拉姆吉尔二世遇害的噩耗传到了当时驻扎在比哈尔的一个叫卡瑙提的村庄的军营里。阿里·高哈尔立即宣布继位，称沙·阿拉姆二世，意为"已知世界的君主"。据相关记载，沙·阿拉姆二世下令他的统治时期从他父亲驾崩那天算起，他颁布的诏书也证实了这一点。所有党派立即承认他为君主，他也识时务地任命舒贾－乌德－道拉为宰相。同时，他委派艾哈迈德·沙·杜兰尼推荐的纳吉布·汗全权指挥莫卧儿帝国的军队。

做出这些安排后，沙·阿拉姆二世开始在比哈尔邦筹集资金，并居住在那里。此时，他大概四十岁，身材魁梧，大腹便便。在品德方面他既具有其种族的共性，也具有自己的个性。和他的祖先一样，他勇敢、有耐心、威严却不失仁慈。但现代所有作家对他的生平事迹的描述既包括了他的优点，也包括了他的缺点，而且缺点多于优点。他的勇气来自他坚忍不拔的天性，而且这种勇气不是因为环境所迫而表现出的魄力与胆识。他的仁慈不仅使他容易宽恕和忽视别人对他所做的一切，还使他轻易听信并提携当时身边所有比他强大的人。不久，他的耐心退化为一种简单的对命运的妥协，他放弃了对崇高理想的追求，以换取当下感官上的满足。总之，他父亲去世后，不熟悉印度历史的作家对他的性格和地位的描述与对英格兰的查理二世的描述惊人的相似。

当时，罗伯特·克莱夫支持的米尔·贾法尔[①]占领了东部诸省。米尔·贾法尔在英国历史上被称为米尔·加菲尔，他在比哈尔的代理人是一位叫拉贾·拉姆纳拉亚恩的印度商人。他派这位官员去支援穆尔希达巴德[②]和加尔各答。拉贾·拉姆纳拉亚恩曾试图反对米尔·贾法尔安排的此次行动，但没有成功。莫卧儿帝国的军队打败了他。他身负重伤，损失惨重，惊恐不已，被迫撤到巴特纳，因为当时莫卧儿帝国的军队认为巴特纳不适合进攻。

---

① 米尔·贾法尔（1691—1765），英国东印度公司支持的孟加拉的第一任总督，他是赛义德·艾哈迈德·纳扎菲的二儿子。他的统治被普遍认为是英国帝国主义统治印度的开端，是英国最终统治南亚次大陆广大地区的关键一步。——译者注
② 穆尔希达巴德，印度西孟加拉邦穆尔希达巴德地区的一个小镇。——译者注

第 7 章 英国人进入印度

与此同时,一支英国特遣队加入米尔·贾法尔的军队。米尔·贾法尔立刻去迎战莫卧儿帝国的军队。1760 年 2 月 15 日,在一次战役中,莫卧儿帝国的军队大败。因此,沙·阿拉姆二世采取了一个侧翼包抄的大胆计划。如果计划成功,他不仅可以切断孟加拉军队和其首都穆尔希达巴德之间的联系,还能在没有守军的情况下占领穆尔希达巴德。然而,在到达穆尔希达巴德之前,他被英国人击败(4 月 7 日)。一位杰出的法兰西将领率领一小支军队支援沙·阿拉姆二世。于是,沙·阿拉姆二世决定留在比哈尔邦,准备围攻巴特纳。

这支法兰西军队约有一百名官兵,三年前拒绝加入《昌达尔纳加尔协定》,此后一直遭到残酷的罗伯特·克莱夫的迫害,四处游走。

罗伯特·克莱夫会见
米尔·贾法尔

这支法兰西军队的将领舍瓦利耶·劳是法兰西王国摄政时期[①]一位著名的投机者的亲戚，他现在匆忙率领自己的部下为冒险家沙·阿拉姆二世效力。舍瓦利耶·劳野心勃勃，勇敢大胆，但从他以前的表现看，他有些眼高手低。很快，他看到了沙·阿拉姆二世的弱点和莫卧儿贵族的背叛以及人心涣散，于是降低了自己对莫卧儿帝国的期望。他对历史学家格拉姆·侯赛因说："据我所知，德里政府对巴特纳疏于管理。如果有像舒贾-乌德-道拉这样地位的人忠心地支持我，我不仅能打败英国人，还能承担起协助管理莫卧儿帝国的责任。"

这一雄心勃勃的方案根本没有实施。沙·阿拉姆二世和他新的追随者（尽管舍瓦利耶·劳率领的一百名法兰西人与一个阳奉阴违的莫卧儿人领导的成千上万的土著军队一样强大）正在围攻巴特纳时，诺克斯上尉[②]率领一支步兵（其中二百人是欧洲人），十三天行军三百英里，从穆尔希达巴德来到巴特纳，彻底击溃了莫卧儿帝国的军队。莫卧儿帝国的军队向南撤退到加雅[③]，并由卡姆加尔·汗指挥，因为穆罕默德·库里·汗回到阿拉哈巴德后，被他不择手段的表弟舒贾-乌德-道拉杀害，阿拉哈巴德及其要塞也被舒贾-乌德-道拉占领。沙·阿拉姆二世向南撤退表明他仍然希望得到更多人的支持。他有理由抱有这种幻想，因为另一个莫卧儿将领卡蒂姆·侯赛因也加入了他的阵营。兵力得到加强后，沙·阿拉姆二世再次进军巴特纳，但遭到了诺克斯上尉的反击。一个叫沙塔布·拉

---

① 路易十五执政时期，国事全部由摄政者处理。——译者注
② 诺克斯上尉，即罗伯特·诺克斯（1641—1720），为英国东印度公司服务的英籍船长，在印度非常活跃。——译者注
③ 加雅是印度东北部城市。——译者注

诺克斯上尉

伊的印度教王公加入了诺克斯的阵营，诺克斯势力大增。沙·阿拉姆二世再次吃了败仗，狼狈不堪地撤离孟加拉，向北逃亡。英国军队和孟加拉的省督联军全面追击沙·阿拉姆二世。然而，由于孟加拉总督的儿子死于7月的一场雷雨，联军撤退到巴特纳营地。顽强的莫卧儿帝国的军队再次驻扎在位于巴特纳与穆尔希达巴德之间的加雅的旧营地。

因此，1761年年初，英国－孟加拉联军再次发动进攻，在比哈尔市附近的苏安第二次击败了莫卧儿帝国的军队。舍瓦利耶·劳一直坚持战斗，直到被俘，但他拒绝交出自己的剑。不过，英国－孟加拉联军并没有羞辱他。

第二天早晨，英军司令官向沙·阿拉姆二世致敬。沙·阿拉姆二世现在对他坚持了近两年的毫无希望的战争感到厌倦，他自愿离开比

顽强的莫卧儿帝国的军队再次驻扎在位于巴特
纳与穆尔希达巴德之间的加雅的旧营地

第 7 章 英国人进入印度

哈尔回到德里。那时，他听说了帕尼帕特战役及艾哈迈德·沙·杜兰尼为帝国复辟制定的计划。我们有理由相信，如果不是因为善妒的米尔·卡西姆[①]，沙·阿拉姆二世在英军的保护下会立刻回到德里复位。其实，在英军最近发起的一次革命中，米尔·卡西姆已经取代米尔·贾法尔。按照英国人的要求，沙·阿拉姆二世走之前任命米尔·卡西姆为东部诸省的苏巴达尔[②]，还赋予他财政管理权，但米尔·卡西姆每年要向莫卧儿帝国纳贡二十四万英镑。

1762年，事态的发展表明，在有机会再次干涉印度内政之前，英国不仅有许多事情需要处理，还遭受了很多挫折。沙·阿拉姆二世在他父亲的宫殿前迎接英国军队之前，发生了一系列出乎意料的事情。前往西北的路上，沙·阿拉姆二世落入了野心勃勃的奥德省督手中。艾哈迈德·沙·杜兰尼命令舒贾-乌德-道拉为沙·阿拉姆二世提供一切援助，但舒贾-乌德-道拉阳奉阴违，软禁了沙·阿拉姆二世约两年之久。空无实权的君主有时被关在贝拿勒斯，有时被关在阿拉哈巴德，有时又被关在勒克瑙。

与此同时，1763年，在印度建立东印度公司的不择手段的殖民者认为，他们与新的利用工具米尔·卡西姆存在利益冲突。米尔·卡西姆最近被这些人提拔为孟加拉的省督。殖民者的这种变化是由罗伯特·克莱夫所属党派写给董事会的一封信引起的，这封信导致他们被撤职。然后，更腐败的反对派掌权，他们与米尔·卡西姆决裂了。这件事的直接原因就是，为了个人利益，反对派想要垄断当

[①] 米尔·卡西姆在英国东印度公司的支持下，于1760年取代他的岳父米尔·贾法尔，成为孟加拉的纳瓦布，任期为1760年到1763年。——译者注
[②] 阿克巴将全国划分为十五个省，即苏巴。苏巴达尔，即省长，也称总督，官方称为尼扎姆，是掌握一省实权的最高长官。——译者注

地贸易。在米尔·卡西姆的宫殿里，反对派的代表是他们中最暴力的埃利斯。不久之后，1763年10月，埃利斯采取的行动导致他和他所有的追随者被杀。这一残酷事件（其残酷性在近一个世纪内绝无仅有）发生在巴特纳，当时，巴特纳受到英国军队的威胁。之后，英国军队很快占领了巴特纳。英国人真正的有力工具是一个叫沃尔特·莱因哈特的法裔德国人，因为以后我们会听到很多关于他的事情，所以这里我们对他进行简要介绍。

通常认为，这个对亚洲实施暴行的欧洲刽子手是卢森堡公国的特里尔特人，他作为法国海军的水手来到印度。据说，他离开法国海军后去了英国，之后又加入了在孟加拉招募的第一个欧洲营。离开孟加拉后，他再次加入法国军队，并和一支军队一起被派去昌达尔纳加尔为莫卧儿帝国的军队解围，但没有成功。当他的指挥官舍瓦利耶·劳拒绝与其他人一起向英国军队投降时，他与一小部分人追随舍瓦利耶·劳一直战斗到最后。舍瓦利耶·劳被俘后，沃尔特·莱因哈特（他的印度绰号是"苏姆鲁奥"或"苏木布尔"）又为格雷戈里和古尔金·汗效力。古尔金·汗是米尔·卡西姆的亚美尼亚将军。

然而，布鲁姆的"说法"有点不同。根据这个素来认真严谨的历史学家的说法，沃尔特·莱因哈特是一个萨尔茨堡[①]人，最初来印度时，他在英国军队中服役，然后在马德拉斯[②]离开英国军队，加入了法兰西军队，后来为了加强孟加拉的法兰西驻军，被拉利从

---

① 萨尔茨堡，奥地利共和国萨尔茨堡州的首府，位于奥地利中部的萨尔茨堡州和德国巴伐利亚州的交界处。——译者注
② 马德拉斯，现称钦奈，南印度东岸的一座城市，东临孟加拉湾，是泰米尔纳德邦的首府，印度第四大城市。——译者注

第 7 章 英国人进入印度

马德拉斯派往孟加拉。但细节并不重要,重要的是沃尔特·莱因哈特肯定在英国军队和法国军队中都服过役。

巴特纳大屠杀后,米尔·卡西姆和他的追随者从巴特纳逃跑(英国人 11 月 6 日突袭并占领了巴特纳),在舒贾-乌德-道拉的领地上找到了一个临时避难所。舒贾-乌德-道拉非常友好地接待了曾经的对手,并暂时派米尔·卡西姆去攻打自己在邦德尔坎德①的敌人,他自己带着被软禁的君主去了贝拿勒斯。

1764 年 2 月,前沿阵地上出现了英国人的复仇纵队,但其中的印度兵爆发了兵变。兵变持续了一段时间,后被卡纳克上校②镇压。在镇压兵变时,卡纳克上校遭遇了一些困难,而且兵变并没有完全被镇压下去。在印度兵兵变导致英国军队行军延误与混乱之时,舒贾-乌德-道拉与沙·阿拉姆二世的盟军进入比哈尔邦,并于 5 月 3 日在巴特纳城墙下向英军防线发起猛攻,但最终失败。奥德省督舒贾-乌德-道拉暂时撤退,沙·阿拉姆二世继续与英军指挥官谈判。但在谈判结束前,英军指挥官被蒙罗少校(即后来的赫克托爵士)取代。蒙罗少校的到来使局势发生了变化。他屠杀了二十四名造成此次兵变的印度兵,率领团结一致的军队向西行进,到达了布克萨尔。布克萨尔在靠近卡拉姆纳萨河与恒河的交汇处。在这里,米尔·卡西姆和奥德省督(因为米尔·卡西姆和奥德省督现在联合起来了)的军队遭遇了蒙罗少校率领的英国军队,并于 1764 年 10 月 23 日完全溃败。

---

① 邦德尔坎德是印度中部的一个地理文化区域,也是一个山脉。现在,丘陵地区划分进北方邦和中央邦,其中较大的部分位于中央邦。——译者注
② 卡纳克上校(Colonel Carnac),即后来的陆军准将约翰·卡纳克(1716—1800),一名英国军官,曾三次担任英国东印度公司在印度的首席指挥官。——译者注

沙·阿拉姆二世并不是没有参与这次行动，他第二天晚上进入营地。经过最后的谈判，英国人最终获得了三个省的行政管理权，并被允许将贝拿勒斯和加齐普尔的萨尔卡斯①作为他们的领地。另外，阿拉哈巴德的其余地区必须向君主纳贡，君主的收入被提高到每年一百万英镑。

然而，这些协定的执行需要相当长的时间，更需要英国人拿出他们在十八世纪特有的持之以恒的精神。

舒贾－乌德－道拉首先逃到自己的领地法扎巴德，但当他听说阿拉哈巴德沦陷且英国人正向勒克瑙进军时，他立刻去向罗希尔坎德的帕坦人求援。帕坦人对他非常慷慨，但后来他忘恩负义。罗希拉人的首领不仅将舒贾－乌德－道拉的家人藏匿在巴雷利②，还派一支三千人的军队支援他。舒贾－乌德－道拉还得到了马拉塔人马尔哈·拉奥·霍尔卡的支持。之后，他率军杀了个回马枪。马尔哈·拉奥·霍尔卡是马拉塔人的一个首领，他与穆斯林保持着密切联系。

1765年，我们很容易想到，舒贾－乌德－道拉在自己的领土上没有做成的事情，也不可能在他逃亡期间，在米尔·卡西姆和目前的朋友的援助下做成。因为米尔·卡西姆已经逃走，沃尔特·莱因哈特开始为巴特普尔的贾特人效力，所以，舒贾－乌德－道拉同意与英军谈判。最近，罗伯特·克莱夫回到印度后，英国军队在他的统领下表现得非常勇敢、团结。英国人不可能坚持履行协定的条款，这对一个要求臭名昭著的客人们投降的东方首领来说，非常令人厌恶。卡纳克上校恢复了罗伯特·克莱夫的指挥权。罗伯特·克莱夫在坎普尔附近彻底击败了舒贾－乌德－道拉和他的盟军，并将马拉

---

① 指介于行省和乡之间的特定疆域和行政单位。——译者注
② 巴雷利是印度北方邦城市。——译者注

巴特纳大屠杀后,米尔·卡西姆和他的追随者从巴特纳逃跑

塔人赶到朱木拿河对岸。战后签订的条约承认了布克萨尔战役后提出的条款。奥德连同多阿布部分地区，一起移交给奥德省督舒贾－乌德－道拉。就这样，舒贾－乌德－道拉作为英国迪万[①]的封臣，返回自己的领土。他将沙·阿拉姆二世留在阿拉哈巴德，让他靠领取英国的养恤金生活。

与君主相关的条款在他签发的副本中可以看到，其中一部分增补如下：

> 鉴于考虑到最伟大、最强大、最高贵、最杰出、最忠实、最真诚、最善意、最值得皇家支持的英国公司的忠诚和服务，自孟加拉纪年1171年春季收割开始，我们授予他们孟加拉国、巴哈尔和奥里萨邦的迪万尼[②]。作为礼物和封地，这些地区与其他任何人无关，并废除迪万向宫廷纳贡的惯例。因此，英国公司必须保证每年向我们的财政部门支付二十六万卢比（这笔款项由孟加拉的纳瓦布支付），并定期汇款。

回历2月8月

沙·阿拉姆二世统治第六年

米尔·卡西姆继续担任苏巴达尔，英国公司将与他共同管理民政与财政，并承担他的费用，以他的名义纳贡。

[①] 迪万，指印度统治者的大臣。在莫卧儿的行政体制中，迪万在纳瓦布下面负责民事以及税收事项。——原注

[②] 迪万尼指迪万的权限。——原注

第 7 章 英国人进入印度

一位与沙·阿拉姆二世关系亲密的英国军官对他接下来几年的情况做过如下描述：

> 他将宫廷设在阿拉哈巴德，但这个宫廷名存实亡、形同虚设，只有几个没落贵族追随着他。这些贵族希望他们的君主过上好日子，因此，他们倾其所有为君主服务。而现在，他们衣衫褴褛，依靠从贫穷的君主那里领到的养恤金生活。君主非常感激他们的陪伴。君主拥有的县的税金估价三十万卢比，但这笔税金超出了这些县承受能力的一倍。君主非但没有从糟糕的土地包税政策中受益，反倒在许多方面更加不幸。当他看到自己可怜的臣民被封建地主压榨得筋疲力尽时，感到非常羞愧。因此，他不得不与农民妥协，让他们只缴纳规定税金的一半。这些税收与孟加拉国按照条约支付的钱是沙·阿拉姆二世的全部财产，用以维持帖木儿家族的皇家尊严。①

下面是格拉姆·侯赛因对沙·阿拉姆二世的宫廷的一段描述，之所以在此详述，是因为这些细节与我们接下来听到的几个人有关。

> 帝国将军米尔扎·纳贾夫·汗是一位出身高贵的波斯贵族，他拥有皇室血统，因此注定要在本书其余部分所述的大部分事件中发挥重要的作用。目前，可以说，他是穆罕默德·库里·汗忠实的追随者。穆罕默德·库里·汗被谋

---

① 道森，第二卷，1767年，第356页。——原注

杀后，他加入了英国军队①。后来，英国人将他推荐给沙·阿拉姆二世，为他效力。他每年获得十万卢比的津贴，被任命为戈拉②的总督。他在戈拉忙于镇压匪徒、建立政权。君主最信赖的人是马尼尔－乌德－道拉。马尼尔－乌德－道拉负责君主与英军之间的沟通。我们之前已经说到拉姆·纳特王公陪同当时还是王储的君主逃离德里，此时，他仍然陪伴在君主左右。但君主最宠信的大臣是一个头衔为希萨姆－乌德－道拉的文盲。他非常卑鄙，没有底线可言。因此，他通过迎合君主最低级的趣味来取悦行为放纵的君主。舒贾－乌德－道拉将宰相的职位授予他的儿子萨阿达特·阿里。后来，萨阿达特·阿里继承了他父亲的职位，成为奥德的省督。

尽管君主非常堕落，但我们对他想改变自己命运的愿望表示同情。或许，他应该做一位受到保护的、名义上的君主，这样他的地位虽然卑微但很牢固，而不是听从一些带有个人目的的建议，因为这些建议是为了个人利益，让他对自己的处境感到不满。

在这一章中我部分地参考了米尔的著作。不仅因为这位孜孜不倦的历史学家对英国和印度之间的战争与谈判的描述都是基于最翔实的史料，并且这些史料都是印度王室关于民事与军事方面的记录，还因为在描述印度本土的权力运动时，他翻译的《上世纪印度伊斯兰教统治史》获得了最佳译本的称号。这本书是印度人格拉姆·侯赛因所著的关于这一主题的著作。格拉姆·侯赛因是巴特纳的一位

---

① 韦德，第68页。——原注
② 戈拉是印度比哈尔邦的一个城镇。——译者注

第7章 英国人进入印度

穆斯林,亲眼看见了他书中描述的许多场景。例如,他在最后对舍瓦利耶·劳被俘的描述附了脚注,注明了米尔对加雅战役的简短描述,非常真实且具有浓厚的民族色彩。

然而,因为这些事件已经被描述得非常详细,大多数英国读者可以获得最权威的详尽资料,而且它们并没有发生在印度,只是间接涉及该国的历史,所以我认为没有必要详细地叙述这些事件,只叙述说明造成沙·阿拉姆二世的处境及他是如何成为英国政府提供的养恤金的领取人的事件即可。

布鲁姆的《孟加拉军队》详尽叙述了这一事件军事部分的完整过程。令人遗憾的是,迄今为止,这本书是唯一公开发行的有关这次战争的著作。这本书的价值极高,出自一个成就非常高的专业人士之手,普通作者望尘莫及,因为这本书的作者就是孟加拉军队中的一员。在本章结束前,应该提一下此时孟加拉的英国殖民者与莫卧儿帝国政府之间的法律关系。1678年,东印度公司的代理人获得了在孟加拉进行贸易的权利。1696年,他们从孟加拉总督手里购买了英国工厂周围的土地,并着手修建简陋的防御工事来保护工厂。在英国人的保护下,许多当地人开始在这里定居。因此,当孟加拉总督希望在这里派驻一个司法官员时,英国人通过捐钱阻止了他。1716年,汉密尔顿先生治愈了法鲁赫希亚尔后,法鲁赫希亚尔将这块土地赠予他们,允许他们修筑正式的防御工事。其间,他们继续向君主进贡(至少名义上如此)。然而,1759年,正如本章开头所述,英国人通过支持米尔·贾法尔公然叛变。但由于《贝拿勒斯条约》,他们不得不名义上重新效忠君主,再次成为莫卧儿帝国的臣民、客人，甚至是伟大的莫卧儿帝国的下属官员①。埃尔芬斯通认为"这一条约难以解释"②。但事实上，当时所有手握大权的人都把莫卧儿帝国视为其权力的合法来源，而且多年后也是如此。只有得到君主的授权，东印度公司在印度才具有合法地位。因此，将这种约定视为条约可能是造成误解的根源。

---

① 韦德：《布鲁厄姆勋爵对里昂市长诉东印度公司案的判决》（*Judgment of Lord Brougham in the Case of the Mayor of Lyonv. East India Company*）。——原注
② 《英国崛起》（*Rise of Britain*）：第 438 页。——原注

第 8 章

马拉塔人回归

精彩看点

纳吉布·汗与米尔扎·贾万·巴克特——贾特人——巴特普尔邦——苏拉杰·马尔攻击贾特人——谈判——苏拉杰·马尔之死——贾特人进攻斋浦尔——马拉塔人回归——马拉塔人进攻巴特普尔——罗希拉人投降——纳吉布·汗之死——罗希尔坎德邦——扎比塔·汗——马拉塔人邀请君主返回德里

在第六章结尾处，我们看到，1761年的帕尼帕特战役后不久，喀布尔的统治者艾哈迈德·沙·杜兰尼返回自己的国家。1764年，他承认了流亡的王位继承人沙·阿拉姆二世的合法地位，并任命沙·阿拉姆二世的长子米尔扎·贾万·巴克特在罗希拉人（即在印度的阿富汗人）纳吉布·汗的保护下，名义上管理国家政务。米尔扎·贾万·巴克特在这种情况下没有更好的选择。和他早年威严的家族一样，年轻的摄政王很聪明，也很优秀。宰相纳吉布·汗也是一位极具智慧的正直的人。米尔扎·贾万·巴克特与他的岳父罗希拉人达乌德·汗和奥德省督舒贾－乌德－道拉关系很好，并与马尔哈·拉奥·霍尔卡保持一致的见解。我们已经看到马尔哈·拉奥·霍尔卡为了避免在帕尼帕特战役中遭到毁灭，背弃了他的同伴。于是，纳吉布·汗获得了他应得的荣誉，成功掌控了逐渐衰亡的莫卧儿帝国。负责征税的马拉塔人的官员被逐出多阿布地区，贾特人的一支守卫部队被允许进驻阿格拉。如果我们忽略马尔哈·拉奥·霍尔卡因为个人原因参与的1765年反对英国的残酷战役，那么印度南部邦联挫败的叛乱分子在接下来的八年没有再次出现。

刚开始，上述情况只出现在少数几个地区，因为纳吉布·汗可以直接管理的地区非常有限，只有德里以南一百英里，而且这些地区还是贾特人的领土。当时的贾特人还很友好。

关于贾特人崛起的情况的权威记录几乎没有。然而，他们可能代表了从前中亚移民潮的移民。无论他们是真正的首陀罗，还是来自中亚的移民（马拉塔人是印度南部的中亚移民潮的移民），在遥远的过去，也许他们像早期高贵的拉杰普特人一样，拥有塞西亚人的血统。虽然他们的行为习惯像拉杰普特人，但拉杰普特人否认他们之间的亲属关系。他们用拉杰普特人的方式称自己的首领"塔库尔"，这是常用来称呼神和伟大的世俗王公的名字，但现在常用来称呼社会地位较低的人。这种称呼确实很普遍，因而一些部落广泛使用"塔库尔"这个称谓，并自称塔库尔种族。然而，这些部落大多是纯粹的拉杰普特人的部落。著名的权威学者指出，即使是现在，贾特人"也几乎不能被称为纯印度教徒，因为他们遵守的许多家庭和宗教仪式，不符合印度教戒律。他们还倾向拒绝相信印度史诗中的神话故事，拒绝承认神的统一性"[①]。无论在哪里，他们都是强壮的自耕农，能耕种并保护自己的土地，并具有和共和党一样严密的行政管理体系。半个世纪内，他们曾四次与英国强权做斗争。巴特普尔的贾特人成功击败莱克勋爵[②]，他们反抗康伯米尔勋爵[③]的斗争也是值得称赞的。锡克人是贾特人在旁遮普的同胞，1845年，他

[①] 韦德·埃利奥特：《术语表》，"贾特人"这一词条。——原注
[②] 莱克勋爵（Lord Lake），即杰拉德·莱克将军（1744—1808），他在1798年的爱尔兰叛乱中指挥英国军队，后来在英属印度担任军队总司令。——译者注
[③] 康伯米尔勋爵（Lord Combermere），即陆军元帅斯台普顿·科顿（1773—1865），第一代康伯米尔子爵，英国军官、外交官和政治家，曾在印度任总司令。——译者注

第 8 章 马拉塔人回归

们在萨特累季河边撼动了整个英国在印度的统治,三年后他们又在奇连瓦拉①战场上抗击英国军队。后来,锡克帝国瓦解。虽然巴特普尔的贾特人公国的领地有限,但仍然存在,不过这个公国现在完全依赖英国政府。阿格拉和瓜廖尔之间有一个繁荣的小公国,叫托尔布尔公国。这个公国的统治者是戈哈达的贾特人拉纳②的后裔,他经常出现在我们正在叙述的这个时代的历史事件中。(参见第128页)有趣的是,一些种族学家将这个优秀的民族视为古代哥特人和欧洲哥特人的近亲。这个民族不仅在日德兰半岛③到处可见,还在英格兰的东南部部分地区和西班牙很常见。在一定意义上,这些地区的居民以该种族为主。因此,肯特郡④和汉普郡⑤的自耕农可能与巴特普尔和旁遮普的土著之间存在血缘关系。

目前,巴特普尔州的面积约两万平方英里,地形主要以一个平均海拔七百英尺的盆地为主,一条红色砂岩岩带横贯全州。虽然巴特普尔州的气候炎热干燥,但土壤肥沃,在勤劳的自耕农的耕耘下,据估计,这里人口接近三百万。

我们描述的这一历史时期,贾特人统治的领土非常广阔,并且他们也经历了和其他军事共和国相同的命运,曾落入许多非常能干的谨慎又大胆的统治者手中。本书第一部分描述了 1760 年,作为巴特普尔的贾特人的酋长苏拉杰·马尔与马拉塔人联合起来抵抗强大

---

① 奇连瓦拉是巴基斯坦旁遮普省的一个小镇。——译者注
② 拉纳(Rana),历史上拉杰普特人的头衔,指王公,具有绝对君权。——译者注
③ 日德兰半岛是北欧的一个半岛。——译者注
④ 肯特郡是英格兰的一个郡,位于伦敦东南,其郡府是梅德斯通。——译者注
⑤ 汉普郡,是英格兰南部的一个郡。——译者注

米尔扎·贾万·巴克特

早期高贵的拉木杰普特人

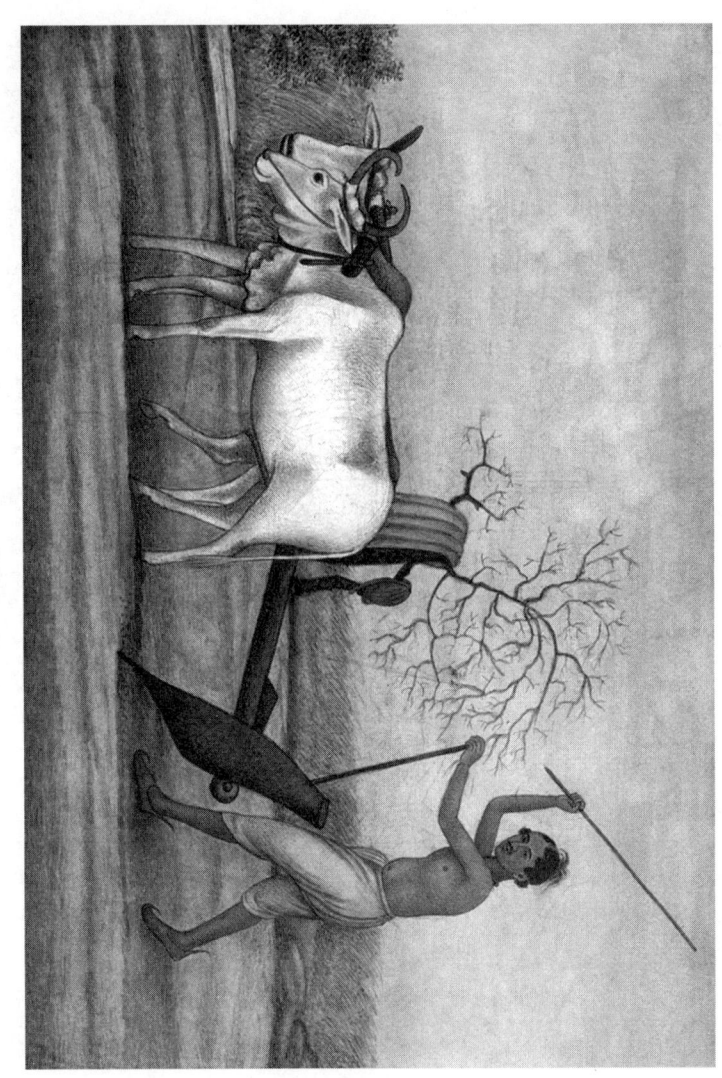

贾特人——耕种自己的土地

仓皇逃跑的莱克勋爵后

的穆斯林联盟。如果巴奥采纳了他谨慎的建议，这次抵抗可能会成功，从而改变印度历史。但傲慢的印度教领袖巴奥认为，苏拉杰·马尔只是一个卑微的酋长，没有能力处理重大事务，因此，他轻蔑地忽视了苏拉杰·马尔的建议。

与他的朋友马尔哈·拉奥·霍尔卡一样，苏拉杰·马尔逃脱了帕尼帕特战争带来的灾难，并且他逃脱的方式还算体面，因为之前他没有公开声明投入战斗，不用像马尔哈·拉奥·霍尔卡一样狼狈地逃离战场。苏拉杰·马尔抓住时机，取代了阿格拉一个重要要塞的马拉塔人总督的位置，占领了梅瓦特。同时，这个精明的投机者背弃了失败的谢哈布丁，因为谢哈布丁的政治家风范对他来说过于霸道。正如上文描述的那样，谢哈布丁很快退出了政治舞台。苏拉杰·马尔使局势变得越来越动荡。与此同时，一个更卑劣的逃犯投靠了苏拉杰·马尔，他就是臭名昭著的沃尔特·莱因哈特。沃尔特·莱因哈特带着一个营的印度兵、一支炮兵和约三百个来自欧洲各国的匪兵，离开了最近为他提供庇护的奥德省督。

虽然有了这些人的支持，但苏拉杰·马尔的敏锐判断力第一次出错了。他提出了一个威胁衰弱的莫卧儿帝国的要求。纳吉布·汗用一贯谨慎的作战方式迅速采取了措施。他召回邻近的穆斯林酋长支援伊斯兰教和莫卧儿帝国，并率领一支人数不多但训练有素的莫卧儿军队投入战斗，很快抢占了先机。

在这场战役中，纳吉布·汗非常幸运，获得了法洛克纳加尔酋长和巴哈杜加尔①的比洛克②酋长的及时援助。当时，这些酋长的

---

① 巴哈杜加尔是今印度哈里亚纳邦南部的一座城市。——译者注
② 比洛克位于印度北方邦的西部。——译者注

巴特普尔的贾特人的酋长苏拉杰·马尔

势力在朱木拿河以北，东至萨哈兰普尔，西至哈恩西①地区，非常强大。实际上，苏拉杰·马尔与莫卧儿帝国之间的战争是因为他要求担任法洛克纳加尔的法吉达尔②一职引起的。纳吉布·汗还不愿与贾特人的酋长决裂，他立刻派一名特使去见苏拉杰·马尔，并指出，他所要求的职务涉及领土转让，如果他愿意，自己会将他推荐给比洛克酋长。参加这次谈判的人和谈判的时间都很有特点，我认为值得一说。

与东方习俗一样，莫卧儿帝国的特使通过赠送礼物的方式进行自我介绍。礼物是一块漂亮的印花棉布，赢得了贾特人的当权者苏拉杰·马尔的欢心。因此，苏拉杰·马尔立即下令用这块布做了一套衣服。因为当时苏拉杰·马尔谈论的唯一议题是这块花布，所以莫卧儿特使提出先告辞，他相信自己可以在更合适的时间重新提出谈判主题。特使离开时说："不要鲁莽行事，塔库尔阁下，我明天再来见你。"这个傲慢的乡下佬（指苏拉杰·马尔）回答："如果你只想谈判，就不要来见我了。"使者非常气愤，于是回去向纳吉布·汗汇报，并将苏拉杰·马尔的原话告知了他。纳吉布·汗说："是这样吗？看来我们必须与异教徒战斗。如果这是最崇高的神的意愿的话，我们一定会杀了他。"

莫卧儿帝国的主力部队驻扎在首都德里，苏拉杰·马尔率部抵达沙赫德拉附近距德里六百英里的欣登河。苏拉杰·马尔如果还有早年的谨慎，可能会立刻将莫卧儿帝国的军队包围在高高的城墙之内。然而，贾特人驻扎的地方是一个古老的皇家狩猎场，苏拉杰·马

---

① 哈恩西是印度哈里亚纳邦希萨尔县的一个城镇。——译者注
② 法吉达尔是军队司令。——译者注

第 8 章 马拉塔人回归

尔此行的目的主要是虚张声势，假装他在一个皇家狩猎场狩猎，然后进行侦察。因此，他只带了自己的贴身侍卫跟随。当他以这种鲁莽的方式侦察时，突然被一支飞驰而过的莫卧儿骑兵队认了出来。于是，骑兵队突袭了贾特人，将这伙人全部杀死，并将苏拉杰·马尔的尸体带了回去。起初，纳吉布·汗不相信突如其来的胜利，也不相信骑兵带回来的是苏拉杰·马尔的尸体，直到从贾特人的营地返回的特使辨认出了苏拉杰·马尔身上穿的用那块花布制成的衣服，他才相信。与此同时，贾特人的军队在他们首领的儿子奥瓦希尔·辛格的率领下，正从西坎德拉巴德向德里逼近。当他们突然遭到莫卧儿高级警卫队的攻击时，他们还以为自己有能力打败敌人。莫卧儿高级警卫队将苏拉杰·马尔的头颅挑在长矛上作为胜利标志。突如其来的变故引起了贾特人的恐慌，他们被彻底击溃并被赶回自己的领土。这次战役发生在 1763 年年底。

贾特人没有任何援兵，他们被彻底打败。接下来，他们又犯了一个更严重的错误——和马尔哈·拉奥·霍尔卡结盟。正如我们看到的那样，马尔哈·拉奥·霍尔卡与穆斯林秘密结盟。起初，结盟非常顺利，他们将纳吉布·汗围困在德里三个月，但马尔哈·拉奥·霍尔卡突然背弃了贾特人。实际上，假如贾特人知道我们现在看到的一切，这个结果就不出人意料了。贾特人竭尽全力，想要争取一个最好的结果。于是，他们只能向莫卧儿帝国及其保护者投降，返回自己的领地。

然而，贾特人奥瓦希尔·辛格渴望征服别人的欲望并没有消减。1765 年，他出兵攻打马杜·辛格。马杜·辛格是斋浦尔的拉杰普特人的统治者，卡克瓦哈酋长扎伊·辛格的儿子。扎伊·辛格最近在卡克瓦哈建了一座繁荣的城市，取代了拉杰普特人从前的旧城安伯。

拉杰普特人是印度半神罗摩①的长子库沙的后裔，他们的部落曾经占领了非常广阔的疆域，势力强大。在相距较远的地区，如瓜廖尔和北部多阿布，仍然能发现拉杰普特人的踪迹②。这次战争中，沃尔特·莱因哈特几乎没有给奥瓦希尔·辛格提供任何帮助。阿杰

库沙——印度半神罗摩的长子

① 罗摩是印度教神名，最高神毗湿奴。——译者注
② 参见韦德·埃利奥特。——原注

第8章 马拉塔人回归

梅尔附近著名的波卡尔湖旁，奥瓦希尔·辛格被击败。沃尔特·莱因哈特立即离开，投奔了胜利者。奥瓦希尔·辛格先撤退到阿尔瓦尔①，然后从那里回到巴特普尔，最后他一直居住在阿格拉。据说，不久，在斋浦尔王公的煽动下，他被自己人杀害。因此，这段时间贾特人内部大乱，直到苏拉杰·马尔的另外两个儿子去世（其中一个被迫害致死），他最后一个儿子兰吉特·辛格成为贾特人至高无上的统治者。在兰吉特·辛格统治时期，贾特人的势力达到鼎盛。这个从西北部的阿尔瓦尔到西南部的阿格拉、拥有众多坚固要塞的国家在他的统治下，每年收入两百万英镑，并拥有一支六万人的军队。

与此同时，那段时期与卡纳克的战争中，马拉塔人遭到重创。马拉塔人在德干地区忙于处理内部纷争，很少或根本不关注印度其他地区的事务。1766年，在阿拉哈巴德的莫卧儿帝国君主向他们示好，但被他们暂时忽略了。在英国人统治印度期间，马拉塔人虽然没有制造麻烦，但不希望由外国势力恢复莫卧儿帝国君主的地位。

其间，纳吉布·汗作为首都及其直属附庸国的宰相，虽然圆滑地与许多敌对势力周旋，但并没有成功巩固莫卧儿帝国的统治，也没有让生活安逸、稳定的君主看到复位的希望。宰相运用他的才干，趁着贾特人陷入内乱，摆脱了来自东部的贾特人的威胁。但贾特人在旁遮普的亲戚又开始从西面威胁德里。幸运的是，艾哈迈德·沙·杜兰尼前来援助他。1767年4月，艾哈迈德·沙·杜兰尼多次击败锡克人，率领五万阿富汗骑兵再次出现在帕尼帕特附近。

艾哈迈德·沙·杜兰尼似乎对六年前在同一地点打败马拉塔人后所做的安排及结果感到非常满意。他只是给舒贾-乌德-道拉写

---

① 阿尔瓦尔是今印度拉贾斯坦邦的一个城市。——译者注

了封信，严厉谴责他对君主的所作所为。然而，虽然舒贾-乌德-道拉受到了谴责，但当艾哈迈德·沙·杜兰尼回到自己的国家时，他对这位粗鲁无礼的政客并没有产生太大影响。的确，舒贾-乌德-道拉很快回到自己的领土，再也没有出现在混乱的印度。

由于敌人消失了，内部纷争也解决了，1768年年底，马拉塔人越过昌巴尔河①，进攻斋浦尔。之后，他们进入巴特普尔，搜刮财物。1769年，他们从巴特普尔向德里逼近。他们的领导人中有两位将在后面提到，一位是称为帕特尔的玛多吉·辛迪亚，另一位是塔库吉·霍尔卡。玛多吉·辛迪亚是拉诺吉·辛迪亚的儿子，他不仅继承了他父亲的职位，还继承了他父亲对纳吉布·汗和罗希拉人的仇恨。塔库吉·霍尔卡是马尔哈·拉奥·霍尔卡（他之前刚过世了）军队的首领，和他的前任一样，他对帕坦人很友好。因此，这两位继承者承袭了两个部族之间的争斗。马拉塔人军队中最重要的人物继承了传统政策的缺陷，注定要在之后的行动中使军队溃散，这不仅表现在接下来的这场战役中，还体现在后来的许多战争中。

1770年，通过塔库吉·霍尔卡的调解，德里政府与入侵者和解。这次和解牺牲了贾特人的利益。不久，纳吉布·汗和罗希拉人进行谈判。谈判的结果是，君主拥有的省份以东的多阿布中央地区及以君主的名义管理的直属于德里的领土被划分给马拉塔人。根据后来的谈判，以君主的名义管理的直属德里的领土并没有被划分出去。

交易完成后，严谨而高尚的纳吉布·汗去世了，他的儿子扎比塔·汗接替了他的职务。没必要夸大纳吉布·汗正直而忠实的品格，因

---

① 一条从阿杰梅尔高原向东流入朱木拿河的河流。——原注

第 8 章 马拉塔人回归

为在叙述过程中,他的智慧和勇气已经足够明显。如果他的后代继承了这种品质,对莫卧儿帝国来说是件好事。譬如,假如扎比塔·汗追随他父亲的脚步,同时君主也是一个果断的人,也许在罗希尔坎德军队的支持下,君主可以重掌皇权。另外,如果他们与英国人友好相处,德里宫廷就能利用塔库吉·霍尔卡来对付玛多吉·辛迪亚,摆脱马拉塔人的控制,避免发生后来令人绝望的事情。

上述事件表明,相较于印度贵族,纳吉布·汗的品格和才能更胜一筹。一位与他同时代的、有着准确判断力的欧洲人对他印象深刻,并对他做过如下描述:

> 他是唯一一位伟大且善良的印度人的例证。他一开始只指挥五十名骑兵,后来完全依靠他超乎常人的勇气、正直和精神力量,升迁至现在的高贵地位。丰富的经验和卓越的才能弥补了他没有接受过教育的缺憾,天生的高贵与善良充分弥补了他的出身与家庭背景方面的缺陷。此时,他大约六十岁,因疲劳和疾病而倒下。[1]

这里明显提到了罗希拉人,由于此时,在短期内,罗希拉人对日益衰落的莫卧儿帝国产生了非常重要的影响,我们最好在此简要描述一下当时罗希拉人的情况。

---

[1] 弗勒斯特先生(Mr. Verelst):《致董事会》(*To the Court of Directors*),1768 年,详见米尔。——原注

我们已经看到阿里·穆罕默德①在穆罕默德·沙统治时期是如何崛起的，以及他如何在奥德省督萨夫达尔·扬的援助下离开罗希尔坎德。1746年，萨夫达尔·扬失势后，阿里·穆罕默德返回他的故乡所在的省。接下来的两三年里，他继续非常顺利地掌管着自己肥沃的领地。但对他的家人而言，不幸的是，在继承人还没有能力维护家族利益之前，阿里·穆罕默德去世了。与这位已故酋长关系密切的两个人达乌德·汗和哈菲兹·拉马特·汗当上了摄政王。达乌德·汗是纳吉布·汗早期的庇护人，哈菲兹·拉马特·汗被印度人称为哈菲兹，即"守卫者"。萨夫达尔·扬坚持不懈地攻打罗希拉人。虽然同族的外邦人艾哈迈德·沙·杜兰尼给罗希拉人提供了援助，还与他们联合起来对抗马拉塔人，但奥德省督并没有采取任何积极的行动。毫无疑问，萨夫达尔·扬将这个任务及其他还未实施的计划留给了他的继任者舒贾-乌德-道拉。罗希拉的帕坦人是坚强的战士，但他们通常非常虚伪，诡计多端，还很放荡。

1753年，阿里·穆罕默德的长子试图撤销哈菲兹·拉马特·汗及其部下的职务，但失败了，而且在罗希拉人当中埋下了分裂的种子，造成了罗希拉人最终的毁灭。然而，1761年，罗希拉人参与了推翻帕尼帕特的马拉塔人的行动。接下来的七年里，罗希拉人的势力范围越过恒河边界，覆盖了多阿布中央地区。纳吉巴巴德家族（这个家族虽与地方政治势力的联系并不密切，却是贾特人非常有影响力的亲戚与盟友）占领了北部的多阿布地区，这里一直高高矗立着萨哈兰普尔的西瓦利克山脉。然而，这种表面上的幸运既不长久，也不真实。

---

① 阿里·穆罕默德（Ali Mohammad），罗希拉人的一位首领，在穆罕默德·沙统治时期统治罗希拉人。——译者注

第 8 章 马拉塔人回归

1769 年，正如我们看到的，尽管纳吉布·汗部署周密，但未能阻止多阿布中央地区被马拉塔人占领。马拉塔人占领多阿布中央地区后不久，纳吉布·汗去世了。同时，达乌德·汗也去世了，只留下守卫者哈菲兹·拉马特·汗独自一人在日益暗淡的日子里，竭尽所能地保护着一位受到众多敌人威胁的、被架空的统治者。

因为已故宰相和他的继承人扎比塔·汗是阿富汗人，从种族上来讲他们是帕坦人，所以有一段时间，他们为守卫者哈菲兹·拉马特·汗，即他们的教友与同胞，提供了援助。

因此，在此期间，人们可能认为扎比塔·汗是罗希拉人，而且就领土范围而言，他或许是罗希拉人重要的盟友。罗希拉人被无能的君主统治，但面对像马拉塔人这样的敌人，其战斗力被激发了。这些骁勇善战的强盗将他们的势力范围扩张到整个北部多阿布和中部多阿布地区，并占领了除了法拉克哈巴德的罗希尔坎德地区，势力范围一直延伸到法拉克哈巴德以南和罗希尔坎德以北的地区。扎比塔·汗并不准备竭力反击，相反，他扣留了罗希拉人上交给阿拉哈巴德的贡品，并在德里与贝加姆①私通，玷污了君主后宫的圣洁，彻底激怒了君主。

1770 年的冬天就这样过去了。冬天结束时，马拉塔人冲进了多阿布，占领了首都。但他们没有占领皇宫，摄政王和皇室成员继续居住在那里。扎比塔·汗并没有实施任何反击措施，也没有进行任何抵抗，而是逃往他北方的领地。

---

① 贝加姆（Begams）是中亚和南亚皇室或贵族女性的头衔，通常适用于统治者的妻子或女儿。——译者注

在其一直以来的盟友塔库吉·霍尔卡的默许下（正如格兰特·达夫假设的那样），扎比塔·汗逃离了战场，任由讲德干语的侵略者直接将沙·阿拉姆二世扶上德里的皇位。

注：本章与罗希拉人有关的权威资料来源于汉密尔顿的《罗希拉人的历史》。这是一部同时期回忆录的珍贵合集。虽然书中所有的回忆录并不都是客观公正、不偏不倚的，但在格兰特·达夫的回忆录中，凡是有关马拉塔人的内容都非常可信，而且值得称赞。有关贾特人政治方面的梗概来自《上世纪印度伊斯兰教统治史》和《莫扎法伊尔传》，但应该说明的是，所有印度本土的作者很少提供完整的相关历史资料。他们的作品的共同特征是：不加甄别地记录八卦，几乎不分析人物及其动机。因此，他们的作品不分主次或看待问题的视角，评判历史非常不公正。然而，记录历史的主要方式应该是井然有序的编年史。

第 9 章

沙·阿拉姆二世返回德里

精彩看点

辛迪亚家族王政复辟的代表玛多吉·辛迪亚——扎比塔·汗进攻米尔扎·纳贾夫·汗——扎比塔·汗逃走——与罗希拉人签订条约——扎比塔·汗重新上任——马拉塔人进攻德里——绝望的米尔扎·纳贾夫·汗——马拉塔人进攻罗希尔坎德——奥德先头部队反击英国军队——阿卜杜勒·阿希德·汗重新上任——扎比塔·汗的可疑行为与他扣留罗希拉人的贡品——卡特拉战役——舒贾-乌德-道拉之死——攻打贾特人纳贾夫·库里·汗的战役——帝国军队的胜利——扎比塔·汗与锡克教徒——米尔·卡西姆之死

马拉塔人帮助君主恢复他在德里红堡的统治地位的事件极具戏剧性。然而，即使是能够进入浦纳①档案馆的格兰特·达夫，他的著作中也丝毫没有这件事的相关记载，因此，其他人想要还原这一历史事件几乎是不可能的。雇佣的使者似乎是个尸位素餐的人，就像1660年英国王政复辟时期的布朗克②和齐芬奇③，他们通常被不太权威的机构聘用。因为我们不知道这位使者的名字，所以只能用他的头衔"希萨姆-乌德-道拉"来称呼他。除了其他酬劳，马拉塔人还得到了一百万卢比④的现金。收到这笔现金前，他们不会为君主做任何事。此外，帮助君主复位后，他们还要求将阿拉哈巴德省和科拉省割让给他们。

为了得到援助，君主承诺将阿拉哈巴德省和科拉省割让给马拉塔人。但马拉塔人能否得到这两个省是他们无法掌控的。1771年年

---

① 浦纳是地处印度西部的马哈拉施特拉邦的第二大城市。——译者注
② 布朗克即威廉·布朗克（1620—1680），英国的一位政客，1660年被选举为代表韦斯特伯里的下议院议员。——译者注
③ 齐芬奇即托马斯·齐芬奇（1600—1666），英国查理二世的私人衣橱与珠宝的管理者，深受查理二世宠信。——译者注
④ 也就是十万英镑，但当时的十万英镑也许相当于现在的一百万英镑。——原注

初，君主派人与加尔各答当局商议他提出的复位方案，但加尔各答当局坚决反对他的方案。然而，舒贾-乌德-道拉为了个人利益，私下里积极推动该方案的实施。5月，沙·阿拉姆二世率领一支人数不多但装备精良的军队出发了。军队里有一支按照欧洲训练方式训练的印度兵，他们由一个叫梅多克的法国人统领。梅多克虽然是个文盲，但是一个优秀的士兵。这支队伍的总司令是米尔扎·纳贾夫·汗。一支英国小分队在少将罗伯特·巴克的率领下，护送沙·阿拉姆二世到了科拉省边界。在这里，罗伯特·巴克最后一次重申了英国政府对沙·阿拉姆二世此次行动的反对态度。但沙·阿拉姆二世对此不屑一顾，他如同一艘逆风航行的船，固执地继续前进。因此，他失去了英国政府的支持。之后，他和他的政府再也没有出现在他曾轻率离开的地方。

到达法鲁卡巴德①后，君主批准班加什酋长继任他已故父亲的职位，成为这个小邦的统治者。君主还在授权仪式上收到了五十万卢比的罚金。随后，君主让自己的军队驻扎在这里。

至此，莫卧儿帝国中两个最大的党派划清了界限：穆斯林党派希望继续保持伟大的阿富汗首领艾哈迈德·沙·杜兰尼离开时的政治格局，并为此争论不休；马拉塔人渴望通过复仇来弥补他们在帕尼帕特战役中的损失。然而，无论最后哪一派获胜，奥德省督都能处心积虑地操控局势并从中获利。更具实力、更懂得节制的英国人也采取了类似的措施。

---

① 法鲁卡巴德是今印度北方邦中部著名的城市，临恒河右岸而建，位于阿格拉以东一百六十公里处。——译者注

第9章 沙·阿拉姆二世返回德里

德里附近，沙·阿拉姆二世的军队正等待着雨季的停止。拥有三千强兵的马拉塔军队驻扎在德里，玛多吉·辛迪亚在军营里等着与君主谈判。谈判结束后，沙·阿拉姆二世继续前进，在圣诞节进入了德里。

德里沉浸在圣诞节的喜悦气氛中。饱受战火折磨的德里居民为了迎接名正言顺的君主的回归，穿上了他们惨遭劫掠后仅剩的华服，并流露出久违的喜悦神情。东方人对统治者与家庭非常忠诚。我们可以想象，沙·阿拉姆二世骑在一头大象上，看着长长的队伍从沙赫德拉出发，穿过干涸后露出沙质河床的朱木拿河。这一派充满希望的景象，不仅让他忘记了过去小心谨慎的生活，还让他暂时放下了对未来的焦躁不安，开始觉得自己是一位真正的君王。

1772年，沙·阿拉姆二世的新盟友并没有让他在皇宫中享受太久。回到德里红堡三个星期后，沙·阿拉姆二世被马拉塔人说服，率领九万将士去了北方战场。因为扎比塔·汗已经在一年前逃回自己的领地，所以这些将士绝大部分是马拉塔骑兵。巴瓦尼[①]包含三个要塞：东部的帕塔尔加尔，恒河右岸的苏克哈塔尔和靠近穆扎法尔纳格尔县的格豪斯加尔。前两个要塞是已故宰相纳吉布·汗命人修建的，目的是保护通向他位于罗希尔坎德西北角的封地的浅滩，除了洪水频发期，其他时间从这里可以直接涉水渡过恒河。第三个要塞是扎比塔·汗的杰作，这个要塞的所在地一直因一座大型的、比例完美的清真寺闻名。沙·阿拉姆二世率领的军队第一次攻击的对象就是这些要塞。敌人逐渐逼近，格豪斯加尔的守军匆忙撤退。

---

① 包括五十二个帕尔加纳，现在属于萨哈兰普尔县和穆扎法尔纳格尔县。——原注

于是，格豪斯加尔要塞彻底沦陷。随后，扎比塔·汗躲进了东部的帕塔尔加尔要塞，这里是罗希尔坎德的帕坦人能够并且愿意为他提供帮助的最近的地方。这个要塞没有任何防御工事，少数地区和城镇已经完全被入侵者控制。

虽然这次战役一直按照马拉塔人的战术进行，但在一定程度上，波斯人米尔扎·纳贾夫·汗率领的一支莫卧儿精锐部队发挥了重要作用。前面已经提到，米尔扎·纳贾夫·汗是科拉省的总督，并且在接下来十年的历史中我们会经常听到有关他的事迹。

这位有着"米尔扎"头衔的贵族，名义上是波斯的晚期皇族。他身上既有普通移民的特征，也有优于印度本土人的品质。他的姐姐嫁给了前奥德省督萨夫达尔·扬的弟弟，他自己加入了安拉哈巴德倒霉的前任总督穆罕默德·库里·汗的阵营。穆罕默德·库里·汗是他姐夫的儿子（到底是他的亲外甥还是他人所生的外甥，我们不得而知）。穆罕默德·库里·汗被他丧尽天良的表弟舒贾-乌德-道拉谋杀后，在沙·阿拉姆二世的支持下，米尔扎·纳贾夫·汗接任了安拉哈巴德总督的职位。正如我们所见，在王朝复辟期间，米尔扎·纳贾夫·汗率领的军队一直为君主效力。

扎比塔·汗开始对联合军队表现出抵制情绪。然而，在舒贾-乌德-道拉的威胁下，罗希拉人的阿富汗（印度称帕坦人）援兵没有及时赶到。马拉塔人和莫卧儿帝国的军队做了一个大胆的战略安排，渡过了恒河。扎比塔·汗逃到贾特人的领地，他的家族和他父亲积聚的大部分财富因此落入敌人手中。

这次战役非常有名。扎比塔·汗的众多孩子中，长子格拉姆·卡迪尔汗是一个英俊的年轻人。据说君主按照惯例，将他贬为服侍女眷的太监。因此，他迫切地想为自己受到的所有迫害报仇。

第 9 章 沙·阿拉姆二世返回德里

随着雨季的来临,沙·阿拉姆二世对自己的处境越来越不满意,因为他没有收到当初那些贪婪的同盟者承诺分给他的战利品,所以他返回了都城。现在,马拉塔人(即使在沙·阿拉姆二世的营地,他们也很不尊重沙·阿拉姆二世)撕掉了最后的伪装,霸占了所有的战利品。同时,扎比塔·汗拿出十五万卢比的赎金,让奥德省督舒贾-乌德-道拉交给马拉塔人,赎回了在帕塔尔加尔被马拉塔人俘虏的家人。马拉塔人也希望扎比塔·汗自此成为他们的服务工具。

沙·阿拉姆二世在德里度过了 1772 年的雨季。马拉塔人驻扎在阿格拉附近,他们想要继续侵占罗希尔坎德的其余领土。但米尔扎·纳贾夫·汗坚决拒绝与他们同流合污,同时不赞成这项计划,因为他很清楚,这样做会与舒贾-乌德-道拉产生摩擦。舒贾-乌德-道拉受英国联军的支持,并且依据传统政策,奥德的周边地区也属于该省。罗希拉人正在与奥德省督谈判,希望重建曾经势力强大的穆斯林联盟。

罗希拉人与奥德省督谈判结束后,签订了一份协约。该协约是在英国将军巴克爵士的斡旋下制定的。依据协约,哈菲兹·拉马特·汗必须参加舒贾-乌德-道拉为帮助扎比塔·汗采取的任何行动,而且在一年内要支付给舒贾-乌德-道拉四十万卢比,分四次支付。作为交换条件,舒贾-乌德-道拉必须将马拉塔人逐出罗希尔坎德。1772 年 7 月 11 日,这份即将毁灭罗希拉人的协约正式生效。

勇敢而粗鲁的帕坦人在被彻底摧毁之前,统治家族的父子、兄弟之间爆发了几场激烈的争斗。其间,兄弟阋墙,父子反目。同时,为了个人利益,背信弃义的舒贾-乌德-道拉私下催促扎比塔·汗与马拉塔人进行谈判。不仅马拉塔人的首领希望与扎比塔·汗和解,扎比塔·汗也希望能够出任莫卧儿帝国的宰相,这个职位以前是由他的父亲纳吉布·汗担任的。马拉塔人将扎比塔·汗的家人送回德里，得到了之前提到的赎金。

为了摆脱米尔扎·纳贾夫·汗的统治，贾特人不断在德里附近制造骚乱。他们想通过这种方式警示沙·阿拉姆二世，并使米尔扎·纳贾夫·汗陷入困境与危险之中。利用阴谋诡计，贾特人很快发现了可以轻而易举摧毁阻碍他们的庇护者——扎比塔·汗复位的力量的方法。因此，他们不断在兰吉特·辛格耳边煽风点火，唆使他对巴拉姆伽合宣示主权。兰吉特·辛格是巴特普尔的贾特人的统治者。当时，巴拉姆伽合由当地的一个小酋长统治。于是，为了打败强劲的对手，这位酋长向沙·阿拉姆二世求援。1772年年底，米尔扎·纳贾夫·汗派遣比洛克酋长率兵支援巴拉姆伽合的酋长。自此，米尔扎·纳贾夫·汗在印度历史上有了一个新头衔——祖尔菲卡尔－乌德－道拉。马拉塔人从阿格拉派兵，加入巴特普尔的贾特人的阵营，迫使沙·阿拉姆二世的军队撤回都城。然而，玛多吉·辛迪亚并不希望罗希拉人因为扎比塔·汗的到来加入这个联盟，所以他率军退到了斋浦尔。在斋浦尔，他洗劫了拉杰普特人。为了个人利益，塔库吉·霍尔卡和其他马拉塔的首领认为自己已经足够强大，不再需要玛多吉·辛迪亚的帮助，并急于履行对扎比塔·汗的承诺。于是，塔库吉·霍尔卡率军继续向德里行进。然而，他们在德里以南十英里处的巴达尔普尔遇到了米尔扎·纳贾夫·汗亲自率领的军队。接下来的战斗中，尽管米尔扎·纳贾夫·汗率领的莫卧儿军队具有良好的组织和纪律，并且他临时借调了梅多克和当地一些极具才干的军官，但在总人数上仍居于劣势。因此，米尔扎·纳贾夫·汗退守到距德里皇宫不到四英里的胡马雍的坟墓。在这里爆发了一系列小规模战斗，持续了四天，直到米尔扎·纳贾夫·汗的一个侄子被杀，

第9章 沙·阿拉姆二世返回德里

他取道达尔尧甘基撤退到德里。但一支强大的敌军对他们紧追不舍。米尔扎·纳贾夫·汗一直拼尽全力守卫皇宫及周边地区。第二天，希萨姆－乌德－道拉（上文已经提到他的间接影响）亲自去了马拉塔人的营地，并且告诉他们，软弱无能的君主准备牺牲这位英勇的将军。于是，塔库吉·霍尔卡率领的由黑皮肤的俾格米人组成的军队野蛮地涌进皇宫。因为马拉塔人急于回到德干，所以并不想制造麻烦，他们很快提出了和解条件。他们的主要条件是恢复扎比塔·汗的宰相职务，并割让南部多阿布的省份。这些省份现在由沙·阿拉姆二世直接统治，而且沙·阿拉姆二世受到英国人的保护。沙·阿拉姆二世答应了这些条件后，马拉塔人与米尔扎·纳贾夫·汗就苏克哈塔尔战役期间答应支付给他们的一笔钱产生了争执，他们逼迫沙·阿拉姆二世下令将米尔扎·纳贾夫·汗逐出宫廷。这些事情发生在1772年12月底，当时，这位不幸的君主刚刚复辟一年。

1773年，扎比塔·汗恢复了职位，希萨姆－乌德－道拉受到重用。英勇的米尔扎·纳贾夫·汗身边还有一支身强力壮且忠心耿耿的莫卧儿骑兵，以及剩余的一支训练有素的步兵团。扎比塔·汗派人到萨哈兰普尔攻打米尔扎·纳贾夫·汗的养子阿弗拉西阿卜·汗。阿弗拉西阿卜·汗率领一支中队守卫萨哈兰普尔，他躲在城中喀布尔大门外一座非常坚固的防御工事内。扎比塔·汗的军队将他包围起来，马拉塔人饶有兴趣地看着这一切，他们似乎很赞赏新宰相的英勇。第二天，米尔扎·纳贾夫·汗做出了一个影响亚洲政治进程的决定。他全副武装，身披一件绿色的隐蔽罩，就像先知穆罕默德的后裔的寿衣一样，视死如归，走在他的贴身护卫队前面。当接近马拉塔人的营地时，米尔扎·纳贾夫·汗的军队大声喊出圣战口号"阿拉胡－

莫卧儿步兵

莫卧儿骑兵

阿弗拉西阿卜·汗率领一支中队守卫喀兰普尔,米尔扎·纳贾夫·汗躲在城中喀布尔大门外一座非常坚固的防御工事内

第 9 章 沙·阿拉姆二世返回德里

阿克巴"①和"呀！侯赛因"。一个不信教的和平代表团前来迎接他们。这些人向他们亲切地打招呼，并假装友好地带他们前往自己的营地。

可能是因为最近从浦纳传来佩什瓦去世的消息，加上与罗希拉人的争执，所以马拉塔人不愿继续与米尔扎·纳贾夫·汗针锋相对，因此出现了现在这种奇怪的局面。结果是，米尔扎·纳贾夫·汗从激动中平静下来，同意与马拉塔人一起进攻罗希尔坎德。我们有必要解释一下这些反复无常的政客的复杂策略。一方面，他们唆使君主进攻罗希拉人，另一方面，他们暗地里让罗希拉人扎比塔·汗对君主采取行动，同时，他们又将这些敌人联合起来，继续进攻罗希尔坎德。他们和新盟友一起借道阿努普沙哈尔南部的拉姆哈特，朝着罗希尔坎德行军。在拉姆哈特，冬季的恒河是可以涉水通过的。他们的军队还占领了多阿布部分地区。

与此同时，英国人让沙·阿拉姆二世管辖阿拉哈巴德周围的省份，但他们很快发现君主没有能力管理这些地区。因此，他们将这些地区的统治权交给了奥德省督。在布克萨尔战争结束后，早在进行谈判之前，英国人就与奥德省督建立了联系，并在奥德省督管辖区与英国管辖区之间建立了联系。进入德里前，虽然代理官员曾十分明确地告诉沙·阿拉姆二世，不能随意发布命令将阿拉哈巴德省和科拉省割让给马拉塔人，但沙·阿拉姆二世还是不顾孟加拉委员会的反对，在马拉塔人的协助下进入了德里，并遗弃了这些省。事实上，允许马拉塔人占领这一大片地区损坏了英国的利益，因为这样一来，马拉塔人会取得在比哈尔和东部各省的边界地区的统治权。

---

① 阿拉胡－阿克巴（Allah Ho Akbar），伊斯兰常用语，意为"真主至大"。——译者注

然而，英国人已经征服了这些地区，沙·阿拉姆二世之前准许他们在这些地区享受别人不可剥夺的权利。巧合的是，如果不派出一支全副武装的军队去驱逐或压制掠夺成性的马拉塔人，就不能移交这些省份的管辖权。这支军队所需的费用自然由奥德省督承担。从现代的标准看，这样做甚至是完全合法的自我防卫行为。然而，麦考利描述道："这些从莫卧儿帝国分裂出来的省份移交给奥德政府大概需要五十万英镑。"英国人派军支援奥德省督舒贾－乌德－道拉，前往抗击马拉塔人。由于哈菲兹·拉马特·汗忙于对抗这些军队，他开始担心经费支出，因此，他想要与马拉塔人谈判。但突然到来的英国人与奥德军队使他方寸大乱，他被迫暂时放弃谈判，加入抗击马拉塔人的联盟中。马拉塔人迅速撤退到伊塔瓦，并在1773年5月返回自己的国家。

我们已经知道，米尔扎·纳贾夫·汗与舒贾－乌德－道拉不仅是亲戚，还是英国将军的老朋友。米尔扎·纳贾夫·汗的支持者马拉塔人撤退时，他来到了联军的营地，并且因为之前取得的功绩受到了款待。

米尔扎·纳贾夫·汗在他忠实的莫卧儿军队的护送下，和这支联军一起向阿努普沙哈尔方向前进。正如我们所见，阿努普沙哈尔曾是艾哈迈德·沙·杜兰尼的军队驻地，地理位置非常适合英国军队驻军，因为他们的军备非常先进且他们力图保持印度各邦之间的平衡。阿努普沙哈尔北面是苏克哈塔尔浅滩，纳吉巴巴德的罗希拉人通过这个浅滩往来于各个地区。南面是罗马加特浅滩，从阿里格尔一直延伸到巴雷利。从这时起，罗马加特浅滩成了英国人的驻地，直到1806年英国人占领了这个国家。之后，英国人发现密鲁特镇的地理位置更靠近印度中心地区，于是，他们遗弃了阿努普沙哈尔的

第9章 沙·阿拉姆二世返回德里

驻地。尽管恒河流域洪水泛滥，但现在密鲁特仍是一个屹立在恒河右岸的繁荣的商业贸易中心。现在唯一能够证明英军长期驻扎在此地的是两块墓地，里面有许多已看不清碑文的坟墓。

米尔扎·纳贾夫·汗与他的盟友在阿努普沙哈尔分开，因为他收到了两封信，一封是舒贾-乌德-道拉任命他为副宰相的任命函，另一封是英国将军向君主极力推荐他的推荐信。扎比塔·汗宽宏大量，虽然他与米尔扎·纳贾夫·汗之间有血海深仇，并曾亲手杀死了副宰相的亲戚及他以前的庇护者、阿拉哈巴德前任总督穆罕默德·库里·汗的父亲，但这些他都既往不咎。虽然可能无意这样做，但巴克爵士向君主推荐米尔扎·纳贾夫·汗这样一个极力反对罗希拉人与马拉塔人的将领，也许是个明智之举。

拿着推荐信与任命书，米尔扎·纳贾夫·汗带领一支装备精良且忠实的军队，前往宫廷上任。新上任的宰相扎比塔·汗得到了贾特人的支持，但曾经负责当地税收的希萨姆-乌德-道拉被解除了职务，并被拘禁，被迫交出了一部分非法获得的财富。通过希萨姆-乌德-道拉，我们可能觉得沙·阿拉姆二世统治时期政府官员缺乏监督，但得出这个结论的理由并不充分。虽然希萨姆-乌德-道拉在这个又小又贫穷的地区当税官不到两年，但他交出非法所得的金额总共超过十五万卢比。阿卜杜勒·阿希德·汗接替了希萨姆-乌德-道拉的职务，此后，他便有了马贾德-乌德-道拉这个头衔。另一位宰相候选人曼祖尔·阿里·汗成为宰相。对于这两个官员，在这里必须说明的是，随后发生的事情证明阿卜杜勒·阿希德·汗是克什米尔地区的穆斯林，他体现出这个地区的人特有的气质。印度人尽皆知，克什米尔地区的人毫无信仰，缺乏男子气概。曼祖尔·阿里·汗既不是一位蠢笨的政客，也不是一个心狠手辣的叛徒。

现在，克什米尔人阿卜杜勒·阿希德·汗被授予了头衔，并得到了一个有利可图的职位，他曲意逢迎的做事方式很快受到了懒散的君主的青睐。那时，米尔扎·纳贾夫·汗似乎也被沙·阿拉姆二世暂时的风光欺骗。事实证明，一个胆小懦弱的酒色之徒的幡然醒悟有别于一个从不猜忌、真正善良的人的醒悟。

上述内容是米尔扎·纳贾夫·汗与奥德省督联盟后取得的第一个成果。后来，他在沙·阿拉姆二世同意彻底摧毁罗希拉的帕特人时付出代价。沙·阿拉姆二世的个人领地与奥德省督的封地之间的区域先被阿里·穆罕默德占领，后又被阿里·穆罕默德儿子的摄政王——哈菲兹·拉马特·汗占领。然而，自从阿里·穆罕默德与已故宰相萨夫达尔·扬发生战争后，奥德地区的统治者开始垂涎该地区。马拉塔人的撤退及他们对德干的争夺正好为舒贾-乌德-道拉提供了一个机会，这个机会也是他一直等待的。麦考利和米勒对英国总督沃伦·黑斯廷斯先生加入这一战役的做法感到非常气愤。因为我写的不是英国的历史，所以只能说英国人公开声明他们为莫卧儿帝国的君主服务。沙·阿拉姆二世授予了宰相之前被哈菲兹·拉马特·汗篡夺的权力，因为他们已结盟多年。作为盟友，他们之间明显可以互相帮助，对付各自的敌人，尤其这些敌人碰巧是他们共同的敌人。马拉塔人是所有印度统治者的敌人，罗希拉人与马拉塔人沆瀣一气，或者说罗希拉人没有能力对抗马拉塔人。为了奥德省督的领地安全，也为了英国人在孟加拉的利益，英国人和舒贾-乌德-道拉绝不允许一群毫无信仰的掠夺者占领一片属于他们的地区，况且这片地区还有一条一年四季都能通行的大路。上议院非常赞同这个观点，经过长时间的审判后，沃伦·黑斯廷斯先生最终被宣布无罪，尽管在审判过程中，一些有才干的辉格党领袖极力反对

沃伦·黑斯廷斯

沃伦·黑斯廷斯的做法。对历史学家而言，没有了那时候的激情与诱惑之后，用纯粹理性和抽象的道德去批判过去的历史，是很容易的。然而，这种批判如果会影响某种司法裁决的结果时，就不应忽视它的必要性。

这也许体现了英国人良好的判断力与正义感。当他们冷静地思考这种做法时，得出了一个结论：谴责沃伦·黑斯廷斯其实是在谴责英国人在印度的所作所为。按照逻辑，这个结论会使英国人撤出印度，但他们从来没有想过这样做。这也显示了宣布沃伦·黑斯廷斯无罪的道德悖论。麦考利反对上议院宣布沃伦·黑斯廷斯无罪的判决结果，因为这在公开审判史上是不允许的。无论如何，麦考利坦承，英国人普遍赞同上议院的判决。不仅如此，甚至对这一事件的控告在弹劾开始前就取消了。

然而，作为莫卧儿帝国最强大的盟友，宰相对边界领土的占领是否会对英国在印度的利益造成威胁，还是个未知数。沙·阿拉姆二世的行为（准确地说应该是米尔扎·纳贾夫·汗的行为，因为沙·阿拉姆二世在他手中并不自由）是需要着重说明的一个方面。但我认为无论是米尔扎·纳贾夫·汗还是沙·阿拉姆二世，都希望将罗希尔坎德省从哈菲兹·拉马特·汗的手中转交到舒贾-乌德-道拉手中。显而易见，自从阿里·穆罕默德开始叛乱，罗希尔坎德省的篡权者帕坦人早已成为莫卧儿帝国的敌人。其间，只有一次例外，就是1761年，在帕尼帕特战役中他们加入自己的同胞艾哈迈德·沙·杜兰尼的阵营。很明显，罗希拉人虽然可以在寒冷的季节通过位于罗希尔坎德省的浅滩渡过恒河，但他们从来没有机会控制这些浅滩。另外，他们近来与马拉塔人签订了条约，而这份条约并没有考虑到莫卧儿帝国的利益。东方政治家并不都是小心谨慎的。然而，罗希拉人实际上既没有意愿也没有能力保持自己作为封臣的忠诚。另外，要充分考虑到德里政府的重要性，它完全有能力约束自己的重要大臣或最强大的支持者。

舒贾-乌德-道拉并没有掩饰自己的动机。他常得到罗希拉人的帮助，与罗希拉人之间也有协约，这应该能使他们忘却彼此之间早年的敌意。此外，无论沙·阿拉姆二世最后是否同意攻打帕坦人，或英国人是否会提供帮助，都不会对他造成严重影响。他如果认为罗希拉人有可能与马拉塔人谈判，那么一定清楚，当他前来支援罗希拉人的那一刻，谈判已经失败。而且，如果他想指挥马拉塔人的行动，首先需要加强帝国的统治，并且积极履行1772年条约中规定的职责。

然而，必须补充一点，舒贾-乌德-道拉还没有能力完全依靠自己做这些事，他需要帕坦人的帮助。因为，首先，他已经将马拉塔人驱逐出去，但哈菲兹·拉马特·汗并没有按照之前的协约支付给他相应的报酬。其次，他的行动仅针对哈菲兹·拉马特·汗及其忠诚的追随者，并且扎比塔·汗和其他罗希拉人首领已经加入他的阵营。其他人，包括已故的达乌德·汗的儿子们，都坐山观虎斗。创建罗希拉军队的阿里·穆罕默德的儿子法伊祖拉·汗，各个方面都受到同族人的尊敬，虽然他不会在老朋友需要自己时抛弃朋友，但他强烈反对哈菲兹·拉马特·汗的行为，并且督促他履行条约规定，付给舒贾-乌德-道拉应得的报酬。扎比塔·汗脱离联盟后，得到了密鲁特附近的一个地区。已故宰相统治时期，该地区的马拉塔人已经被驱逐出去。

1773年10月，伊塔瓦要塞被攻破，马拉塔人的军队最终被赶出多阿布。接下来的两三个月里，舒贾-乌德-道拉一直与罗希拉人谈判，并忙着巩固自己与帝国政府和英国人之间的联盟。1774年1月，联盟军队继续向北挺进。1774年4月12日，英国人进入罗希尔坎德。当哈菲兹·拉马特·汗最后一次被要求支付欠下的债务时，他当着所有部下的面做出了答复。同时，君主派出一支纵队加入联盟军队，并亲自送了军队一段路程。他还专门发布公告，准许奥德省督舒贾-乌德-道拉征服多阿布地区。科拉省和阿拉哈巴德省的英国人也准许了舒贾-乌德-道拉的行动。英国人的态度消除了这些省份的临时统治者对割让土地的所有质疑，并表示，即使君主明白自己没有能力统治这些省，也不能把它们割让给奥德省督和英国人的敌人。

1774年4月23日，英国军队突袭了哈菲兹·拉马特·汗在卡特拉的军营。哈菲兹·拉马特·汗英勇抵抗，但很快被击败并被杀死。法伊祖拉·汗得到了英国人的原谅，依旧统治着他在兰普尔的世袭封地（这块地方依旧由他的后裔统治）。按照君主的诏书，舒贾-乌德-道拉顺利占领了该省其他地区。

副宰相米尔扎·纳贾夫·汗率领的莫卧儿帝国的军队虽然没有及时抵达并积极参与这次短暂的战役，但舒贾-乌德-道拉在接管他征服的土地的授权仪式上，同意用一笔丰厚的罚金承认君主道义上的帮助对他的胜利产生了重要作用。他还派援军支援米尔扎·纳贾夫·汗，协助他攻打巴特普尔的贾特人。同时，扎比塔·汗从他最近在密鲁特获得的封地上被赶了出去，但第二年他又获得了这块封地的统治权。这件事表明阿卜杜勒·阿希德·汗处理内政的不足之处，不用说，他当时一定受了贿赂。

令人感到意外的是，奥德省督在他最幸运的时候遇到了一生唯一的劲敌，这个敌人既无法通过军队镇压，也无法利用计谋欺骗。

第9章 沙·阿拉姆二世返回德里

1775年1月，舒贾-乌德-道拉去世。当然，如此知名的公众人物去世后一定会到处张贴令人震惊的布告，关于去世原因的解释在当时也是广为流传。无论传言是否真实，都值得将其作为一种结局提一下，而且这一传言也具有可能性与合理性。据说，哈菲兹·拉马特·汗去世后，他的家人落到了舒贾-乌德-道拉的手里。舒贾-乌德-道拉派人去传唤这位已故酋长的一个女儿，在面谈过程中，这个年轻的女子为了报仇，用一把有毒的匕首杀死了杀父仇人。记载这个故事的权威著作《上世纪印度伊斯兰教统治史》[1]的作者说："虽然这种说法可能没有现实依据，但当时的人们对此说法深信不疑，如同相信'上帝是我们的庇护者'一样。"

1789年的《加尔各答翻译》的编辑声称找到了关于舒贾-乌德-道拉真正死因的有力证据。舒贾-乌德-道拉死于腹股沟淋巴癌，因此他府上的女人都被放了出去，翻译（也即该编辑）认识其中的一个女子。他们曾就这个话题创作了一首歌曲。另外，他们还说了这件事的一些细枝末节，并且指出那位年仅十七岁的女子在省督受伤当天就被处死了[2]。

无论哪种说法正确，总之奥德省督的去世，给衰落的莫卧儿帝国造成了沉重打击。自从1743年米尔·曼努在穆罕默德·沙统治时期击败艾哈迈德·沙·杜兰尼以来，莫卧儿帝国才开始看到一线希望。如果舒贾-乌德-道拉的政治生涯能再延续几年，在他的野心与旺盛精力的促使下，在英国军队的军备与先进技术的支持下，在米尔

---

[1] 《上世纪印度伊斯兰教统治史》，即 *A History of the Mahomedan Power in India During the Last Century*，作者是格拉姆·侯赛因。——译者注
[2] 《上世纪印度伊斯兰教统治史》，第三卷，第268页。——原注

扎·纳贾夫·汗的忠诚与正直的守卫下，莫卧儿帝国就有可能加强抵抗马拉塔人的力量，并改变整个印度历史。

但舒贾-乌德-道拉的儿子，也即他的继承人，是一个意志薄弱并耽于享乐的人。他从未离开自己所在的省份。虽然副宰相米尔扎·纳贾夫·汗因为自己的毕生成就成了真正的宰相，但他没有能力巩固摇摇欲坠的莫卧儿帝国。

1774年，扎比塔·汗的失败引起了贾特人的不满。因此，他不得不去罗希尔坎德，准备抗击贾特人。事实上，他不仅从贾特人手里夺回了阿格拉的要塞，还派了一支军队，由哈马丹[①]的莫卧儿军官穆罕默德·贝格率领，占领了阿格拉。但勇敢的贾特人的首领兰吉特·辛格并没有感到畏惧，他率部向都城行进，并率领一万骑兵占领了西坎德拉巴德。虽然德里的军队仅剩五千骑兵和两个营的步兵，但已经足够驱逐入侵者。然而，不久，兰吉特·辛格又折返回来，沃尔特·莱因哈特率领的正规军与携带的机枪加强了他的军事力量。但此时，米尔扎·纳贾夫·汗已经从罗希尔坎德回来，并在1774年雨季后，率兵前去抗击贾特人。哈里亚纳邦的酋长纳贾夫·库里·汗率领约一万士兵前去支援米尔扎·纳贾夫·汗。这位酋长是拉图部落的人，后来改信了印度教。他是一名优秀的军人，也是宰相米尔扎·纳贾夫·汗忠实的追随者，还是比卡尼尔地区的土著。比卡尼尔地区南部与拉杰普塔纳接壤，北部与哈里亚纳邦及首都周围各邦相邻。纳贾夫·库里·汗曾在阿拉哈巴德为穆罕默德·库里·汗的父亲效力，也就是米尔扎·纳贾夫·汗的早期庇护者，与他关系密切。这位酋长在穆罕默德·库里·汗的父亲的主持下成为一名伊

[①] 哈马丹是伊朗的一个省。——译者注

第9章 沙·阿拉姆二世返回德里

斯兰教徒,自此,成为穆斯林的一员。我描述的这一时期,他负责管理一个每年交税两百万卢比的县,获得了赛义夫-乌德-道拉的头衔。

迪万阿卜杜勒·阿希德·汗对米尔扎·纳贾夫·汗率军参加这次战役感到非常高兴,因为他从不放过任何一个会使君主对这位强大的竞争对手产生偏见的机会。此外,最近,米尔扎·纳贾夫·汗被任命为纳伊布·维齐尔,这使他非常沮丧。事实上,沙·阿拉姆二世夹在两位大臣之间,就像中世纪的传奇英雄夹在自己的善恶天使之间一样,唯一的区别是,他的情况的有利一面在一定程度上会产生非常积极的影响。至于这个狡猾的克什米尔人为了取代米尔扎·纳贾夫·汗做了些什么,现在还没有详实的史料记载。如果米尔扎·纳贾夫·汗战败,阿卜杜勒·阿希德·汗也不会很幸运,因为当他的竞争对手米尔扎·纳贾夫·汗对抗贾特人时,扎比塔·汗的部下开始叛乱。阿卜杜勒·阿希德·汗不得不率军前往北方。这次远征中,因为阿卜杜勒·阿希德·汗显得意志十分不坚定,同时他缺乏军事素养,所以扎比塔·汗再次变得极其难对付。幸运的是,紧急关头,一名使者来到德里,他请求为新奥德省督阿萨夫-乌德-道拉举行授权仪式。护送这名使者的是一支由五千精兵和一个火炮队组成的军队,他们由拉塔夫·汗指挥,这个人是已故奥德省督舒贾-乌德-道拉最赏识的将军。及时赶来的援军拯救了整座都城,使君主与屡次犯上作乱的扎比塔·汗和解。这一事件至少在一定程度上维护了莫卧儿帝国政府的尊严(参见下一章)。

同时,莫卧儿帝国的军队发现,贾特人在他们酋长的率领下驻扎在距德里六十英里的霍达尔镇。该镇位于马图拉道路旁。贾特人被驱逐出霍达尔镇后,撤退了数英里,在一个叫考特班的防守坚固的村庄驻扎了下来。米尔扎·纳贾夫·汗试图将贾特人封锁在村庄里。经过两个星期的几次小规模战斗后,贾特人被迫撤退到迪格要塞。几年后,在迪格要塞发生了一些非常重要的事。"迪格"可能源于某个词汇的变体,意为坚固的堡垒,如"Dirajgarh"。这座要塞里有一座类似乐园的美丽宫殿,坐落在一个人工湖的岸边。人工湖的水是从阿尔瓦尔高地部分地区引来的。当米尔扎·纳贾夫·汗发现贾特人停止了突围时,他率部离开迪格的营地,前往巴萨那。在巴萨那,米尔扎·纳贾夫·汗与贾特人之间发生了一场激烈的战斗。

1775年,莫卧儿军队的先锋由纳贾夫·库里·汗指挥。这支军队主力的中心位置是米尔扎·纳贾夫·汗本人,两翼是印度兵纵队及炮兵,由英国人在孟加拉国训练的一名军官率领。队伍的后方是莫卧儿骑兵。敌军在沃尔特·莱因哈特的率领下发起进攻,这是一支由五千名身强力壮、训练有素的步兵组成的队伍,贾特人的散兵和重型大炮负责掩护他们。在敌军连续不断地猛烈炮击下,米尔扎·纳贾夫·汗的炮军部队也迅速做出反击。但米尔扎·纳贾夫·汗很快失去了几名优秀的军官,自己也负了伤。随后,队伍发生了短暂的混乱,但米尔扎·纳贾夫·汗虔诚地祈求伊斯兰教诸神的保佑,立即率领莫卧儿骑兵进攻贾特人。这些骑兵是他忠诚的追随者,人们将会永远牢记他们。纳贾夫·库里·汗率领步军紧随其后,终于打败了贾特人。沃尔特·莱因哈特率领的军队仅仅能够掩护剩余的败军向迪格撤退。撤退途中,虽然沃尔特·莱因哈特的军队一向秩序井然,但他此时不得不竭力维持秩序。胜利者缴获了大量战利品,他们很快来到一片开阔地,紧紧包围了失败的敌军。然而,因为迪格要塞中的粮食储备量很大,所以十二个月的严密封锁最后证明是无效的。1776年3月月底,迪格要塞还没有沦陷。迪格要塞的守军

第 9 章 沙·阿拉姆二世返回德里

发现了一个可以逃走的方法,他们将所有能够带走的物资驮在大象身上,逃到了邻近的库姆比哈伊尔城堡。贾特人的塔库尔剩余的财产被胜利者洗劫一空。他的银盘,一切奢华的用具和装备,以及军队的金库,加起来可能有六十万卢比。这些钱的相对价值可能不少于我们现在的二十五万英镑。

米尔扎·纳贾夫·汗取得胜利后,忙于安排被征服地区的各种事务。这时,他收到了一条来自宫廷的情报。情报上说,因为扎比塔·汗轻而易举地战胜了迪万阿卜杜勒·阿希德·汗(即马贾德-乌德-道拉),他变得越来越大胆,甚至抓了大批锡克教徒,准备率领他们进军首都。

这位有魄力的宰相立刻回到德里,并受到了规格极高的迎接。他在佣兵队长沃尔特·莱因哈特的陪同下出席了迎接仪式。巴萨那战役后,沃尔特·莱因哈特用他惯常的做法,带着军队投奔了势力最强的一方。与此同时,沃尔特·莱因哈特的老上司米尔·卡西姆在德里附近去世。经过多年东躲西藏的痛苦生活后,米尔·卡西姆最后定居在他后来去世的地方,幻想着有朝一日在君主的军队中谋得一官半职。布鲁姆记载的米尔·卡西姆去世的日期是 1777 年 6 月 6 日[①]。需要补充的是,米尔·卡西姆的全部财产最后被洗劫一空,为了购买一块裹尸布,他的家人卖掉了他的一条披肩。然而,这一年发生的事件的细节及结果需要在新的一章中说明。

注:以下是汉米尔顿上尉记录的 1772 年条约的附加条款,其中前一部分是联盟军队关于进攻和防御的普通条款。

---

① 《孟加拉军队史》,第 467 页。——原注

纳贾夫·库里·汗

米尔·卡西姆

帝国的宰相将会承认罗希拉人的地位，用和平方式或战争手段促使马拉塔人撤退。无论马拉塔人在任何时间进入印度，宰相必须驱逐他们。因为以上原因，罗希拉人的酋长同意通过以下方式支付宰相四百万卢比，支付方式如下：其中一百万卢比用硬币支付，剩余的三百万卢比从1780年开始，三年内付清。

这里仅仅省略了多余的或不重要的词语，但并没有一个词提到关于支付给马拉塔人酬金的事情。认为奥德省督是马拉塔人酬金的唯一担保人的观点并不明确。因为马拉塔人并没有放弃罗希尔坎德，直到宰相将他们驱逐出去，而且也没有付钱给他们。然而，正如我们所见，这个注解没有史料依据。除汉米尔顿的著作外，《莫扎法伊尔传》及富兰克林的《沙·阿拉姆》都是这一章的主要参考资料。

第10章

宰相米尔扎·纳贾夫·汗

精彩看点

米尔扎·纳贾夫·汗的活动——扎比塔·汗反叛——君主投入战斗——反叛被镇压——沃尔特·莱因哈特的扎伊吉尔——阿卜杜勒·阿希德·汗投入战斗——针对锡克教徒的战役失败——德里受到威胁——在米尔扎·纳贾夫·汗的安排部署下德里的危险解除——玛多吉·辛迪亚占领瓜廖尔——沃尔特·莱因哈特的妻子——米尔扎·纳贾夫·汗之死——随后的交易——阿弗拉西阿卜·汗成为宰相——米尔扎·沙菲回到德里——谋杀米尔扎·沙菲——沃伦·黑斯廷斯的行动——王子逃跑——玛多吉·辛迪亚去了阿格拉——阿弗拉西阿卜·汗之死——英国人要求进贡——扎比塔·汗之死——玛多吉·辛迪亚至高无上——全国陷入饥荒

1776年，人们希望通过米尔扎·纳贾夫·汗的不懈努力，莫卧儿帝国可以有一些喘息的时间，恢复元气。如果我们不把驻扎在孟加拉国的英国军队包含在内，德里的英国军队是印度当时实力最强的军队。贾特人曾经拥有广阔的领地，但现在他们占据的领地不超过三个防御工事坚守的地方。马拉塔的佩什瓦马德霍·拉奥去世时，马拉塔人曾占领了德干地区，但在1776年，佩什瓦的继承人下令，暂时撤回他们在德干的全部守军。米尔扎·纳贾夫·汗在阿格拉担任总督，追随他的不仅有对他忠诚的莫卧儿人和波斯人，还有两个旅的步兵和炮兵，这两队人马分别由沃尔特·莱因哈特和梅多克指挥。米尔扎·纳贾夫·汗主要的亚裔下属有两个：一个是他的养子，改信印度教的纳贾夫·库里·汗，即赛义夫-乌德-道拉；另一个是哈马丹的穆罕默德·贝格。接下来的叙述中会经常提到这两名官员。米尔扎·纳贾夫·汗的侄子米尔扎·沙菲也是军队中的高级指挥官。在米尔扎·纳贾夫·汗精挑细选的能干的仆人的伺候下，沙·阿拉姆二世已经习惯德里轻松愉快的生活。事实上，有一个仆人很快感觉到自己明显比这个好吃懒做的君主优秀，这种优越感再次佐证了古老的东方人总结的最具智慧的一句格言——不要相信你的君主。能够打破君主这种舒适状态的人只有扎比塔·汗，他仍旧表现出对自己的种族普遍的无信仰状态及不安分守己的个性。扎比塔·汗希望得到贾特人和马拉塔人援助的愿望最终幻灭（据猜测，他当时受到了自己已故的失败的对手——皇家财务总管阿卜杜勒·阿希德·汗的教唆），于是，正如上一章结束时提到的那样，他将希望寄托在锡克教徒身上。在莫卧儿帝国的衰落过程中，锡克教徒在希尔罕德①确立了自己的地位，尤其是在帕特提阿拉和杰信德。这些骁勇善战的勇士，既反对英军，又支持英军，这一点在现代史上已经说得很详细。他们欣然接受了帕坦起义者的请求，渡过朱木拿河，前往萨哈兰普尔与穆扎法那加②之间的格豪斯加尔要塞，加入了起义者的军队，这一点前文已经提及。富兰克林甚至说（虽然仍旧没有权威的记载），这次帕坦人接受了锡克教徒的宗教。锡克教是一种带有印度教教义色彩的、折中的一神论宗教。

　　1777年，米尔扎·纳贾夫·汗认为扎比塔·汗的行为影响恶劣，他认为更糟糕的是，扎比塔·汗不仅对宗教不忠诚，甚至亵渎宗教。在一个坚定的伊斯兰教信徒看来，正如波斯王子过去常常表现的那样，不信教的人加入宗教是一种不可宽恕的行为。因此，米尔扎·纳贾夫·汗派遣一支强大的军队，由一个叫阿卜杜勒·卡西姆·汗的军官率领，前去攻打叛军联盟。叛军联盟毫不畏惧地在格豪斯加尔要塞前列队迎战，立刻与帝国军队交战。同时，叛军的骑兵主力从两翼包抄帝国军队，悄无声息地来到帝国军队的后方。帝国军队对此毫无察觉，遭到了前后夹击，其将领被一颗流弹射死。于是，

---

① 希尔罕德是今印度旁遮普邦的一个地名。——译者注
② 穆扎法那加是今印度北方邦西部的一个县。——译者注

第10章 宰相米扎尔·纳贾夫·汗

帝国军队很快溃逃了。扎比塔·汗追赶了败军一段路程后凯旋，回到了格豪斯加尔要塞。米尔扎·纳贾夫·汗决定倾尽全力战斗，不久，他率军出现在格豪斯加尔要塞前，君主亲自陪同。这次战斗中，米尔扎·纳贾夫·汗得到了新任奥德省督派来的五千名炮兵的支援，这些援军是新省督在继承他父亲曾经担任的帝国宰相一职的授权仪式上，承诺交纳赋税的一部分。尽管阿卜杜勒·阿希德·汗和其他竞争者都反对，但他还是希望担任宰相一职。然而，得到米尔扎·纳贾夫·汗的军队正在逼近的消息后，帕坦人立即与其盟军一起撤离要塞，渡过朱木拿河返回自己的国家。莫卧儿帝国的军队在后面紧追不放。帕坦人试图进行谈判，但统帅米尔扎·纳贾夫·汗傲慢地拒绝了谈判请求，于是两军在著名的帕尼帕特战场交战。这次战争的激烈程度被描述为仅次于上一次帕尼帕特战役（显而易见夸张了），也就是1761年马拉塔人与穆斯林之间的战争。此外，对于这场一直持续到傍晚仍未决出胜负的激烈战役，印度本土的历史学家并没有给出详细记载，但我们可以从后来发生的事推断这场战斗的结果。第二天早晨，当扎比塔·汗再次提出谈判时，米尔扎·纳贾夫·汗答应了他的请求。在这种情况下，扎比塔·汗不但归还了之前占领的领地，而且双方进行了双重联姻，交战到此结束。米尔扎·纳贾夫·汗屈尊俯就，娶了帕坦人扎比塔·汗的妹妹为妻，扎比塔·汗承诺将自己的女儿嫁给米尔扎·纳贾夫·汗的养子（暂且这么说）纳贾夫·库里·汗。这场持续了很长时间的叛乱终于平息，一切应归功于奥德省督的将军——拉塔法特·汗的斡旋。据说，他在这次战役中收到了大量贿赂[1]。

---

[1] 富兰克林，《沙·阿拉姆》，第二十五章，1784年。——原注

印度就这样恢复了和平。米尔扎·纳贾夫·汗再次来到阿格拉。在这里，他继续管理着莫卧儿帝国的政务。

英国人想寻求盟友，但谈判失败了，因为他们不肯向沃尔特·莱因哈特投降。奥德省督阿萨夫－乌德－道拉成为莫卧儿帝国名义上的宰相，另一个值得信任的首领马乌拉·艾哈迈德·达德被任命为希尔罕德地区的负责人。纳贾夫·库里·汗统治着从希尔罕德边界一直延伸到拉杰普塔纳边界的一片广袤无垠的领地。沃尔特·莱因哈特掌控着紧邻扎比塔·汗领土的地区，并且将处于中心位置的萨尔达纳确定为首府，这些领地一直被他的家族统治。在萨尔达纳，密鲁特的英国居民非常熟悉的一所乡村住宅和公园，仍旧属于他最后一个后裔的遗孀。这片领地名义上是用来驻扎这个冒险家指挥的军队的，当时，这一地区估计每年约有六十万卢比的收入。甚至在粗鲁的欧洲人的军营中，这个杀人不眨眼的恶棍因为自己冷漠阴郁的做事手段而臭名昭著，他发现通过不择手段的做事方式获得的收入相当于印度许多小国家君主的收入。

一场残酷的战争拉开了 1778 年的帷幕。这次战争由阿卜杜勒·阿希德·汗唆使沙·阿拉姆二世发动，攻击的对象是拉杰普特人。拉杰普特人遭到了残酷的洗劫。在这次事件中，米尔扎·纳贾夫·汗充当了和事佬的角色。他可能并不支持这场战争，因为阿卜杜勒·阿希德·汗发动战争实际上是想与他竞争。米尔扎·纳贾夫·汗通过为拉杰普特人争取签订条约的有利条件，不仅展示了他的实力，还与拉杰普特人建立了新的关系。他与远征军一起返回德里，在沙·阿拉姆二世的见证下，他的养子纳贾夫·库里·汗娶扎比塔·汗的女儿为妻。

第 10 章 宰相米扎尔·纳贾夫·汗

随后，米尔扎·纳贾夫·汗再次动身去了阿格拉，那里是他的行政部门，也是他最喜爱的住所的所在地。然而，他并没有休息很长时间，因为他很快收到了一条新的命令。锡克教徒开始反抗希尔罕德的法乌吉达尔①马乌拉·艾哈迈德·达德的统治，打败并杀死了他。收到这个消息后，沙·阿拉姆二世派遣阿卜杜勒·阿希德·汗带兵前去镇压顽固的叛乱者，这支军队名义上由莫卧儿帝国的王子指挥。阿卜杜勒·阿希德·汗以他的头衔马贾德-乌德-道拉闻名。如果当地历史学家的猜测是正确的，那么阿卜杜勒·阿希德·汗曾秘密加入了后来锡克教徒与扎比塔·汗反对米尔扎·纳贾夫·汗的联盟，但实际上他是被派去破坏这个联盟的。然而，聪明又忠诚的宰相米尔扎·纳贾夫·汗没有提出任何反对意见，这只能证明伟大的人物常常被这种奇特的危险困扰。在东方专制独裁统治下，伟人经常会天真地信任暗地里反对他的敌人。当时，阿卜杜勒·阿希德·汗正在密谋反对他的保护人，这可以从他后来的行为中反映出来。因为他是一个克什米尔人，所以肯定不会有人驳斥这个猜测。众所周知，在印度历史上，克什米尔人向来无信仰可言。

名义上指挥莫卧儿军队的王子有不同的称谓，譬如米尔扎·贾万·巴克特、法尔克汉达·巴克特和阿克巴。米尔扎·贾万·巴克特是沙·阿拉姆二世在英国的保护下居住在阿拉哈巴德省期间，王子作为摄政王时的称呼；阿克巴是王子作为这个有名无实的帝国的未来继承人的名字。无论称他为米尔扎·贾万·巴克特、法尔克汉达·巴克特还是阿克巴，这次远征即使不能让他扬名天下，也意味着他即将获得成功。莫卧儿帝国的军队由两万名精兵强将和精良

---

① 法乌吉达尔（faujdar），军队司令。法乌吉，军队。——译者注

的炮兵队组成,在卡纳尔与敌军相遇。然而,阿卜杜勒·阿希德·汗并不想打仗,而是想要谈判。他说服锡克教徒支付三十万卢比的罚金,并且许诺每年交纳贡品。他还将锡克教徒的军队编入自己的军中,然后率军继续向北挺进,但他在帕提亚拉遭到贾特人首领阿马尔·辛格·帕坦的阻击。随后,双方进行了新的谈判。据说这位背信弃义的克什米尔人主动提出与锡克教徒结盟,以此毁掉米尔扎·纳贾夫·汗,条件是锡克教徒要支持他取代米尔扎·纳贾夫·汗的宰相之职。我们只能猜测,也许是这位贾特人的首领从他的巴特普尔同胞最近的教训中吸取了经验,或是他洞察了阿卜杜勒·阿希德·汗懦弱的性格,总之,最后他想与这个克什米尔人做个了断。无论阿卜杜勒·阿希德·汗的阴谋是什么,他很快失败了。这次谈判期间,锡克教徒的大批援军从拉霍尔赶来,卡纳尔的锡克教徒军队离开了莫卧儿帝国的军队,第二天早晨与援军一起发起了总攻。莫卧儿帝国的军队在一个心猿意马的指挥官和一个毫无经验的王子的指挥下进行抵抗,但显然不堪一击,在炮火的掩护下仓皇撤退。虽然后面有追兵,但他们在逃跑过程中并没有损兵折将。事实上,敌军并没有穷追不舍。有趣的是,在这场与克什米尔人"势均力敌"的游戏中,兰吉特·辛格也是锡克教徒的希尔达尔[①]之一,他后来成为旁遮普七王国中狡猾的埃格伯特,近四十年间,他都是英国人最忠诚的朋友。

  这次灾难性的战争发生在 1778 年到 1779 年的冬季,取得胜利的旁遮普人立即涌入多阿布北部地区,开始洗劫该地区。

---

① 希尔达尔,印度、巴基斯坦、阿富汗等国的显贵、酋长、首领或军官。——译者注

阿马尔·辛格·帕坦

1779年，米尔扎·纳贾夫·汗仍旧在阿格拉惬意地休息，但他很快被一场叛乱惊动，一些拉杰普特反叛者发动了一场短暂而成功的叛乱。这次叛乱被认为是他的竞争对手阿卜杜勒·阿希德·汗挑起的。同时，格兰特·达夫上尉指出，效率低下、不择手段的阴谋家正在与玛多吉·辛迪亚通信，试图与玛多吉·辛迪亚联盟。一旦阿卜杜勒·阿希德·汗获得莫卧儿帝国军队的指挥权，他将率军进攻英国人管辖的省份。格兰特·达夫手里握有玛多吉·辛迪亚的亲笔信，证明他说的消息是正确的。这些信是玛多吉·辛迪亚的孙子交给他的。然而，他并没有说反复无常的沙·阿拉姆二世是否也参与了这个将会毁灭他忠实的仆人和与他长期合作的朋友们的阴谋。

可以肯定的是，玛多吉·辛迪亚那时的观点和目标与他最终接受的具有政治家风度的观点和目的极为不同。事实上，1779年年底，他判断失误，走错了一步棋，与海达尔·阿里和阿卜杜勒·阿希德·汗联盟，目的是将英国人从印度大陆上驱逐出去。但沃伦·黑斯廷斯很快打破了他们的联盟计划，并在很长一段时间内使他们感到毫无希望。他们中的一些人被武力征服，剩下的一些人被安抚。尤其是玛多吉·辛迪亚，他从中得到了一个惨痛的教训，这个教训在他睿智的脑海中留下了深刻的印象。

1780年，阿格拉和瓜廖尔之间有一个国家，如今被称作托尔布尔。地主是个贾特人，他在莫卧儿帝国衰落后期仿照布尔特普尔的苏拉杰·马尔的做法，宣布独立。1771年，当沙·阿拉姆二世重新登上他的祖先的王位时，当时的柴明达尔[①]查特尔·辛格向国库缴税，

---

① 柴明达尔，"土地，土地拥有者"。莫卧儿帝国时期，柴明达尔指地方官员，受委托征收土地税，并能够保留一部分作为自己的薪水。在英国统治时期，柴明达尔指向佃农收取地租并向政府交纳土地税的地主。——原注

第10章 宰相米扎尔·纳贾夫·汗

因此他被授予了马哈拉杰拉纳的贵族头衔,自此,史称"戈赫德的拉纳"。因为他与马拉塔人是世仇,而且人们认为他有权继承当时在玛多吉·辛迪亚手中的瓜廖尔要塞,所以在沃伦·黑斯廷斯看来,他是制造分歧的有力公爵。因此,当地最优秀的官员之一——波帕姆少校被派来协助查特尔·辛格,帮助他建立贾特人和拉杰普特人的军事联盟,用来对抗威胁英国人利益的穆斯林与马拉塔人的联盟。瓜廖尔要塞屹立在两百英尺高的崎岖峭壁上,这里无须多说。然而,作为一个亚洲战争中心与重要军事行动的战略要地,这座要塞被屡次争夺。波帕姆少校暗地里准备了用于攀登的梯子,甚至连他的欧洲官员都对事情的进展与具体计划一无所知。他派出一支行动迅速的印度兵,在二十个欧洲兵的掩护下,来到峭壁脚下的一个地方。这个地方是几个小偷指给他的。1780年8月3日晚上,这队兵马在布鲁斯上尉的率领下,穿上棉布鞋底的鞋,悄无声息地向峭壁靠近。当他们靠近指定地点时,敌人的巡逻队正好经过,因此他们躺下来,等所有的灯光和声音消失。随后,他们将梯子搭在悬崖壁上,其中一个窃贼向导先攀登上去,然后带回守卫已经睡着的消息。卡梅伦中尉率先爬上梯子,其他人轻手轻脚地跟上去。布鲁斯上尉带着二十个印度兵抵达了防御土墙后,与敌人展开混战。混战一直持续到波帕姆少校带着欧洲士兵抵达并攻进了要塞大门。这座坚固的要塞就这样被占领了,英国军队没有损失一兵一卒。随后,要塞被转交给查特尔·辛格,但他并没有占领很长时间,因为玛多吉·辛迪亚重新夺回了要塞。不久,1784年,玛多吉·辛迪亚夺回了戈赫德,这位贾特人的首领的后裔如今还被称作托尔布尔的拉纳。

我们已经看到,沙·阿拉姆二世有一个非常明显的性格特征,他从来不反对自己经常依赖的顾问的固执的建议。可以肯定,他给予了阿卜杜勒·阿希德·汗自己所剩无几的权力和脆弱的意志所能提供的全部支持。

然而，危险离沙·阿拉姆二世越来越近，并且刻不容缓，这种情况不允许他继续消沉下去。当莫卧儿帝国的军队返回德里时，沙·阿拉姆二世看到他的军队显得十分混乱，听到他的军队指挥官闪烁其词的报告与解释时，他才终于看清形势。米尔扎·贾万·巴克特是与这支不幸的远征军一起出征的王子，我们非常了解他的谨慎与忠诚。此外，可以肯定的是，他尽了最大努力让自己的父亲看清楚这次远征的本来面目。如果他坚定的、尽职尽责的劝告不能打动父亲，那么逃亡的村民的哭喊声与被劫掠的城镇上空的滚滚浓烟，一定会使他的劝告更具说服力。

沙·阿拉姆二世从阿格拉紧急召回米尔扎·纳贾夫·汗。出于忠诚，也或许是他的自尊心让他渴望改变自己的处境，米尔扎·纳贾夫·汗爽快地听从了命令。当他即将抵达都城时，米尔扎·贾万·巴克特王子与备感意外的克什米尔人阿卜杜勒·阿希德·汗前去迎接他。米尔扎·纳贾夫·汗对米尔扎·贾万·巴克特王子非常恭敬，却立即逮捕了阿卜杜勒·阿希德·汗，并派人严加看管，将他押送到都城。这位倒台的大臣被关押在自己的府邸。米尔扎·贾万·巴克特到达德里后，立即以莫卧儿帝国财政部的名义将阿卜杜勒·阿希德·汗的财产全部充公（据说数额高达二百万卢比），只留下了几本书和一个药箱。这是米尔扎·贾万·巴克特第二次打败一个卑劣的对手，通过这种恩威并施的做法，他展示了自己的贵族气魄，在他这个位置上的人很少有这种气魄。阿卜杜勒·阿希德·汗，也就是马贾德-乌德-道拉，是一个花花公子，他非常讲究和挑剔，

第10章 宰相米扎尔·纳贾夫·汗

在食品和药品方面充满好奇并喜欢猎奇。据当地人说，他经常吃克什米尔产的大米，并且一尝便知大米是否产自克什米尔。

米尔扎·纳贾夫·汗完全得到了君主的宠信，他立即遵从君主的紧急命令，派遣足够的兵力，在他侄子米尔扎·沙菲的率领下，前去抵御入侵者。入侵者集结队伍，在密鲁特附近对抗君主的军队，这个地点距都城不到四十英里。然而，入侵者毫无杀伤力的攻击根本无法与莫卧儿老兵坚定的决心对抗，更无法与训练有素且勇猛无敌的欧洲军队匹敌。锡克教徒被击败，他们失去了自己的首领，死了五千名兵士。因此，他们立刻逃离了印度。

米尔扎·纳贾夫·汗

在这里，我们回顾米尔扎·纳贾夫·汗的一生。我们一定注意到，他的才能和美德应该在更加广阔的领域表现出来，而不是在这样的背景下展示出来。而且，事实上，无论他生活在哪个时代，哪个国家，都会做出杰出的贡献。这一切都得益于他丰富的经验。这位成功的宰相并没有重复上次的错误——回到阿格拉，另外，阿格拉也不再需要他了。在剩下为数不多的日子里，他继续居住在首都，享受着在帝国行政部门艰苦工作后得到的成果。因为这些成就，他又像以前那样被人尊重。米尔扎·沙菲统领着莫卧儿帝国的军队，哈马丹的穆罕默德·贝格是阿格拉要塞以及阿格拉县的统治者。米尔扎·纳贾夫·汗被任命为阿米尔－乌尔－乌姆拉，即高级军事将领，这个头衔在很长的一段时间内都被称作祖非卡尔－乌德－道拉，即"国之剑"。

我认为没有必要为了叙述苏姆罗奥的死亡而中断对米尔扎·纳贾夫·汗所取得的成就的叙述。按照沃尔特·莱因哈特墓碑上用葡萄牙语写的铭文，他在1778年5月4日死于阿格拉。他似乎缺乏挽回自己声望的能力，他"坚定并且残忍，缺乏对他的雇主的忠诚或奉献精神"，但这是一个自由战士的普遍性格特征。对他的性格特征的描述引自斯金纳上校的回忆录。斯金纳上校在回忆录中还补充道，沃尔特·莱因哈特身上不可能缺乏统率军队应该具有的将帅品质。我们发现已故的斯利曼爵士（他经常与当地人来往，在传统历史研究方面极具权威）的声明，他说沃尔特·莱因哈特经常被捕，受到自己人的威胁和折磨，在处于危险中时，他是否具有这些品格令人怀疑。

沃尔特·莱因哈特的妻子接管了他的军队。这个寡妇掌管了她的丈夫曾经拥有的领地，这片领地依然用于驻扎军队。

第10章 宰相米扎尔·纳贾夫·汗

这个杰出的女人是一个有阿拉伯血统的伊斯兰教徒的女儿（她的母亲是个小妾），居住在科塔纳镇。科塔纳镇位于密鲁特西北方约三十英里处。她出生于1753年，父亲死后，她和母亲沦为她父亲的合法继承人——她同父异母的兄弟虐待的对象，因此她们在1760年迁到德里。关于她成为沃尔特·莱因哈特的妻子的时间并不确定，但可以肯定的是，她与沃尔特·莱因哈特生活了一段时间后，才成为他的妻子。因为沃尔特·莱因哈特还有一位虽然神志不清但还在世的妻子，所以我们甚至可以怀疑他们是否正式举办了婚礼。这件事或许足以让他声名狼藉，也可以阻止这个国家的天主教教士按教堂仪式为他们举办婚礼。

1781年，沃尔特·莱因哈特去世时，他还有一个未成年的儿子，刚受了洗礼，教名阿洛伊修斯。正如前文所述，米尔扎·纳贾夫·汗注意到了沃尔特·莱因哈特的寡妻的能力，认为她适合担任这个职务。最终的结果也充分证明他的决定是正确的。1781年，不知受到了什么影响，沃尔特·莱因哈特的寡妻皈依了基督教，并按照拉丁教会的仪式，接受洗礼，教名乔安娜。据说，那时她的军队包括五个营的印度兵和约三百个欧洲士兵、官员及枪手，并且配备了四十多架大炮和一支莫卧儿骑兵。她成立了一个基督教传教会。这个传教会逐渐发展成修道院，后来又发展成大教堂，最后成为一所大学。至此，大约有一千五百名本土教徒及盎格鲁-印度基督徒居住在萨尔达纳。

1782年4月26日，米尔扎·纳贾夫·汗去世。他在印度居住了约四十二年，所以他至少已有六十岁。他甚至比他的前辈纳吉布·汗更伟大、更优秀。他是阿拉伯先知的后裔，有血统方面的优势。他也是萨法维家族的成员，纳迪尔·沙篡夺了这个家族的波斯王位。

斯科特上尉是一个优秀的学者，并且对印度本土的政治历史了如指掌。作为英国驻印度总督的波斯秘书长，他记录了米尔扎·贾万·巴克特的事迹。他的记录表明，米尔扎·贾万·巴克特令所有人感到满意。如果他可以答应某一个人的请求，他便会答应，而且倘若这个请求令他高兴，他会很爽快地答应。如果他不能同意某一个人的请求，他也总能让这个人相信拒绝对方的请求令他很难过，因为他有不得不拒绝的苦衷。他的不足之处是他似乎很爱钱，并耽于享乐（至少在他生命的最后阶段是这样的）。在后面发生的事件中，我们将会看到他如何将自己的钱财挥霍一空，以及他的家族如何被推翻。在他去世时，他运用自己的能力与美德将他能够统一起来的莫卧儿帝国的所有权力掌握在了手中。他是没有实权的奥德省督的副宰相，也是军队的总司令。他管理直属的民事行政部门，并按照东方惯例，收取阿格拉省和贾特人的领地、西南部的阿尔瓦尔和北部多阿布地区一部分没有作为扎吉尔被割让出去的领地上的剩余税收。但他并未留下子嗣，因此，他的职权以及财产的分割成为贪婪的竞争者的目标。这些贪婪的竞争者最终瓜分了莫卧儿王朝最后统治的零散地区，使它们失去了独立权。接下来发生的事情主要是从一份备忘录中发现的，这份备忘录是1784年由米尔扎·贾万·巴克特王子起草并呈递给勒克瑙的英国总督的。前文已不止一次提到米尔扎·贾万·巴克特王子，沙·阿拉姆二世在1771年回到德里后的前十年，他一直摄政，头衔为贾汉达尔·沙。之前说到阿卜杜勒·阿希德·汗被关押了起来，沙·阿拉姆二世的一个武官侍从接任了他的职位。备忘录中记载了一些关于米尔扎·纳贾夫·汗去世后的事情，内容如下：

沃尔特·莱因哈特的寡妻乔安娜

在米尔扎·纳贾夫·汗去世的那个早晨，我看到陛下的随从正在商议，要派人去死者家中安抚家属，平息骚乱。最后他们打算派我去做这件事。我即刻出发，向这些痛苦伤心的人保证，一定先让死者的朋友为他梳洗、穿戴。喧闹声停止了。做了一些必要的准备后，我护送遗体到达清真寺，举行了伊斯兰教的仪式，并由阿弗拉西阿卜·汗负责将遗体送到下葬的地方。阿弗拉西阿卜·汗是这个逝去的贵族最疼爱的养子，死者的姐姐也把他当作自己的儿子看待。

很快，阿弗拉西阿卜·汗想要继承逝者的职位与财产，贝加姆（逝者的姐姐）也诚恳地乞求陛下能够帮助阿弗拉西阿卜·汗。但这件事使有着长远目光的米尔扎·沙菲感到很不愉快，他现在是君主的顾问。米尔扎·沙菲拥有一支强大的军队和非常充足的军备资源，他也希望能够获得继承权，并且他绝不会同意阿弗拉西阿卜·汗通过这种方式取代自己的位置。因此，后面必然会发生纷争。

沙·阿拉姆二世的观点无疑是正确的。米尔扎·沙菲是与逝者在血缘上最近的亲戚，并且他拥有军队的实际指挥权。因此，他要求继承逝者的职位与财产不但最合法，而且他拥有要求继承的能力。然而，正如我们所见，这位君主从来都不是一个果断的人，多年的软弱无能让他习惯屈从于别人胡搅蛮缠的要求。

米尔扎·贾万·巴克特继续写道：

由于受到女性偏执性格的影响，贝加姆不会收回她的请求。君主虽然并不是很情愿，但最后还是答应了贝加姆的请求。君主授予阿弗拉西阿卜·汗阿米尔－乌尔－奥姆拉的头衔，并任命他为副宰相，君主还命人（即使写信人知道这种做法违背了自己的诺言）写信给米尔扎·莎菲，催促他赶快回到德里。

虽然我们并不清楚"这种做法"究竟是指任命阿弗拉西阿卜·汗，还是指召回米尔扎·莎菲，但括号里的插入语表示米尔扎·贾万·巴克特王子反对这种做法。很明显他反对任命阿弗拉西阿卜·汗为副宰相，因为阿弗拉西阿卜·汗是一个软弱无能的年轻人，不管是身体素质还是心理素质都比较欠缺。与此同时，米尔扎·贾万·巴克特成熟且准确的判断力告诉他，如果为了拖延时间实施这个策略，让竞争对手在宫廷里碰面，并不会得到什么好结果。阿弗拉西阿卜·汗采取的第一个措施是将前宰相，即克什米尔人阿卜杜勒·阿希德·汗从监狱中释放出来。由于他的推荐，这个愚蠢且声名狼藉的叛徒再次得到了君主的宠信。与此同时，米尔扎·沙菲抵达德里，住进了他已故伯父的房子里，他通过承诺将与他伯母最大的女儿结婚来安抚他的伯母。紧接着是一段混乱期，这段时期一直持续到阿弗拉西阿卜·汗辞职才结束。阿弗拉西阿卜·汗辞职后回到了他在阿吉尔的领地，并让阿卜杜勒·阿希德·汗和改变了宗教信仰的拉杰普特人纳贾夫·库里·汗留在宫廷维护他的利益。阿弗拉西阿卜·汗离开后，米尔扎·沙菲很快包围了这些代理人的房子，1782 年 9 月 11 日，他逮捕了阿卜杜勒·阿希德·汗，并于次日将纳贾夫·库里·汗囚禁在他伯母家中，由他亲自看管。对此，米尔扎·贾万·巴克特王子收到了与米尔扎·沙菲谈判的邀请，米尔扎·沙菲终于得到了他为之努力了很久的职务。然而，他的竞争对手阿弗拉西阿卜·汗在宫廷中仍有一些盟友，他们顺利说服保利改变了立场。保利是沃尔特·莱因哈特的妻子的军队中的指挥官。同时他们还说服了拉塔法特·汗支持阿弗拉西阿卜·汗，拉塔法特·汗是奥德省督派来为君主服务的一支军队的指挥官。这些事发生在两位代理人被捕后的几天。紧接着，米尔扎·沙菲军队中的一部分人弃他而去。沙·阿拉姆二世亲自率军来到米尔扎·沙菲的住所，他发现屋里的人已经逃走，于是他像自己的祖先那样，耀武扬威地来到加玛清真寺。米尔扎·沙菲听从了米尔扎·贾万·巴克特王子的建议，逃到了马图拉附近的柯西。君主的军队并没有继续追捕米尔扎·沙菲。米尔扎·沙菲投靠了阿卜杜勒·阿希德·汗，因为阿卜杜勒·阿希德·汗承诺在君主面前为他说情。米尔扎·沙菲还与哈马丹的穆罕默德·贝格成了朋友。前文已经提到穆罕默德·贝格是阿格拉的统治者。

1783 年，莫卧儿统治者愚蠢的行为正在侵蚀与削弱莫卧儿帝国的实力。与此同时，玛多吉·辛迪亚正在不远处窥伺。战争爆发那天，他如同一只翱翔高空的老鹰，静观其变。玛多吉·辛迪亚的地位在《萨尔巴伊条约》签订后得到了很大提升。这个条约可能是沃伦·黑斯廷斯坚决实施的强有力的征服方案的结果，他以迅雷不及掩耳之势拿下瓜廖尔要塞就是一个例子。马德拉斯的库特[①]和斯图亚特[②]及德干的戈达德[③]，一次又一次地攻打这个联盟。最后，

---

① 库特，即陆军中将埃尔·库特爵士（1726—1783），一名英国士兵和政治家，在 1768 年到 1780 年期间在下议院任职，他从在印度为英国军队服役多年出名。——译者注
② 斯图亚特，即詹姆斯·斯图亚特少将（？—1793），一名英国军官，曾在十八世纪的殖民战争中服役。他后来参加了第二次英属迈索尔战争。——译者注
③ 戈达德，即托马斯·温德姆·戈达德将军，在第一次英国－马拉塔战争（1775—1782）中扮演了重要角色。——译者注

第10章 宰相米扎尔·纳贾夫·汗

印度的法国人与英国人终于能够像他们在欧洲一样和平相处了。玛多吉·辛迪亚是最早服从这个条约的人之一。1782年，他答应服从这个著名的条约，英国当局承认他是马拉塔人首领的代表。因为马拉塔人的佩什瓦还未成年，所以纳纳·法纳维斯是名义上的摄政王，他尽管很能干，但仅仅是个微不足道的平民。英国总督对眼前发生的事非常警惕，他预见到马拉塔人介入这件事会带来的危险。直到此时，英国政府才准备着手解决这场致命的危机，很快派了两名官员前往君主的宫廷。刚在印度建厂时，英国向法鲁赫希亚尔王朝派了一个令人印象深刻的代表团。现在，这两名官员是英国派往莫卧儿帝国的第一批大使。

但在两名特使到达之前，出现了一些更复杂的情况。米尔扎·沙菲在穆罕默德·贝格的陪同下回到了德里，他要求君主派他新的竞争对手保利和拉塔法特·汗款待他们。君主同意了他的要求。米尔扎·沙菲的行为大大违背了米尔扎·贾万·巴克特王子的建议。米尔扎·贾万·巴克特王子告诉我们，他建议米尔扎·沙菲应该在这些叛乱分子巩固他们的势力之前立即攻击他们，或者君主应该召见这些叛乱分子，迫使他们阐述自己的意愿。至于被选派的使者，米尔扎·贾万·巴克特王子指出，即使君主做出让步，派遣代表前去款待这些难对付的人，每次也只能派一个人去。他接着说道："然而，由于天意削弱了他们的分辨能力，会谈对于他们来说似乎是最明智的选择。因为两个使者之间相互猜忌，所以他们都不愿只让一个人去见米尔扎·沙菲与穆罕默德·贝格，另一个人留在营地，除非去的那个人可以在没有另一个人在场的情况下单独制定会谈的条件。"通过这件事我们可以窥一斑而知全豹，看到所谓的社会是如何瓦解的。两位使者立即启程，但再也没有回来。正如一个人一边

马德拉斯的库特

纳纳·法纳维斯

猛烈攻打埃斯德赖隆①平原，一边又派遣使者去见犹太首领，问他双方能否和平共处。保利立即被处死了，奥德将军拉塔法特·汗被囚禁，并被挖掉了双眼。随后，米尔扎·沙菲和穆罕默德·贝格开始争论不休。此时，君主也不知如何是好，这件事情暂时由米尔扎·贾万·巴克特王子和阿弗拉西阿卜·汗处理。阿弗拉西阿卜·汗已经返回首都，并与他之前的竞争对手米尔扎·莎菲和解。三位贵族都被授予了荣誉。米尔扎·沙菲当上了宰相，头衔是阿米尔-乌尔-乌姆拉；阿卜杜勒·阿希德·汗官复原职，管理他家乡的税收事宜。接下来我们看看这位王子的叙述。

"这一时期，许多焦虑以及忧郁的情绪侵入陛下——这个世界的庇护者——神圣的头脑中，它们也同样引起了这位忠实的仆人的关注。"莫卧儿宫廷的注意力转向了已经中止多年的与英国人的联盟。1783年7月23日，前往阿格拉的米尔扎·沙菲在返回时被阻挡在皇宫外，可能是因为阿弗拉西阿卜·汗又想当宰相。因此，米尔扎·沙菲再次回到阿格拉，随即表现出一种敌对态度。于是，穆罕默德·贝格被派来与他谈判。这次谈判是在古老的阿格拉要塞的大门前公开进行的，两位贵族骑着大象逐渐靠近，米尔扎·沙菲伸出手向对方问好。与此同时，穆罕默德·贝格立即抓住这个机会，暗中开枪杀死了米尔扎·沙菲。事实上，一些人声称，真正的凶手是坐在象轿后面的一个随从，这个随从可能是穆罕默德·贝格的侄子伊斯梅尔·贝格。

---

① 埃斯德赖隆平原，也称伊茨雷埃勒山谷，位于以色列加利利南部。——译者注

第 10 章 宰相米扎尔·纳贾夫·汗

唆使凶手杀人的阿弗拉西阿卜·汗从中获利,他成功继任了宰相之职。米尔扎·贾万·巴克特王子更加焦虑,他执意要求亲自与英国总督面谈。

同样,英国总督派来的特使也急于让他们的雇主派遣一批军队支援莫卧儿君主。因此,1783 年 11 月,特使在给英国总督的信中写道:"我们如果希望在印度确保自己的安全,或者被看成一个有信仰和荣誉感的民族,那么必须继续援助莫卧儿帝国的君主。"沃伦·黑斯廷斯听取了这些建议,随后发生的事也证明特使的建议是明智的。沃伦·黑斯廷斯希望继续维持君主的威严,因为他预见到这个帝国的分裂将会使印度陷入混乱,或者马拉塔人将会控制印度。如果加尔各答的委员会反对他的建议,他将以自己的方式干涉这件事。然而,后来,虽然沃伦·黑斯廷斯并没有干涉这件事,但成为别人指控他的一个依据。他被指控暗地里为帕特人玛多吉·辛迪亚谋取利益。沃伦·黑斯廷斯希望提高玛多吉·辛迪亚在德里宫廷的影响力的建议被否决后,他希望玛多吉·辛迪亚能够成功,因为他不希望莫卧儿帝国陷入无政府状态。用格兰特·达夫的话说,沃伦·黑斯廷斯希望能"扭转局面,使其往好的方向发展"。这并不违反政治意图的合理性,也不违背英国政府制定《萨尔巴伊条约》的初衷。条约签订后,印度中部平定了下来,卡纳提克没有受到声名狼藉的海达尔·阿里与他的儿子的侵略,得到了保护。海达尔·阿里的儿子提普·萨希卜与父亲同样有名。在此,有一点很重要,当天的《加尔各答公报》几次提到锡克人的进军,以及朝臣们毫无杀伤力的反击。所有这些情况都迫使宫廷立即做出决策。

1781 年 3 月 27 日,英国总督抵达了勒克瑙。随后,米尔扎·贾万·巴克特王子决定逃离皇宫,向英国总督面呈德里的政治情况,以此劝说总督插手这里的事情。米尔扎·贾万·巴克特王子将计划告诉了他的舅舅，他的舅舅从他的领地上派了一支古贾尔军队驻扎在河对岸。一切都安排好后，1781年4月10日晚上8时左右，米尔扎·贾万·巴克特王子放出自己身体抱恙，决不允许任何人打扰的消息后，乔装打扮，偷偷离开自己的房间，跃上屋顶，走过重檐，直抵横穿皇宫花园的一条引水渠。这天夜里，虽然狂风大作，暴雨如注，米尔扎·贾万·巴克特王子还发着烧，但他还是找到了运河入口，并通过运河抵达了萨利姆加尔的防御土墙。从这件事中，我们发现帖木儿家族有一个高贵的品质值得传承下去，因为这种品质充分说明了帖木儿家族的仁慈。在向沃伦·黑斯廷斯讲述这天晚上的冒险行动时，米尔扎·贾万·巴克特王子说道："我想我应该杀了告诉我应该从哪里过河的卫兵，但我的良知不允许我这么做，于是我放了他，我宁愿顺从上天的安排。然而，事实上，我的怀疑是正确的，那人立即去了最近的守卫点，报告了我的行踪。好在我迅速离开了，追兵们没有追上我。"

米尔扎·贾万·巴克特王子抵达了勒克瑙。遇到他的所有人都对他印象深刻，对他的仁慈、聪明才智以及才学赞不绝口。但唯一让米尔扎·贾万·巴克特王子感到欣慰的是，虽然玛多吉·辛迪亚受到了宫廷反对派的压制，但总督和沃伦·黑斯廷斯都建议米尔扎·贾万·巴克特王子向玛多吉·辛迪亚求援。乔纳森·斯科特上尉（他是沃伦·黑斯廷斯的属下），称米尔扎·贾万·巴克特王子每年会从英国政府那里得到四万英镑的津贴[①]。

---

① 乔纳森·斯科特：《菲丽什塔》（Ferishta），第二卷，第242页。——原注

提普·萨希卜

此时，穆罕默德·贝格已经回到他在阿格拉的旧所，并不断给新任宰相阿弗拉西阿卜·汗制造麻烦。然而，阿弗拉西阿卜·汗现在正忙着对付势力强大的帕特人（即玛多吉·辛迪亚）。这位在二十四年前的帕尼帕特大屠杀中九死一生的英勇军人现在完全掌控了局面。事实上，这位马拉塔人酋长的行动变得异常重要，因此，他引起了《加尔各答公报》的关注。1781年4月18日，《加尔各答公报》报道了他的行踪："我们了解到玛多吉·辛迪亚将会去狩猎……我们也了解到他将前往邦德尔坎德。"后来证实，他实际上是朝着阿格拉进发。

玛多吉·辛迪亚派了一名使者前往勒克瑙与英国总督谈判，并亲自前往德里，提出要面见君主。君主正试图将穆罕默德·贝格从阿格拉要塞驱逐出去。

1781年5月10日，《加尔各答公报》报道道："陛下已经写信给英国总督和玛多吉·辛迪亚，告知他们他即将前往阿格拉。"

阿弗拉西阿卜·汗以怨报德，用暴力行为对待他的恩人。虽然他有很多缺点，但因为多年来他与恩人之间关系密切，所以他的恩人还是将他举荐给君主，让他得到了君主的宠信。因此，阿弗拉西阿卜·汗的行为使君主希望与玛多吉·辛迪亚结盟的愿望越来越强烈。财政部长阿卜杜勒·阿希德·汗试图劝阻君主前往阿格拉，但这个傲慢自大的莫卧儿君主派给纳贾夫·库里·汗一支十分强大的军队，包围了阿卜杜勒·阿希德·汗的家，逮捕了他，并没收了他所有的财产，严密监禁他，一直到1788年阿卜杜勒·阿希德·汗去世。

抵达阿格拉后，玛多吉·辛迪亚与阿弗拉西阿卜·汗举行了一次会谈。他们达成共识，准备联手攻打穆罕默德·贝格。三天后，即1784年11月2日，宰相阿弗拉西阿卜·汗遭到暗杀。实施这次暗杀计划的是扎因-乌尔-阿比丁，他是米尔扎·莎菲的弟弟，所以他肯

第 10 章 宰相米扎尔·纳贾夫·汗

定希望有机会去惩罚这个杀死他舅舅的凶手。不用猜测，一定是玛多吉·辛迪亚唆使他干的。依据富兰克林的记载，一个叫赛义德·拉扎·汗的人说，扎因-乌尔-阿比丁在宰相的帐篷里杀死宰相后，立刻逃到玛多吉·辛迪亚那里躲了起来。黑马特·巴哈杜尔王公（印度教托钵僧的领导人）在莫卧儿贵族首领的陪同下，立即前往玛多吉·辛迪亚的帐篷，他们都向玛多吉·辛迪亚表示祝贺，并表示今后愿意为他效力。

1785 年，无论时局如何，玛多吉·辛迪亚还是步了阿弗拉西阿卜·汗的后尘。他将宰相的头衔让给奥德省督，自己手握实权。他恢复了自己作为帝国全权代表的头衔，称普钠的佩什瓦为马拉塔人的首领，并宣称自己是佩什瓦的代表。之前的帝国全权代表是第一个尼扎姆。另外，他还担任军队的指挥官，直接管辖德里和阿格拉，并每月向沙·阿拉姆二世支付六万五千卢比用于君主的个人支出。为了得到这笔钱，也为了满足自己的私欲和赏赐自己的追随者，玛多吉·辛迪亚不得不想方设法，利用所有可以利用的经济资源。此时，沃伦·黑斯廷斯已经离开印度，玛多吉·辛迪亚认为应该抓住这个机会，从占据东部各省的英国人那里索要一些捐赠。因此，我们在 1785 年 3 月 12 日星期四的《加尔各答公报》上发现了以下通知：

> 我们有权告知公众，英国总督于本月 7 日正式收到由沙·阿拉姆二世和马哈·拉贾·玛多吉·辛迪亚签封的一份官方正式文件，该文件拒绝之前英国人在麦克弗森先生[①]就职时提出的从孟加拉收取贡金的要求。

[①] 麦克弗森，即约翰·麦克弗森爵士（1745—1821），在印度的苏格兰行政官，1785 年至 1786 年为孟加拉的代理总督。——译者注

麦克弗森先生

有关贡金方面的要求是由马贾尔·布朗转交的，而且是在他离开沙·阿拉姆二世的宫廷后又立即返回来递交的，他并没有与安德森①先生就此进行任何沟通。

安德森先生接到指示，立即前去告知玛多吉·辛迪亚，他对这种要求的干涉将会被视为对英国人直接的敌意，并

---

① 安德森是当时的一位居民，参与了《萨尔巴伊条约》的签订。该条约是第一次英国-马拉塔战争的结果，确认英国人占有萨尔塞特，英国承认马拉塔联盟领袖玛多吉·辛迪亚为独立的王公。——译者注

违反了我们与马拉塔人的条约。此外，沙·阿拉姆二世也被告知，英国人很尊敬他显赫的家族，既不会允许其他国家干涉，也不采纳其他地区统治者的建议，而且他们可以根据自己的意愿自由行动。

拒绝以不尊重我们的方式提出的不公平要求是我们一贯的作风，我们有权宣布安德森先生得到那份否决书的行为是公开的、明白无误的，我们也非常尊重他。甚至在接到英国政府的命令前，他就采取了与政府命令一致的行动。他抗议的理由是，他收到了一份来自总督的简讯。当布朗上校正要离开时，他在沙·阿拉姆二世的贵族议会上，当着玛多吉·辛迪亚的面提出了抗议。

安德森先生的抗议造成的结果令英国政府十分满意，玛多吉·辛迪亚随后做出解释，称我们必须加强与马拉塔人的联盟，揭露敌人的阴谋，最终确保整个印度的和平与安宁。

玛多吉·辛迪亚发起的改革很快结束。与此同时，扎比塔·汗去世了。穆罕默德·贝格被他的军队抛弃，走投无路，只能乞求马拉塔酋长的怜悯。1785年3月27日，阿格拉要塞的守卫投降，只剩下阿里格尔要塞还掌握在莫卧儿人手里。已故宰相阿弗拉西阿卜·汗的寡妻和弟弟仍然坚守在这里，他们希望能保护阿弗拉西阿卜·汗存储在这里的大量财产。阿里格尔要塞是已故的纳贾夫·库里·汗从贾特人手中夺来的，后来纳贾夫·库里·汗强化了防御工事，并且驻扎了一支强大的守卫军队。尽管如此，阿里格尔要塞的守军只是从6月坚守到11月。阿里格尔要塞妇女们说服统治者，与围攻的军队签订协议，从而避免被杀的噩运。她们投降的结果是，已故宰相阿弗拉西阿卜·汗的长子得到了一个庄园，这个庄园每年的收益达到十五万卢比，但是剩余的价值约一千万卢比的财产落到了玛多吉·辛迪亚手中。一千万卢比相当于一百万英镑，但实际上远远超过现在的一百万英镑。

如今，玛多吉·辛迪亚在印度有着至高无上的地位，分崩离析的莫卧儿帝国的首领们一个个开始承认他的统治。一支马拉塔军队占领了沙·贾汗的红色城堡，致使君主有名无实。然而，后来，沙·阿拉姆二世亲自参加了1785年间的所有行动，直到第二年夏天才回到德里。其间，玛多吉·辛迪亚并没有陪在沙·阿拉姆二世身边，而是回到了自己最喜爱的马拉塔营地。

前文已经提到，印度本土的历史学家很少或根本没有记载关于这个国家或民族的历史。然而，我不愿意只记录战争的日期，或者杰出的人的传记。相反，缺乏关于这个国家状况方面的资料是我感到非常遗憾与失望的原因。最后一章将会提到一些细节。

1783年，当阿弗拉西阿卜·汗利用他的野心分散这个国家的注意力时，雨季并没有像往常一样来临，随之而来的是一场可怕的大饥荒。这场饥荒使整个印度陷入了前所未有的灾难。孟加拉的季风非常规律，定期的季风带来的降雨使土壤湿润。孟加拉人根本不知道什么是饥荒，就像英国人一样。但印度的干旱平原位于世界上最大山系的阳面，在太阳的照射下，有些地方二十五年就沙漠化了。1783年到1784年的饥荒，给人们留下了难以磨灭的印象。这次饥荒被称为查理萨，指的是维克拉姆·阿迪特时代的桑巴特日期——1840年。一位曾经在阿格拉附近为黑马特·巴哈杜尔效力的年老的

第10章 宰相米扎尔·纳贾夫·汗

印度教托钵僧告诉笔者,那年阿格拉附近面粉的售价是 8 赛尔[①]1 卢比。这引发了货币贬值,相当于我们现在的 1 卢比只能买到 3 赛尔面粉,这对英国读者而言是难以置信的。他们可以想象一下,一块面包的四分之一卖四先令,那么按照这个比例换算,屠宰店的肉又会卖多少钱呢?

农业生产劳动力的缺乏加剧了饥荒程度,主要原因是连年战争使壮年男性不得不应征入伍。此外,长期的战争造成的屠杀和掠夺也是造成灾荒的原因之一。然而,从长远来看,人口的流失与征税者的缺席对莫卧儿帝国也有一定的好处。最后一章将会介绍一些有关莫卧儿帝国状况的细节。

注:除了《莫扎法伊尔传》,本章参考的主要权威资料还有富兰克林的《沙·阿拉姆》、沃伦·黑斯廷斯的《沙赫扎达的故事》,以及乔纳森·斯科特上校出版的《菲丽什塔》的续集(这位绅士前文已经提到过),他在波利尔少校的协助下编辑完成了续集,波利尔少校那时在德里。所有的权威资料都是同时期的原创资料,这些资料对事件的记录是一致的。我还参考了伊拉达特·汗的《回忆录》,伊拉达特·汗是那个时期的一名德里贵族。阿里格尔的一名老公使对饥荒的描述也很生动,这段描述节选自1874年6月6日的《德里公报》:"正如许多见证人所说的那样,玛多吉·辛迪亚统治时期到杜·布瓦涅执政之前发生的灾

---

① 赛尔是印度重量单位,1 赛尔约等于 1 公斤。——译者注

难被人们称为查理萨考特，1783年的严重饥荒在很大程度上给整个国家造成了破坏。现在，在饥荒最初爆发的那个地区仍然有许多被毁的高土丘。这个地区的居民要么被饿死，要么逃亡到其他地方。但无论逃到哪里，他们依然要忍饥挨饿，因为饥荒波及整个印度。根据当地人的描述，在发生饥荒的前两年，降雨很少，粮食的产量极低，到了第三年，也就是1783年，人们非常希望这个季节能够风调雨顺。然而，事与愿违，当雨季来临时，他们发现季风并没有带来雨水，骄阳依旧似火。季风'巴多安'登陆后，天上有云却没有下雨。灾难降临，所有的希望因此破灭。粮食的价格十分高昂，而且很难买到，再加上当地政府没有提供任何救济来改善或缓解他们不幸的臣民的痛苦，成千上万的人饿死在家里或大街上。孩子们去野外寻找野生浆果果腹，这种行为使他们很容易成为野兽的猎物。一时间，哀鸿遍野，大量野兽在白天四处觅食，啃噬尸骨。大概在9月中旬，开始下雨了，两年前播撒的种子因为干旱没有发芽，现在在大量雨水的润泽下，种子开始发芽生长，粮食产量大增。于是，10月份和11月份情况开始逐渐好转，据塞昆德拉·拉奥的一名老婆罗门叙述，1810年前的几年里，粮食产量非常高，他在一处很高的地基上建了一座房子。当时，他没有用泥土来垫高地基，而是用了劣质的谷物。那时这种谷物的售价特别低，远远低于泥土的成本。当饥荒来临时，他挖出了这些谷物，发现保存得很好，于是卖掉了这些粮食，为自己重新盖了一座豪华的房子，还赚了很多钱。"

第 **11** 章

玛多吉·辛迪亚

精彩看点

格拉姆·卡迪尔·汗——国之栋梁——围攻拉戈加尔赫——英国的政策——玛多吉·辛迪亚的措施——拉杰普特人联盟——拉尔索特战役——穆罕默德·贝格之死——伊斯梅尔·贝格变节——玛多吉·辛迪亚的伟大——格拉姆·卡迪尔·汗进入德里——受到沃尔特·莱因哈特的寡妻和纳贾夫·库里·汗的阻击——格拉姆·卡迪尔·汗得到宽恕——格拉姆·卡迪尔·汗加入伊斯梅尔·贝格的阵营——拉杰普特人的使者——君主亲征——修书给乔治三世——纳贾夫·库里·汗反叛——王子之死——围攻高卡尔加尔——君主返回德里——费罗扎巴德战役——盟军在德里——遇到的困难——玛多吉·辛迪亚的怠惰——贝努瓦·德·布瓦涅

1786年，已故的扎比塔·汗的长子格拉姆·卡迪尔·汗，前文已经提到他是一个俘虏、一名侍从。虽然没有相关记载描述他获得自由的过程，但扎比塔·汗一死，他马上以纳吉布－乌德－道拉·霍希亚尔·扬的名号继承了他父亲的遗产。当时的情况与晚期的拜占庭帝国相似，越是在国家分崩离析之际，无能的贵族的头衔越是响亮，最后，甚至没有一根柱子能够支撑破败的莫卧儿帝国大厦。虽然与莫卧儿帝国大厦的剩余部分分离的柱子非常脆弱，但刻在上面的名字仍然很有气势。"道拉"或"道拉特"的意思是"国家"。穆斯林贵族通常被称作阿尔坎－伊－道拉特，意思是"英联邦的柱子"。"柱子"的含义有四层：其一指剑，其二指阿萨夫（即大卫和所罗门的记录员），其三指英雄，其四指盾。现在，年轻的格拉姆·卡迪尔·汗是印度的阿富汗人最杰出的代表。莫卧儿人的领袖是哈马丹的穆罕默德·贝格，玛多吉·辛迪亚为他提供了一支军队，并派遣他率领这支军队进入马尔瓦，围攻拉戈加尔赫要塞。拉戈加尔赫要塞非常坚固，自纳贾夫·库里·汗时代以来，这个要塞一直被一伙卡克瓦哈的拉杰普特人占领，他们还控制了印度和马拉塔人的领地之间的一条主要道路。当马拉塔人第一次入侵马尔瓦时，该要塞的守军击退了他们。然而，拉戈加尔赫要塞注定要继续抵抗玛多吉·辛迪亚的继任者，直到我们这个时代。现在，这个要塞只是一个平静的集市，不过从军事角度依然能看到它昔日固若金汤的特征。

玛多吉·辛迪亚在多阿布地区发展迅猛。不久，穆斯林开始嫉妒他。玛多吉·辛迪亚试图与米尔扎·贾万·巴克特王子谈判，目的是劝说米尔扎·贾万·巴克特王子回到首都。然而，英国驻勒克瑙的帕尔默少校让勒克瑙的总督极力劝阻王子回到首都，因为帕尔默少校认为英国公司和总督的利益已经与这位王子的命运紧紧联系在一起。只要米尔扎·贾万·巴克特王子一直由他们保护，马拉塔人就无法篡位；如果米尔扎·贾万·巴克特王子落入玛多吉·辛迪亚手中，马拉塔人可能会永远占领印度，这的确会给他们造成巨大的威胁。

1787年，在这种情况下，执行总督麦克弗森决定在多阿布地区驻扎一支英国军队。前文已经提到，沃伦·黑斯廷斯先生离开印度后，麦克弗森继任了总督之职。麦克弗森采取的措施得到了第二年即将上任的康华里勋爵的支持。众所周知，此时英国开始改变对印政策，但他们做得非常隐秘，不想让别人知道，甚至不想让自己人知道。下面这段文字来自1787年3月8日的《加尔各答公报》：

> 虽然伊斯兰教徒少到微不足道，但我们并不担心印度教徒。许多人认为有必要提高莫卧儿帝国的影响力，以此抗衡印度教徒的势力，但这种策略很失败，因为我们会被无缘无故地讨厌，使我们自己卷入一个衰落的国家的利益争斗中，而这个国家既是我们隐秘的敌人，也是我们的竞争对手。

第 11 章 玛多吉·辛迪亚

同样,麦克弗森派一位部长长驻在浦纳的佩什瓦宫廷,这一做法进一步提高了玛多吉·辛迪亚的警惕性。因此,玛多吉·辛迪亚立即开始巩固自己在印度的势力,以便为将来的变故做好应对措施(无论变故发生在哪里)。他对自己的前任米尔扎·纳贾夫·汗的成功印象深刻,于是,他首先组织了一支正规部队。这一措施引起了马拉塔人的反对,没有人赞成玛多吉·辛迪亚的做法,他们已经习惯过去的政治策略。

沃伦·黑斯廷斯

1785 年，贝努瓦·德·布瓦涅①招募并组织了这支军队的核心力量。因为贝努瓦·德·布瓦涅的经历清楚地展现了印度十八世纪后期的状况，所以本章将在最后对他进行简要介绍。玛多吉·辛迪亚的军队的总指挥是一个马拉塔人，叫阿帕·坎蒂·拉奥，我们会在后面对他做进一步的介绍。

贝努瓦·德·布瓦涅

---

① 贝努瓦·德·布瓦涅（1751—1830），通常称为布瓦涅将军或布瓦涅伯爵，一名来自萨瓦公国的军事冒险家，在印度与马拉塔人的战争中获得了声誉和财富。——译者注

第 11 章 玛多吉·辛迪亚

国内政务方面,玛多吉·辛迪亚采取的第一个措施是扣押一批穆斯林贵族的扎伊吉尔。这个措施不仅引起了这些贵族的不满,还警醒了其他贵族。这种做法带有军事性质,因为扎伊吉尔是依据某一个人的军功赠予他的封地,减少封地是玛多吉·辛迪亚努力组织常备军体系的一个构成部分。他同时召回了围攻拉戈加尔赫要塞的穆罕默德·贝格,试图说服这位首领解散他的军队,但最后失败了。

罢免纳拉扬·达斯王公也是玛多吉·辛迪亚采取的不受欢迎的措施之一。纳拉扬·达斯王公曾负责财政收入,后来被玛多吉·辛迪亚的亲信沙·尼扎姆-乌德-丁代替。此时,印度教托钵僧的领袖——黑马特·巴哈杜尔在邦德尔坎德公开叛乱,因为玛多吉·辛迪亚要求他汇报所管理的扎伊吉尔的情况,他将这一举动理解为玛多吉·辛迪亚要收回他的扎伊吉尔的先兆。

在这个特殊时刻,进行军事改革不是一件容易的事。或许是因为拉杰普特人在拉戈加尔赫要塞的抵抗卓有成效,他们变得越发大胆,开始组成一支联军。对玛多吉·辛迪亚而言,这不仅意味着他失去了相当大的一部分权力和收入,还极有可能切断他与浦纳的联系。帕塔·辛格王公(卡克瓦哈的首领、斋浦尔的齐拉贾)向拉索家族的首领——焦特布尔的马哈拉贾·比扎伊·辛格求援,因为马哈拉贾·比扎伊·辛格是他的女婿,并且马哈拉贾·比扎伊·辛格也欣然答应了。由于乌代布尔[①]的拉纳和其他小酋长的加入,拉杰普特人的首领发现,他们已经有十万骑兵和步兵以及四百门大炮。拉杰普特人的军队驻扎在斋浦尔以东四十三英里的拉尔索特小镇上,

---

[①] 乌代布尔是今印度拉贾斯坦邦乌达布尔地区的主要城市和行政总部,也被称为"湖泊之城"或"拉贾斯坦邦的喀什米尔"。——译者注

静待莫卧儿帝国军队的攻击。意识到莫卧儿贵族日益增长的不满情绪，拉杰普特人信心倍增。

1787年5月月底，拉杰普特人终于等到了玛多吉·辛迪亚亲率的大军，同行的还有阿姆巴吉·英格利亚、阿帕·坎蒂·拉奥、贝努瓦·德·布瓦涅以及其他可靠的中尉。莫卧儿人的骑兵和正规部队由穆罕默德·贝格和他的侄子率领。穆罕默德·贝格的侄子叫伊斯梅尔·贝格，这个年轻人将在后面叙述的事件中发挥重大作用。伊斯梅尔·贝格是纳西姆·贝格的儿子，纳西姆·贝格曾离开哈马丹前去陪伴他的弟弟穆罕默德·汗，两兄弟在米尔扎·纳贾夫·汗出任宰相的辉煌时期投靠了这位波斯同胞。伊斯梅尔·贝格娶了他叔叔的女儿。他虽然看上去缺乏判断力和原则，但其实胸怀大志。

据当地历史记载，伊斯梅尔·贝格与三百名莫卧儿骑兵的一次侦察活动引发了一场战争。拉杰普特的一支骑兵在他们前面行进，但这个马拉塔人并没有追上去，他的近一半骑兵被杀，因此，他不得不撤退到他叔叔的军队驻扎的营地。那天的战斗就这样结束了。第二天早上，伊斯梅尔·贝格重新开始战斗，他率领一支炮兵前进，他的叔叔在后面坐在大象上指挥着其余的部队。他们一整天都在和拉杰普特军队的主力纠缠。夜色降临时，西面下起了一场猛烈的暴雨。与此同时，马拉塔人遭到一伙因吸食鸦片而发狂的拉杰普特剑士的重创，战斗变成断断续续的长距离炮击。突然，一颗炮弹落在莫卧儿军队的阵营，炸翻了两个骑兵后弹起来击中了穆罕默德·贝格的右臂，他从大象上摔了下来，掉在堆在旁边用作大象饲料的一小摞树枝上，一根树枝扎入他的太阳穴，当场死亡。伊斯梅尔·贝格听到这个消息后喊道："我现在是领袖！"并立即对军队讲话。一颗呼啸而来的炮弹结束了那天的战斗。次日（1787年6月1日，

莫卧儿骑兵

沙·阿拉姆二世时期的莫卧儿正规部队

拉杰普特人的队伍

双方交战的第三天），双方继续战斗到傍晚。一支一万四千人的步兵包围了玛多吉·辛迪亚的帐篷，叫嚷着要求他支付拖欠的薪酬。同时，他们派人给斋浦尔的王公送信，提出如果他能支付二十万卢比，这伙人就会加入他的阵营。这位王公欣然接受了这些条件，于是这支步兵营加入他的阵营后立即得到了二十万卢比。

与此同时，莫卧儿的马拉塔军队陷入了危难，他们不仅被孤立，还置身敌人的领地。这里的小麦价格昂贵，四赛尔一卢比，而且他们很可能很快就买不到粮食了。因此，无数拉杰普特的追随者开始在夜间进行掠夺，他们趁放哨站岗时偷盗大象和马匹。面对这种情况，次日傍晚，玛多吉·辛迪亚迁营拔寨，撤回马尔瓦。在马尔瓦，伊斯梅尔·贝格率领一千骑兵、四个营的步兵以及六门大炮，不辞而别，向阿格拉进发。玛多吉·辛迪亚认为这是一种公开的叛逃行为，立即与贾特人的领袖兰吉特·辛格商议并达成共识，率领全军追击伊斯梅尔·贝格。同时，他派一支兵力很强的军队进入阿格拉要塞，这支军队由他最得力的军官之一——拉科瓦·达达指挥。

下面是《加尔各答公报》对此事的报道：

> 关于约纳古尔和杰普尔的王公与玛多吉·辛迪亚交战的细节，大家众说纷纭。可以肯定的是，上个月底，在约纳古尔附近发生的一场非常血腥的战争中，虽然玛多吉·辛迪亚的部队非常勇敢地击退了敌人的进攻，但对方最后还是大获全胜。玛多吉·辛迪亚在漫长而胶着的战斗中失去了一部分炮兵，双方都有两千多人战死。然而，双方仍然坚持战斗。在著名的拉杰普特首领中，袭击玛多吉·辛迪亚的是阿吉特·罗伊。攻击约纳古尔的王公的是

第 11 章 玛多吉·辛迪亚

哈马丹的穆罕默德·贝格。穆罕默德·贝格是一个非常有名的指挥官，他对玛多吉·辛迪亚非常不满，据说如果没有他，马拉塔人会被完全打败。玛多吉·辛迪亚军队中的几个指挥官带着一定数量的炮兵，第一时间冲向了敌人，但鉴于目前得到的情报有限，我们还不能描述这次叛乱的详细过程。

根据富兰克林的说法，战斗一打响，穆罕默德·贝格就死了，帕塔·辛格将莫卧儿军队的指挥权交给伊斯梅尔·贝格。但帕塔·辛格在这种情况下根本没有发言权，富兰克林的补充也有出入。他补充说，那天晚些时候，已故的阿弗拉西阿卜·汗的训练有素的军队几乎全军覆没。但并没有权威资料记载这一点，我们必须自己做出判断，毕竟，这一点并不重要。但很明显，莫卧儿贵族对玛多吉·辛迪亚严重不满，他们在挑起冲突前，拉杰普特人已经很清楚这一点。只要玛多吉·辛迪亚被打败，莫卧儿贵族就会加入拉杰普特阵营。

贝努瓦·德·布瓦涅将军常常提到这次战役，并认为这次战役展现了玛多吉·辛迪亚优秀的道德品质。玛多吉·辛迪亚对安抚贾特人做出了巨大努力，他用价值不菲的礼物满足了塔库尔的贪婪。同时，他安抚了巴特普尔军队的不满并激发了人们的爱国主义精神，还让贾特人重新占领了迪格要塞。自从纳贾夫·库里·汗征服迪格要塞后，该要塞归君主所有。同样，玛多吉·辛迪亚将他的攻城车交给新盟友负责，他们将工程车藏在他们的要塞——巴特普尔要塞。同时，他还写信给浦纳，恳切地请求浦纳的佩什瓦为了宏图大业促成双方的大联盟。

伊斯梅尔·贝格也没有闲着，他首先想要与拉杰普特人合作。如果不是因为拉杰普特人过于自负和懒散，没有积极与他联合，马拉塔人的势力可能会再次受到重创，印度也会重现米尔扎·纳贾夫·汗时期的辉煌。此时，在这个短暂而混乱的历史时期，一个新人很快登上了历史舞台，他就是格拉姆·卡迪尔·汗。他急忙从格豪斯加尔赶来，加入了复兴伊斯兰教的行动，希望能分一杯羹。此外，据说君主私下在与拉杰普特人的首领联系。在这之后不久，拉杰普特人再次击败了阿姆巴吉·英格利亚率领的马拉塔人。

由于玛多吉·辛迪亚无法抵抗这支联军，只好撤回瓜廖尔。伊斯梅尔·贝格此时正在加紧围攻阿格拉。

1787年的雨季即将结束。格拉姆·卡迪尔·汗来到德里附近，驻扎在沙赫德拉的一条河边。此时，他的目标很可能是重新提出他父亲之前的要求，获得阿米尔－乌尔－乌姆拉头衔或者高级军事将领的职位。人们都认为格拉姆·卡迪尔·汗受命于皇室财务大臣曼祖尔·阿里·汗。曼祖尔·阿里·汗希望能有一个可靠的支持者帮助他复兴伊斯兰教的事业，因此，他向宫廷推荐了年轻的帕坦首领格拉姆·卡迪尔·汗。马拉塔人的军队由玛多吉·辛迪亚的女婿统率，这个年轻人在穆斯林历史上被称作德斯姆克，也就是土地收税官。不知什么原因，一个皇室成员授予他奥里亚·圣·沙·尼扎姆－乌德－丁的伟大头衔，如前文所说，最近他才开始负责财政税收。马拉塔人立即从河边的要塞开炮，年轻的罗希拉人格拉姆·卡迪尔·汗从对岸还击。与此同时，格拉姆·卡迪尔·汗运用东方人常用的战略战术，打败了一小部分莫卧儿士兵，马拉塔人坚持抵抗但效果甚微。因此，格拉姆·卡迪尔·汗过了河，莫卧儿帝国的军官逃进贾特人的巴拉姆伽合要塞，将营地和私人财物留给了胜利者。

第11章 玛多吉·辛迪亚

不难看出，对皇宫开火是一种影响恶劣的不敬行为，除非有理由这么做，否则就是叛乱。年轻的首领很清楚，以正规军的出现作为他此次行动的理由非常重要。因此，他开始与曼祖尔·阿里·汗（应该记住，他是已故的米尔扎·纳贾夫·汗推荐的人）通信。曼祖尔·阿里·汗将格拉姆·卡迪尔·汗推荐给君主，格拉姆·卡迪尔·汗被召进私人大厅。格拉姆·卡迪尔·汗献上五个金摩胡尔①作为礼物，君主欣然接受。格拉姆·卡迪尔·汗将自己的粗暴行为归因于他想为君主服务的热忱，正式请求君主赐予他阿米尔－乌尔－乌姆拉头衔。为了给朝臣们留下他服从命令的好印象，晚上他便回到了自己的营地。这种情况持续了两三天，格拉姆·卡迪尔·汗没有等到任何消息，他显得很不耐烦，于是带了七八十名士兵再次进宫，住进了以前阿米尔－乌尔－乌姆拉住的地方。

其间，沃尔特·莱因哈特的寡妻带着她的部队在萨特累季河边镇压了再次造反的锡克人。随后，她立即从帕尼帕特赶到德里宫廷。罗希拉人格拉姆·卡迪尔·汗非常敬畏这位忠诚的女士和她的欧洲

金摩胡尔

---

① 摩胡尔（mohur）是印度旧金币名（值十五卢比）。——译者注

军官，同时他发现莫卧儿大臣不愿意与其他人联合起来与他们作对，因此，这位受挫的罗希拉人撤回河对岸，在自己的营地安静地待了一段时间。富兰克林说格拉姆·卡迪尔·汗回到他的营地后会立即开始炮击皇宫，但正如上文所说，他等到纳贾夫·库里·汗到来后才开始开炮的可能性更大。这一次，君主拿出他遭遇不幸和堕落前的勇气，派莫卧儿军队的首领去监视帕坦人，并募集了六千名骑兵壮大自己的军队，费用由他本人承担。同时，他还派遣使者去催促改变了宗教信仰的拉杰普特人纳贾夫·库里·汗赶紧回到德里。纳贾夫·库里·汗当时在他的雷瓦利庄园里。

雷瓦利在现在的古尔冈县，距德里西南大约50英里。那里有纵横的高山和峡谷。高山表面是原始岩石，峡谷中是朱木拿河右岸的多沙草地。这个地区是他以前的庇护人从贾特人手里抢过来的，纳贾夫·库里·汗一直在努力征服当地莫瓦提斯的居民。这个民族和他一样信仰伊斯兰教，但他们的信仰中掺杂了许多迷信因素，像他们的邻居拉杰普塔纳的米纳斯人和哈里亚纳邦的巴提斯人一样，习惯居无定所，不受法律约束。虽然英国政府花了半个多世纪来改变他们的生活习惯，但至今没有根除。

1787年11月17日，纳贾夫·库里·汗服从君主的命令来到德里，驻扎在离沃尔特·莱因哈特的寡妻的军队很近的宫殿的正门前。君主任命自己的次子米尔扎·阿克巴为帝国军队总司令。自从他大哥逃走后，米尔扎·阿克巴显然被视为莫卧儿帝国的继承人，他现在已经收到象征荣誉的长袍。一个印度官员的儿子——拉姆·拉坦被任命为王子的副官（尽管他的祖先只是个杂货店店主）。一颗炮弹落在格拉姆·卡迪尔·汗的营地上，他立即下令朝着皇宫开炮，几颗实心弹落入了私人大厅。

沙·阿拉姆二世任命自己的次子米尔扎·阿克巴为帝国军队总司令

玛多吉·辛迪亚从未对他此时的行为做出解释。他当时在瓜廖尔，他的军队在拉科瓦·达达的指挥下守卫着阿格拉要塞，保护自己的同时与伊斯梅尔·贝格的军队对抗。同时，《莫扎法伊尔传》的作者告诉我们，玛多吉·辛迪亚最信任的一个副官阿姆巴吉·英格利亚率领一小队人马抵达德里。他的到来意味着君主的主要追随者已经和格拉姆·卡迪尔·汗和解。随后，格拉姆·卡迪尔·汗被召进宫，授予了高级指挥官的职位，这也许是一种妥协。格拉姆·卡迪尔·汗从马拉塔人的宰相手里得到了他想要的职位，因此，他必须承认宰相至高无上的权威。整个事件的经过令人困惑。开炮时，这位帕坦族的首领突然出现在皇宫，当玛多吉·辛迪亚的军队到达时，他接受了自己一直想要得到的职位，这有悖于玛多吉·辛迪亚的意愿。取得成功后，格拉姆·卡迪尔·汗率兵前往阿里格尔要塞。富兰克林解释了他的这一行为的动机：格拉姆·卡迪尔·汗当时得到了米尔扎·贾万·巴克特王子在黑马特·巴哈杜尔军队里的消息，而黑马特·巴哈杜尔早已加入伊斯梅尔·贝格的阵营。无论如何，格拉姆·卡迪尔·汗的成功应该归功于一个人，但他最近刚刚将这个人的军队从德里赶走，他没有以这个人期待的方式来表达感激之情，因为他事后立即前去攻打玛多吉·辛迪亚刚刚占领的阿里格尔要塞了。这个要塞很快被他攻下，然后，他率部加入了驻扎在阿格拉要塞前的伊斯梅尔·贝格的阵营，并且在那里待了几个月，帮助伊斯梅尔·贝格围攻阿格拉要塞。这些军事行动都是因为贾特人与玛多吉·辛迪亚的军队之间的频繁摩擦引发的。1787年冬季结束时，玛多吉·辛迪亚的军队渡过昌巴尔河，在德干地区补充了大量兵力。伊斯梅尔·贝格和格拉姆·卡迪尔·汗加紧对阿格拉的围攻，然后调转枪头准备迎战玛多吉·辛迪亚的军队。1787年4月24日，双

第11章 玛多吉·辛迪亚

方在距巴特普尔十一英里处的查克萨纳展开了一场持久战。虽然本土的历史学家并没有提供对这次战役的详细记载，但格兰特·达夫对此进行了详细描述，他的资料可能来自贝努瓦·德·布瓦涅将军。贝努瓦·德·布瓦涅将军当时在战争现场，退役后回到了自己的祖国，格兰特·达夫常与他在昌伯利①进行交谈。马拉塔人的军队由拉纳·汗指挥，他曾在1761年的帕尼帕特大屠杀中帮助玛多吉·辛迪亚逃跑，因此，玛多吉·辛迪亚经常保护他。他本人也非常优秀，现在，他是这支军队的一名主要军官。除了贝努瓦·德·布瓦涅之外，当时还有一个法国军官在场，格兰特·达夫称他利森诺，可能是莱斯顿瑙这个名字的误拼。约翰·赫辛也参加了这场战役，这一点可以从他墓碑上的碑文看出，他的墓地在阿格拉的沃尔特·莱因哈特的墓地附近。伊斯兰教徒的将领指挥出色，格拉姆·卡迪尔·汗猛攻敌人的右翼步兵并打败了他们。虽然伊斯梅尔·贝格性格急躁，但他同时猛烈攻击了贝努瓦·德·布瓦涅的军队，不过遭到了对方冷静而坚定的反击。马拉塔人的骑兵给予了步兵一定的帮助，但由于莫卧儿骑兵严格的军纪给他们造成了很大压力，他们无法承担如此沉重的责任，因此被打败了。然而，如果三个营的兵力没有反叛投敌，欧洲人率领的步兵也许有能力轻松应战。贾特人的骑兵也未能抵挡住剩余的印度兵。在这种情况下，拉纳·汗的军队趁着夜色的掩护撤退到巴特普尔。伊斯梅尔·贝格继续围攻阿格拉要塞。格拉姆·卡迪尔·汗为了保护自己的财产免受锡克人的掠夺，率兵向北行进。

---

① 昌伯利（Chamberi）是西班牙马德里的一个地区。——译者注

这次战役发生在首都南部和东南部地区，其间，沙·阿拉姆二世亲自率军在西部作战。如果这次战役由一个更有才能的领导者指挥，玛多吉·辛迪亚可能会更加焦虑。随着事态的发展，这次远征变得意义非凡，因为这是莫卧儿帝国曾经伟大的统治者阿克巴和奥朗则布辉煌战绩的最后一抹暗淡光辉。

1787年年底，可能是因为伊斯梅尔·贝格努力争取与拉杰普特人联盟，焦特布尔的大使来到沙·阿拉姆二世的宫廷，献上了一大批贡品和一把金钥匙。这位特使称自己奉他的主人——拉索人的领袖比扎伊·辛格之命，将阿杰梅尔堡垒的钥匙献给君主，希望君主亲自率领帝国军队占领阿杰梅尔。大使还补充道，斋浦尔的齐拉贾——帕塔·辛格也赞同这种做法。

显然，如果君主坚持自己的原则，并足够谨慎，他不会接受这个邀请，因为假如他这样做了，就表明他对宰相玛多吉·辛迪亚怀有敌意。此时，玛多吉·辛迪亚也许是他最强大、最忠实的支持者。然而，在印度教徒的唆使下，复辟伊斯兰王朝的梦想，总是令伊斯兰教的子孙着迷。意志脆弱的沙·阿拉姆二世欣然接受了这个提议。1788年1月5日，在几个莫卧儿王子和公主的陪同下，沙·阿拉姆二世从德里出发。米尔扎·阿克巴仍被视为王位继承人，加上其他一些因素，表明米尔扎·贾万·巴克特想通过最后一次尝试得到君主的支持，但他最终失败了。因为我参考的权威资料中对这些事件的叙述非常模棱两可，有人遗漏了一部分内容，有人漏掉了另一部分内容。另外，对这些事件的日期的记录也非常模糊，有时候事件发生的地点及事件与事件之间的关系完全需要读者自己猜测。但可以肯定的是，我们之前不止一次提到这位优秀的王子，此时他突然出现在首都，率领着奥德省督提供的一个小分队和他自己在沿途招

第11章 玛多吉·辛迪亚

乔治三世

募的非正规部队。也是在这时,他写了一封感人肺腑且富有男子气概的信给英国的乔治三世。我从中摘录了一部分,内容如下:

> 为了安抚这位显赫的贵族,也为了保护那些可怜的农民,君主给予了玛多吉·辛迪亚忠告。但那个忘恩负义的酋长不顾君主的意愿,坚定地走到了莫卧儿帝国的对立面,

18世纪末的德里皇宫

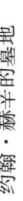

约翰·赫辛的墓地

直到他的压迫激怒了帝国的王公和王子，特别是杰伊纳格尔最杰出的王公——帕塔·辛格，他同时也激怒了焦特布尔的统治者，他们两个和我们的家族都有血缘关系。于是，这些首长联合起来准备惩罚压迫者，与他开战，并打败他。但反叛者的阴谋升级了。一方面，格拉姆·卡迪尔·汗（可恶的阿富汗人扎比塔·汗的儿子）的叛乱范围不断扩大。他的行为鼓舞了其他人，骚乱变得越来越无法控制，造反者甚至来到了皇宫大门口。因此我们威严的父亲迫不得已，采取了这一危险的方法。

这封信对莫卧儿帝国状况的描述非常有趣，就像是一个当代作家写给一位各方面都非常出色的人，希望他对此事做出评判。米尔扎·贾万·巴克特最后请求英国国王帮助他们"恢复王室权力，惩罚反叛者并重新确立帖木儿家族的地位，英国的干预可以使上帝的子民得到安宁，普天下的王子也会传颂上帝的美名"。

众多骚乱中，米尔扎·贾万·巴克特王子首先注意到的是纳贾夫·库里·汗的叛逃。我们也看到，纳贾夫·库里·汗与沃尔特·莱因哈特的寡妻联合起来保护君主，使他免受格拉姆·卡迪尔·汗的侮辱，但从那以后他开始公开叛乱。在他的临时政府中，有一个小集团想让一位叫穆拉德·贝格的人取代他。这位莫卧儿官员是来处理皈依者的部分领土持有问题的。纳贾夫·库里·汗认为这种行为威胁到了他的地位，于是在这位官员的上任途中伏击了他，并将他监禁在雷瓦利。

但提出这个愚昧建议的人并没有就此罢休，他们开始攻击米尔扎·贾万·巴克特王子，在君主面前指责米尔扎·贾万·巴克特王

第 11 章 玛多吉·辛迪亚

子意图篡位。然而，米尔扎·贾万·巴克特王子得到了名义上的阿格拉总督之职，并在伊斯梅尔·贝格的帮助下，试图占领阿拉格要塞和阿拉格省。他的努力遭到挫败后，格拉姆·卡迪尔·汗开始攻击他。他侥幸逃脱，最终回到贝拿勒斯，得到了英国人的保护。1788年注定是个多事之秋。1788年5月31日，米尔扎·贾万·巴克特王子在贝拿勒斯含恨而终。从这些事件的相关记载中可以看出，经验丰富的政治家米尔扎·贾万·巴克特王子最后选择与穆斯林的反抗者联盟，而不是与马拉塔人联盟，至于他是否了解马拉塔首领的能力与资源，还不是十分清楚。然而，必须承认，玛多吉·辛迪亚当时表现出一种不作为的状态，引起了米尔扎·贾万·巴克特王子的怀疑。我们可以从前面引述的那封信中发现他敌视这位老谋深算的政治家的蛛丝马迹。现在思考这个问题也许毫无意义，但我们不禁想到，他最后选择的盟友不仅影响了他父亲——沙·阿拉姆二世的命运，还影响了印度的命运以及英国在印度的势力。如果与玛多吉·辛迪亚结盟，他也许会击退格拉姆·卡迪尔·汗并改变整个莫卧儿帝国的命运，然而天不遂人愿。

英国人称米尔扎·贾万·巴克特王子为贾汉达尔·沙，认为他是"一位成功的绅士。他的个人品格无可挑剔，沉稳，善良，仁慈"[①]。约四十岁时，他因为痉挛去世。《加尔各答公报》节选的第256页内容详细描述了这件事，比富兰克林的描述更详细。富兰克林的描述（据拉扎·汗的观点）既不准确也不完整。

因此，可怜的老君主孤身一人，准备向西进军，他最要好、最亲近的朋友都离他而去。在路上，他抓住时机削弱了纳贾夫·库里·汗

[①] 富兰克林，《沙·阿拉姆》，第162页，1784年。——原注

的势力。纳贾夫·库里·汗对他的高卡尔加尔要塞很有信心，他想除非被任命为宰相，否则自己不会屈服。我们知道财政大臣曼祖尔·阿里·汗是当时势力最强大的人，他赞同格拉姆·卡迪尔·汗提出的要求。如果君主轻蔑地拒绝了这些要求，势必会引发战争。根据富兰克林的描述，君主这次的军队包括几个营的步兵（被叫作纳吉布）、称作"红色营"的护卫队、大量莫卧儿骑兵、已故沃尔特·莱因哈特招募并训练的三个团，以及一个炮兵营和约两百个由著名的沃尔特·莱因哈特的寡妻率领的欧洲炮手。这些步兵都不是专业的军人，他们还没有完成军事训练。沙·阿拉姆二世率领这支军队驻扎在高卡尔加尔要塞前。1788年4月5日，要塞里被围困的人开始猛烈突围，并向君主的帐篷逼近。对此，莫卧儿帝国的军队毫无防备，整个帖木儿家族处于即将被杀或者被捕的危险中。帝国军队开始骚动，在这紧要关头，托马斯先生率领沃尔特·莱因哈特的寡妻的三个营的印度兵，带着一门野战炮冲上前。步兵将大炮对准敌军的中心位置，随着响亮的炮声，紫色的烟雾升腾起来，阻止了敌人的突围，为帝国军队争取了排列成进攻队形的时间。莫卧儿骑兵的领袖战死了，敌方酋长的养子也中弹身亡。黑马特·巴哈杜尔率领印度教托钵僧[①]。疯狂冲锋，约两百人在冲锋中死去。最后，纳贾夫·库里·汗丢下野战炮，仓皇躲进了要塞。不久，他试图通过曼祖尔·阿里·汗进行谈判。因为沃尔特·莱因哈特的寡妻赞同谈判，所以君主同意召见他，并赦免了他。在一次莫卧儿贵族议会上，君主当众称赞了沃尔特·莱因哈特寡妻的表现，并正式宣布收她为女，头衔为泽布-安-尼萨，意为"巾帼英雄"。

---

① 一种战斗的修道士，当时被当作雇佣兵。

第11章 玛多吉·辛迪亚

然而，这次远征还是取得了一次小胜。不知是因为对拉杰普特人的不信任，还是对当时在巴特普尔徘徊的玛多吉·辛迪亚的恐惧，1788年4月15日，君主班师回朝。在黑马特·巴哈杜尔的护送下，军队急行军二十四小时后到达了首都。沃尔特·莱因哈特的寡妻回到了信德哈纳。正如我们看到的那样，拖泥带水的查克萨纳战役结束后的几天，格拉姆·卡迪尔·汗和伊斯梅尔·贝格分开了。尽管没有得到德里的援助，拉杰普特人的首领还是坚持继续战斗。玛多吉·辛迪亚的命运似乎开始急转直下。前面提到阿格拉战役后，玛多吉·辛迪亚撤回马尔瓦，但途中遇到了斋浦尔的卡克瓦哈王子帕塔·辛格。帕塔·辛格将他赶回了阿格拉。在阿格拉，他再次遭遇伊斯梅尔·贝格。伊斯梅尔·贝格将他赶过昌巴尔河。同时，由于坚忍不拔的焦特布尔的拉索人在一场激烈的战役后，死死咬住阿姆巴吉·英格利亚，阿姆巴吉·英格利亚也无法抽身去援助他的主人。因此，玛多吉·辛迪亚的所有支援被切断。在昌巴尔地区，他得到了当地首领友善的保护，并在昌巴尔一直待到1788年6月。此时，拉纳·汗率领他从德干招募的新部队加入了玛多吉·辛迪亚的军队。玛多吉·辛迪亚的兵力得到了补充，他再次率部前往阿格拉要塞寻求援助，因为他英勇的追随者拉科瓦·达达仍然坚守在阿格拉要塞。这次他遭到了来自东面的袭击，在著名的法提赫普尔-西克里[①]遗址附近，他遇到了伊斯梅尔·贝格和他彪悍的骑兵。然而，在打算回去帮助格拉姆·卡迪尔·汗率领的莫卧儿军队渡过朱木拿河之前，或者与莫卧儿军队会师之前。贝努瓦·德·布瓦涅的步兵和炮兵将

[①] 法提赫普尔-西克里是今印度北方邦阿格拉地区的一个小镇，1571年莫卧儿帝国君主阿克巴建都于法提赫普尔-西克里，1571年到1581年法提赫普尔-西克里一直是莫卧儿帝国的都城。——译者注

伊斯梅尔·贝格赶走了。伊斯梅尔·贝格虽然受了重伤，但毫不犹豫地骑马跳进河里。由于喜马拉雅的雪融化了，朱木拿河河水上涨，河道变宽。马拉塔人正在竭力围攻要塞，并没有追他。之后，这两个伊斯兰教首领再次在费罗扎巴德会合。富兰克林（他很少给出日期）称最后一次战斗发生在1788年8月22日。他还指出，格拉姆·卡迪尔·汗已经与伊斯梅尔·贝格合兵一处。然而，当马拉塔人的军队靠近时，格拉姆·卡迪尔·汗率领自己的部队逃走了。很明显，富兰克林的第一种说法是错误的，因为他提到的这两位贵族在1788年8月的处境极为不同，所以后一种说法更有可能，但权威人士——马拉塔人和穆斯林赞成前一种说法。富兰克林漫不经心地补充道："阿格拉投降了。"事实上，英勇的总督拉科瓦·达达是拉纳·汗的兄弟，而且这次战役的目的是得到他的援助。与此同时，贝努瓦·德·布瓦涅不再为玛多吉·辛迪亚效力，去了勒克瑙。他在勒克瑙和著名的克劳德·马丁尼[①]（或称马丁）成了生意伙伴。没人知道他这样做的原因是太过疲惫，还是他对自己最终能否成功持怀疑态度，又或是他希望得到更多物质方面的利益。总之，他这样做的直接后果是，在那个动荡不安的秋季，玛多吉·辛迪亚一直驻扎于马图拉的军营，作壁上观。

我们有理由相信，无论是因为贪婪、野心、渴望复仇，还是因为这些理由中任意两个的组合，又或是所有这些理由，格拉姆·卡迪尔·汗此时有了一个计划，尽管这个计划可能在一开始不是很清楚。这个计划就是重蹈三十年前谢哈布丁的覆辙，当时谢哈布丁的

---

① 克劳德·马丁尼，即克劳德·马丁·韦德上校，1823年到1840年任旁遮普邦和西部边疆地区事务的代理总督。——译者注

第 11 章 玛多吉·辛迪亚

罪恶曾震惊亚洲。其间,格拉姆·卡迪尔·汗对伊斯梅尔·贝格的评价比较公正,在他看来,伊斯梅尔·贝格是一位酋长,虽然一时被击败,但他的英勇与高贵的出身定能将莫卧儿人凝聚在一起。伊斯梅尔·贝格可以像朋友一样友善,也可以像敌人一样危险。因此,格拉姆·卡迪尔·汗竭力解释自己最近叛变的缘由,并说服了这位单纯的军人立刻集结他分散的部队前去攻打首都。伊斯梅尔·贝格刚刚出发前往德里,格拉姆·卡迪尔·汗也离开了。他来到德里,利用曼祖尔·阿里·汗的推荐,表现出对君主虚伪的忠诚。

伊斯梅尔·贝格比格拉姆·卡迪尔·汗先到德里,并与他合兵一处。格拉姆·卡迪尔·汗说,和自己一样,伊斯梅尔·贝格也渴望从篡权的马拉塔人的首领手里拯救帝国。就伊斯梅尔·贝格而言,这些说法可能还有些根据。目前,两位首领的行为完全合乎礼法。在此期间,玛多吉·辛迪亚派遣一小队人马来到德里并进入皇宫,因此,联盟军退回到他们在沙赫德拉的旧营地,因为他们的元气还没有完全恢复。这里是纳吉布·汗时期苏拉杰·马尔倒下的地方。在这种情况下,联盟军开始限制食品供给。因为现在是七月份,常年的战争和各种不确定性,导致农业劳动人口不断减少,而且不受法律约束的年轻的帕坦人和罗希拉人并不鼓励粮商与军队合作,所以他们冬季储存的粮食快没有了。有人开始离开军营。格拉姆·卡迪尔·汗作了最坏的打算,他将沉重的辎重送到格豪斯加尔要塞,并再次派人给君主送信,劝告君主摆脱玛多吉·辛迪亚的控制。但君主并没有被打动,答复道:"我意不在此。"沙·阿拉姆二世坚持自己坚定的原则。黑马特·巴哈杜尔率领的马拉塔人的军队再次出现,古尔·穆罕默德、巴达尔·贝格·汗、苏莱曼·贝格和其他首领表面上仍是莫卧儿帝国忠实的臣子，他们让君主的立场更加坚定。联盟军的计划暂时失败。

形势紧迫，这些绝望的人最终撕下了一切伪装，用他们所有的重炮开始向皇宫开火。因此，君主向他的马拉塔宰相求援。宰相现在在马图拉，只需急行军一个星期就可以到达首都。随时听从号令赶来支援君主是玛多吉·辛迪亚义不容辞的义务，因为他坦言自己为君主效力。但必须承认，他已经见证了沙·阿拉姆二世的优柔寡断和不讲诚信，因此，他希望君主能够得到一个严厉的教训。另外，对穆斯林战斗力的充分了解使他尽可能地避免参与重大战役，因为如果让宫廷内部自己解决问题，他们争吵的可能性会与日俱增，而外部的攻击会使他们团结在一起。

因此，玛多吉·辛迪亚选择了一条中间路线。他派人去见沃尔特·莱因哈特的寡妻，并催促她驰援君主。但这位谨慎的女士也不愿意承担风险，因为她看到玛多吉·辛迪亚的兵力比她强，却退缩了。同时，他又派一个婆罗门带着一份密信离开。1788 年 7 月 10 日，这个婆罗门到达德里。五天后，拉亚吉率领一支两千名骑兵组成的军队出现在德里。拉亚吉是玛多吉·辛迪亚的一个亲戚。巴拉姆加尔的贾特人也派来了一个小分队。

注：以下是格兰特·达夫上尉对贝努瓦·德·布瓦涅的早期职业生涯的描述。约 1825 年，格兰特·达夫上尉在马德里认识了贝努瓦·德·布瓦涅。他首先描述了贝努瓦·德·布瓦涅作为一名年轻的战士的经历：

第11章 玛多吉·辛迪亚

经历了一系列冒险之后，他先是在法国军队当海军少尉，后来在雷范特①的俄罗斯军营服役。他从这里又去了开罗，最后到达了印度，这条路线现在被称为陆路。贝努瓦·德·布瓦涅被任命为马德拉斯总统领导下的国民第六军少尉。不久，他带着总督沃伦·黑斯廷斯的推荐信来到加尔各答，然后他得到许可加入了布朗少校的驻德里大使馆（在1784年，参阅补充说明）。后来，他应英国公使安德森先生的邀请，拜访了玛多吉·辛迪亚的营地。此时，（很无礼地对待贝努瓦·德·布瓦涅的）玛多吉·辛迪亚正在围攻戈赫德，他告诉了桑斯特先生一个可以拯救戈赫德的计划。桑斯特先生率领一千名士兵以及一门大炮为戈赫德的拉纳效力。但计划破产了，因为拉纳不能或不愿预付要求的资金。

然后，贝努瓦·德·布瓦涅向斋浦尔的王公示好，斋浦尔的王公委托他招募并训练两个营的士兵。但此时沃伦·黑斯廷斯将他召回加尔各答，王公不得不改变计划。贝努瓦·德·布瓦涅最后为他原来的敌人玛多吉·辛迪亚效力。玛多吉·辛迪亚每月支付贝努瓦·德·布瓦涅一千卢比的薪金，给他的士兵平均每人八卢比。他还给每个列兵五个半卢比，并按比例向军官们支付酬劳。贝努瓦·德·布瓦涅逐渐将各个地区的欧洲军官纳入他的军队。为戈赫德的拉纳服务的桑斯特先生也加入了他，并成为他的大炮铸造厂的负责人。

---

① 雷范特，也译作"黎凡特"，是历史上一个不太精确的地名，指地中海东部的一个大区域。狭义上，它可能是历史上的叙利亚地区。——译者注

接下来，本书还会进一步描述贝努瓦·德·布瓦涅将军的所作所为，附录中有一些对他晚年生活的记录。虽然他在幕后，但他是世界舞台上的伟大人物之一。英国对印度的统治最初是在一些民间和军事组织的支持下确立的。这些军事组织大多是依靠贝努瓦·德·布瓦涅的勤勉、才能和勇气而成立的。

第 12 章

沙·阿拉姆二世被废黜

精彩看点

莫卧儿人的背叛——联盟军占领皇宫——君主被废黜——皇宫遭劫——格拉姆·卡迪尔·汗——君主双目失明——马拉塔人迫近——劫掠者的疑惧——回历正月炸皇宫——逃往密鲁特——抓住格拉姆·卡迪尔·汗的可能意图——玛多吉·辛迪亚采取的措施——富兰克林上尉富有诗意的慨叹

格拉姆·卡迪尔·汗面对这些不同的征兆感到非常恐惧，立刻从格豪斯加尔召回他的所有追随者，并承诺成功后抢劫皇宫，以此激发了他们的热情。同时，他派伊斯梅尔·贝格率军渡河，确保驻军的忠诚。因为伊斯梅尔·贝格的影响力很大，所以莫卧儿帝国的一部分军队立即加入了他的阵营。只有黑马特·巴哈杜尔领导的不信教的印度教托钵僧在保护不幸的君主。这支雇佣兵也许并不想保护君主，因为他们受到了帕坦人的威胁，可能也受到了君主身边的叛徒的影响，所以很快撤退了。结盟的首领们立刻过河，占领了德里。

现在，君主变得非常焦虑，与随从协商后，他决定派曼祖尔·阿里·汗去询问格拉姆·卡迪尔·汗和伊斯梅尔·贝格，让他们做出解释。君主试图唤起伊斯梅尔·贝格的责任心，使他意识到他的做法可能会造成可怕的后果，这是君主的惯用伎俩。但完全没有必要将伊斯梅尔·贝格的行为看成与格拉姆·卡迪尔·汗沆瀣一气，可能讨论将来的命运才是伊斯梅尔·贝格喜欢听的。曼祖尔·阿里·汗奉君主的命令去见叛军首领，并询问道："你们的意图是什么？"两个首领用恭敬的东方礼仪回答："我们在这里的目的只是想为陛下尽职尽忠。"曼祖尔·阿里·汗说："这样最好了。"他只能默许这两个首领的打算。他补充道："但你们绝不能带军队进入皇宫，带几个侍从就可以了，不然总督会将你们拒之门外。"两名贵族按照这个建议行动了。次日（1788年7月18日）上午，他们带着五十多名携带武器的士兵进入皇宫的公共大厅，每人得到了一套荣誉长袍和一把剑以及其他礼物。格拉姆·卡迪尔·汗得到了一面镶满宝石的盾。然后，他们回到各自在城里的住所。为了维护居民的安全和增强他们的信心，伊斯梅尔·贝格利用那天剩下的时间做了一些部署。第二天，他将自己的住处搬到了以前穆罕默德·沙的维齐尔——卡玛尔-乌德-丁·汗的府邸。他的部下驻扎在德里以南几英里处，大概在古代圣人沙·尼扎姆-乌德-丁①的著名纪念碑附近。格拉姆·卡迪尔·汗的军队驻扎在离皇宫非常近的达瑞奥干吉，现在这里是当地步兵的军营所在地。他的军官们占领了以前的大臣谢哈布丁和米尔扎·纳贾夫·汗在喀布尔大门外的一大片领地。德里的政治局势表面上维持着这样的状态：格拉姆·卡迪尔·汗被任命为宰相（他将手放在《古兰经》上宣誓要履行职责的一个官职），卑劣的玛多吉·辛迪亚被罢免了，伊斯梅尔·贝格统帅的联盟军成为帝国军队。

  在这种情况下，格拉姆·卡迪尔·汗不想找任何借口。1788年7月29日星期五早上7时，他来到皇宫，在私人大厅拜见君主。富兰克林在这里又出错了，他将格拉姆·卡迪尔·汗与君主的第二次会晤误认为一个星期前的那次会面。富兰克林引用了当时站在格拉姆·卡迪尔·汗旁边的伊斯梅尔·贝格的话，格拉姆·卡迪尔·汗表示，军队已经准备好进军马图拉，将马拉塔人逐出印度，但首先他们要求君主支付拖欠的酬劳。这是莫卧儿帝国财政部的职权，而且只有财政部才有足够的钱支付他们的酬劳。

---

① 沙·尼扎姆-乌德-丁（1238—1325），伊斯兰苏菲派圣人，其墓地被称为圣地，在胡马雍陵对面。——译者注

第 12 章 沙·阿拉姆二世被废黜

格拉姆·卡迪尔·汗说完自己的要求后，皇家财务大臣和他的副手以及拉姆拉坦·莫迪积极给出了回应。君主立即召来司库拉拉·西达尔·达斯，但司库表示，不管财政部对一支不合法的帝国军队承诺了什么，迄今为止帝国尚未从这支军队那里得到任何好处，况且国库根本没有钱支付他们索要的酬劳。司库大胆建议，君主应该不惜一切代价拒付这笔钱。

格拉姆·卡迪尔·汗听了此话，怒不可遏，拿出一封他拦截的沙·阿拉姆二世写给玛多吉·辛迪亚的求助信，并下令卸下君主和他的贴身侍卫的武装，逮捕并关押了他们。然后，他将已故君主艾哈迈德·沙·杜兰尼被囚禁在萨利姆加尔的可怜的儿子带来，助其登上了王位，称为贝达·巴克特，并迫使所有大臣和官员俯首称臣。描述这件事只是为了防止大家忘记皇家财务大臣曼祖尔·阿里·汗，他这次的行为比较理智。贝达·巴克特刚被带来时，沙·阿拉姆二世仍坐在王位上。当格拉姆·卡迪尔·汗命令沙·阿拉姆二世从君主的宝座上走下来时，沙·阿拉姆二世表现得非常不情愿。格拉姆·卡迪尔·汗正要拔剑将沙·阿拉姆二世的头砍下来时，曼祖尔·阿里·汗劝阻了他，他劝君主屈服，然后平静地回到寓所。君主和他的家人被严密监禁了三天三夜，没有得到任何食物，也没有人来探望他们。格拉姆·卡迪尔·汗劝伊斯梅尔·贝格回到营地，然后趁伊斯梅尔·贝格的部下不在开始大肆劫掠。伊斯梅尔·贝格终于开始怀疑，不久之后，他派人提醒格拉姆·卡迪尔·汗，因为他和他的部下没有收到之前格拉姆·卡迪尔·汗答应给他们的钱。但这个言而无信的帕坦人否认他们曾有过任何协议，继续驻守皇宫，并将皇宫内的一切财物占为己有。

现在，伊斯梅尔·贝格意识到自己被骗了，他立即派人去请城市社区的各个负责人，提醒他们保护好自己的财产。同时，他严格命令自己的副官，如果帕坦人企图劫掠，一定要竭尽全力阻止。其时，格拉姆·卡迪尔·汗的主要注意力是掠夺皇室家族的财产，而不是在城里大规模洗劫。起初，格拉姆·卡迪尔·汗将洗劫皇室的任务交给贝加姆。因为格拉姆·卡迪尔·汗对得到的珠宝数量不满意，所以他想到了沙·阿拉姆二世。作为一国之君，沙·阿拉姆二世一定知道秘密藏匿财宝的地方。这种偏执的想法导致了后来所有恐怖的犯罪行为。1788年7月29日，他逼迫贝达·巴克特惩罚他的前任沙·阿拉姆二世。1788年7月30日，沙·阿拉姆二世家族中的几位女士也遭到暴行，金碧辉煌的宫殿里回荡着她们的惊叫与哀号。1788年31日，这个恶棍认为自己的钱已经足够多，于是派人给伊斯梅尔·贝格和他的手下送去五十万卢比，表明他想要与对方和解。格拉姆·卡迪尔·汗这样做其实是想与伊斯梅尔·贝格联合起来，用人道、和平的方式从德里的印度银行家那里征收捐款。

1788年8月1日，格拉姆·卡迪尔·汗再次尝试从沙·阿拉姆二世那里获得秘密财富，沙·阿拉姆二世一直否认自己知道所谓的秘密财富的藏匿地点。这个无助的老人说："如果你认为我藏匿了金银财宝，那它们一定藏在我的身体里。请撕开我的内脏，满足你的贪欲吧。"然后，这位阴险的政治家又通过甜言蜜语和各种承诺，试图诱骗沙·阿拉姆二世说出藏宝之地，但这些手段一点儿用也没有。沙·阿拉姆二世倒在地上时说："上帝已经不再眷顾我，愿上帝保佑你。我对我的结局很满意。"

接下来，以前的君主们年迈的遗孀也遭到了侮辱和暴行。起初，叛乱者对这些女士还算友好，他们认为在抢劫居住在后宫中的女性时，

第12章 沙·阿拉姆二世被废黜

首先有必要尊重她们的隐私。但当他们的劫掠计划失败后，那些可怜的老妇人被洗劫一空后赶出了皇宫。等其他资源也耗尽时，格拉姆·卡迪尔·汗对他以前的保护者皇室财务大臣开始感到不满，要求他支付七十万卢比。1788年8月3日，格拉姆·卡迪尔·汗证明了帕坦人的堕落与野蛮，他与名义上的君主并肩躺在私人大厅的王座上，一边抽着水烟一边辱骂、嘲笑君主。1788年8月6日，为了取下包裹在君主宝座上的金属片，他毁坏了宝座并将金属片扔进了熔炉。接下来的三天，格拉姆·卡迪尔·汗一直命人挖地板，采取一切措施寻找他想象中被藏匿了的宝藏。然而，在这段时间里，他有时似乎会显得犹豫不决，因为1788年8月7日，他去见了被监禁起来的君主，并提出让米尔扎·阿克巴登上王位。事实上，米尔扎·阿克巴是君主最宠爱的儿子，他最终也成功继位。对于这些提议，沙·阿拉姆二世的回答是请他离开。他说："我累了，不希望受到公共事务的打扰。"

终于到了难忘的8月10日，这一天是伟大的莫卧儿帝国合法存在的最后一天。皇室财务大臣的助理雅各布·阿里和四五个鲁莽的帕坦人跟随格拉姆·卡迪尔·汗进入私人大厅。格拉姆·卡迪尔·汗命人将沙·阿拉姆二世带到他面前，再次急切地询问宝藏的藏匿地点。可怜的老君主再次如实回答，即使有这笔秘密宝藏，他也全然不知。这个罗希拉人说："那么，你在这个世界上再也没有什么用了，而且应该挖掉你的双眼。"可怜的老人带着与生俱来的威严回答："唉！请不要这样做，饶过这双眼睛吧，六十年来，因为每天阅读真主之道，这双眼睛已经变得越来越模糊。"残暴的格拉姆·卡迪尔·汗命令他的部下折磨跟随沙·阿拉姆二世来到私人大厅、站在他身边的王子和公主们。最后的暴行消磨了这位老人的耐力，他喊道："挖掉我的双眼吧，不要让我再看到这样的场景。"格拉姆·卡迪尔·汗从宝座上一跃而起，将老人打倒在地，扑在沙·阿拉姆二世的胸前，正如一些历史学家描述的那样，他用自己的匕首挖掉了沙·阿拉姆二世的一只眼睛。然后，他站起来，命令站在一旁的雅各布·阿里挖掉沙·阿拉姆二世另一只眼睛。由于雅各布·阿里拒绝这样做，格拉姆·卡迪尔·汗亲手杀死了他。随后，格拉姆·卡迪尔·汗下令，王子们也要像他们的父亲一样，被挖掉双眼。司库拉拉·西达尔·达斯阻止了他的残忍行为。然而，在女人们凄厉的哭喊声和男人们平静而激烈的诅咒声中，这个帕坦人挖掉了君主的另一只眼睛，很快，这些哭喊声和咒骂声停了下来，君主被抬到了萨利姆加尔。富兰克林参照了以前的权威资料《赛义德·拉扎·汗的故事》，声称，虽然遭遇了一系列不幸，但年迈的君主依然表现出坚定不移、顺应天命的性格，这一点非常值得尊敬。令人遗憾的是，由于亚洲人缺乏积极进取的精神，他们很少具有坚韧的毅力。沙·阿拉姆二世一生中大概有五六次，如果他能表现出应有的勇气，即使不会让自己达到辉煌的顶点，也至少可以让自己更加安全，可惜他从来没有在适当的时刻展现出应有的勇气。凯尔-乌德-丁在《伊布拉特纳马》中记录了一件特别的事：当格拉姆·卡迪尔·汗讥讽地问双目失明的君主："你能看到什么东西吗？"君主回答道："不能，只能看到横亘在你我之间的《古兰经》。"

恐慌的市民并没有立刻知道这场悲剧，但不久，谣言传开了，他们知道了红色城堡里发生的恐怖事件与君主一家人遭受的苦难。在庄严肃穆的高墙里面，近七十年来没有发生过类似的暴行。随后，恐怖的一天再次来临。1788年8月10日，一位深受折磨的王子看到妇女和儿童在曾经辉煌的皇宫内惨遭屠杀，他自己也落到自己曾

第12章 沙·阿拉姆二世被废黜

经的追随者手中，如果叛乱者成功了，他将成为傀儡，如果失败了，叛乱者的罪行将不可饶恕。

然而，1788年8月12日，伊斯梅尔·贝格收到了更多的钱。和以前一样，市民成为格拉姆·卡迪尔·汗与伊斯梅尔·贝格和解的受害者。大批市民开始逃离德里。1788年8月14日，马拉塔人的军队从南方飞驰而来，给无助的市民带来了一些希望。伊斯梅尔·贝格对格拉姆·卡迪尔·汗早已没有了信任，他（让我们盼望人性的美好）对自己的盟友格拉姆·卡迪尔·汗后来的残暴行为感到厌恶，于是与拉纳·汗展开谈判。1788年8月17日，一支来自格豪斯加尔的运粮队被包围，运粮队的许多帕坦人要么被刺死，要么在试图过河时淹死。1788年8月18日，马拉塔人的一支规模庞大的军队出现在朱木拿河左岸，封锁了通往德里的所有道路，只开放了穆斯林营地那边的一条路。城里，商铺关门歇业，物资供应完全不能满足市民的需求，甚至皇宫内也极度缺乏各种物资。驻扎在皇宫里的军队开始大声抱怨，要求分享劫掠的物品。次日，格拉姆·卡迪尔·汗屈尊和一些反对他暴行的人争论。事实上，皇室的情况越来越糟糕，每天都有许多妇女忍受饥饿。物资的日益匮乏使格拉姆·卡迪尔·汗又开始劫掠。在格拉姆·卡迪尔·汗造成这种令人痛心的局面的过程中，伊斯梅尔·贝格起了推波助澜的作用，但此时他也成了受害者，被剥夺了一切。1788年8月就这样过去了。

格拉姆·卡迪尔·汗的勇气没有被日益临近的危险和困难消磨殆尽。他占领了皇宫内的一座宫殿，与他的军官在这里欢闹畅饮。年轻的王室成员像卑贱的街头艺人一样在他们面前跳舞、表演。残忍的侵略者承诺。年轻的王室成员可以通过表演得到报酬，不管他们是否缺乏高贵的品德，他们的才能将使他们得到所需的面包。凯尔-乌德-丁还描述了格拉姆·卡迪尔·汗和这些年轻的王室成员睡在一起的荒诞情节，但他醒来时，却大骂王室成员缺乏勇气，质问他们为何不趁他熟睡时刺杀他。据这位作家说，许多年轻的公主都受到了侮辱和暴行。同时，格拉姆·卡迪尔·汗压制了他手下部分人的不满，尽管他这样做可能有生命危险。最后，1788年9月7日，格拉姆·卡迪尔·汗发现马拉塔人的军队人数增加了，并且胆子越来越大。他担心马拉塔人会包围皇宫并切断他与外界的联系，于是让军队回到了河对岸的旧营地。他还派了一部分人去了格豪斯加尔要塞，用要塞守军投降后缴获的一些不太贵重的物品安抚他的追随者，譬如沙·阿拉姆二世最后一次远征雷瓦利时使用的大量帐篷和装备。1788年9月14日，由于对伊斯梅尔·贝格感到恐惧，他再次回到自己的军营。不久，为了从固执的沙·阿拉姆二世那里得知藏匿宝藏的地方，他再次回到皇宫，但他再次失败了。此时他已经身陷包围，他的部下希望现在他能警觉到快要到来的灾难，并悄然离开皇宫，离开德里，向东撤退。

与此同时，悼念阿里①的儿子们的盛大节日来临了。在印度，什叶派和逊尼派都庆祝回历正月。什叶派尊崇他们的记忆，逊尼派支持他们的谋杀者。庆祝节日的活动主要是一场模仿卡尔巴拉②战役的武装战士的游行。这些圣徒的公众葬礼的标志不是他们的雕像，而是他们墓葬的模型。无知的印度人爱看热闹的场景，喜欢慵懒闲散的生活，他们的日常生活枯燥乏味，而且他们普遍忽视了回历正月斋戒和忏悔的真正本质，将其变成消遣和娱乐的节日。然而，那

---

① 阿里（601—661），伊斯兰教先知穆罕默德的女婿。什叶派穆斯林认为他是先知穆罕默德合法的直接继承人。——译者注
② 卡尔巴拉，伊拉克中部的一座城市，为卡尔巴拉省的首府。——译者注

第 12 章 沙·阿拉姆二世被废黜

一年，由于受到敌对双方军队的威胁，德里居民并没有举行任何表演和娱乐活动，得知皇宫内发生的残酷事件后他们都吓坏了。最后，1788 年 10 月 11 日——斋戒的最后一天，德里市民突然隐约感觉到一种解脱。人们得知伊斯梅尔·贝格与拉纳·汗已经和解，从德干赶来的援军使拉纳·汗的兵力大增。莱斯顿瑙已经带着贝努瓦·德·布瓦涅强大的"泰林加"军队到达德里。沙哈达的帕坦人的营地人头攒动，武器叮当作响。最后，当短暂而寒冷的秋夜来临时，红色城堡的高墙将他们的一部分秘密泄露给了那些长期监视他们的人。随着一声巨响，火药库被炸上了天，火焰立刻蔓延到雉堞状的护栏上。观察河对岸的侦察兵跑到防御墙边，借可怕的火光看到了划到对岸的船只，叛军首领坐在一只大象上，在厚厚的沙滩上仓皇逃离。格拉姆·卡迪尔·汗终于走了，他从一扇暗门离开萨利姆加尔，离开之前，他送走了有名无实的君主和惨遭掠夺的皇家财务总管以及所有的王室主要成员。

人们永远不会知道那天在皇宫内到底发生了什么事情。可能正如人们普遍猜测的那样，格拉姆·卡迪尔·汗曾试图放火焚烧皇宫，他打算将沙·阿拉姆二世烧死在他祖先的宫殿，以此结束他残暴的行为。或者，如同《莫扎法伊尔传》的作者猜想的那样，格拉姆·卡迪尔·汗打算坚持反抗马拉塔人到最后，马拉塔人只能通过引爆他们提前埋好的地雷逼迫他投降。但这些都只是推断。至于我自己，我承认这些流行的说法似乎都有可能，但如果格拉姆·卡迪尔·汗打算抵抗围攻，他为什么要派遣自己的部队过河？他一定知道了地雷可能是攻城行动之一。可为什么他撤退时又送走了王室成员，只留下他的首要受害者？他又为什么让那位受害者活着？他大概是疯了吧。

马拉塔人的将军立即占领了红色城堡，在更多的人被烧伤之前，马拉塔士兵终于将火扑灭了。他们释放了沙·阿拉姆二世和他家族

先知穆罕默德的女婿阿里

卡尔巴拉战役中的武装战士

中幸存的女性，给他们提供了一些食物，并就他们的将来安慰了他们。然后，拉纳·汗准备等待玛多吉·辛迪亚的进一步增援，帕坦人退回自己的领地。

浦纳的宫廷觉得他们援助玛多吉·辛迪亚将会得到好处，于是派了一支兵力很强的军队支援他，由塔库吉·霍尔卡亲自率领，条件是那位酋长（即玛多吉·辛迪亚）必须和马拉塔人的佩什瓦分享这次战果。这支军队的到来受到了拉纳·汗和长期受到骚扰的德里市民的热烈欢迎。皇宫的安全得到保障后，剩余的军队在拉纳·汗、阿帕·坎蒂·拉奥和其他人的指挥下开始追击格拉姆·卡迪尔·汗。格拉姆·卡迪尔·汗在这些人的紧追下躲进了密鲁特要塞。密鲁特要塞距德里、格豪斯加尔和罗希尔坎德的边界都不远。至于格拉姆·卡迪尔·汗为什么在离开德里后不向北行军到格豪斯加尔要塞，现在还不知道，也许是因为他将自己的战利品藏在格豪斯加尔要塞，所以他宁愿往东走来转移敌人的注意力。格拉姆·卡迪尔·汗希望能从他的亲戚——兰普尔的法伊祖拉·汗那里，或者从法鲁卡巴德的班加什那里得到援助。

虽然格拉姆·卡迪尔·汗躲在密鲁特要塞，但他很快被包围了，而且包围要塞的军队很庞大。随着逃跑的希望越来越渺茫，这个帕坦人终于开始害怕，他提出了厚颜无耻的投降条件，但这些条件都被对方坚决拒绝了。他做好了最坏的打算。1788年12月21日，马拉塔人的军队发起总攻，格拉姆·卡迪尔·汗和他的手下顽强抵抗了一整天。虽然当时白天比较短暂，但他的士兵普遍感到疲倦不堪。如果这种情况不是对他残暴行为的惩罚，那只能认为是他的不幸，他决定立即与军队分开。那天晚上，他偷偷溜出堡垒，骑上马逃走了。挂在马鞍上的袋子里装满了他从皇宫掠夺的大量稀世珍宝。鉴

第 12 章 沙·阿拉姆二世被废黜

于情况紧急，他一直亲自保管这些珠宝。那个冬夜，他骑行了大约十二英里，避开了人们经常来往的地方，希望渡过朱木拿河后到锡克人那里避难。最后，在黎明的迷雾中，他骑着马走在田野上，因为人困马乏，所以连人带马掉进了一个带有斜坡的深坑。这个深坑是为了灌溉时从井里汲水挖的。马站起来，从斜坡上跑了出来，但格拉姆·卡迪尔·汗因为晕厥或受伤倒在了他摔下去的地方。天亮后，婆罗门的一位耕农在给牛上轭灌溉小麦时，发现了一位衣着华丽的人，他很快认出这个人就是最近在他遭到帕坦人军队掠夺时拒绝补偿他的那个人。"纳瓦布大人！"耕农说，并带着讥讽的恶意，模仿士兵向他以前的压迫者敬礼。格拉姆·卡迪尔·汗，这个恐惧而饥饿的卑鄙小人坐起来，看看周围，问道："你为什么叫我纳瓦布？我是一名可怜的受伤的士兵，正在寻找回家的路。我失去了一切，但请将我拉上来，扶我到去往格豪斯加尔要塞的路上，我以后会报答你的。"他提到格豪斯加尔要塞，让这位婆罗门耕农打消了疑虑，立刻喊人来帮忙，很快就将格拉姆·卡迪尔·汗以及他的战利品带到了拉纳·汗的营地。之后，这个因犯被押送到马图拉的玛多吉·辛迪亚那里，留在密鲁特要塞的帕坦人也放弃了要塞，各自回家了。名义上的君主贝达·巴克特被送到德里监禁了起来，最终被杀。至于不幸的皇家财务大臣曼祖尔·阿里·汗，因为他在后期事件中扮演了叛徒的角色，人们普遍认为是他的奸诈与懦弱导致了这些不幸的事件，所以他被绑在大象脚上在街上拖行，直到死亡。

对罗希拉人的首领格拉姆·卡迪尔·汗来说，他即将面临更可怕的灾难。当他到达马图拉时，玛多吉·辛迪亚开始惩罚他，让他骑着公驴在集市上游行，他的脸对着驴尾巴。一名卫兵命令他在每个大商铺前停下来，以巴瓦尼的纳瓦布的名义乞讨。他受到人们轻蔑的嘲笑，于是开始骂人，他的舌头被人割了下来。渐渐地，他被一步步肢解了。他先是被挖掉了双眼，作为虐待君主的报应，随后被割掉了鼻子、耳朵、手和脚，然后被送往德里。令他感到宽慰的是，死神终于在半路上降临，据说他在1789年3月3日被吊死在树上，残缺的身体被送往德里，放在双目失明的沙·阿拉姆二世面前，这是私人大厅里出现过的最可怕的贡品。

也许，如果看一下关于对格拉姆·卡迪尔·汗的描述，我们可能会发现，公众的愤怒在一定程度上夸大了他的罪行。将他的暴行归咎于他对沙·阿拉姆二世的残忍行为的复仇可能只是一个传说，这一传说建立在人们普遍的猜测之上，他没有子嗣就去世了的事实证明了这一点。也许格拉姆·卡迪尔·汗认为自己的行为是一种合理的革命行为，他可能想要模仿小加齐－乌德－丁充满活力的政策，也许为了安抚追随者他必须劫掠皇宫，也许火烧皇宫只是一场意外。但这些意外组合在一起产生的结果使他的名字在并不敏感的印度人中间成为残忍的代名词。他的名字无论从传统，还是从个人经验来看，都是人们非常熟悉的、几乎带有一切残忍和反叛行为的词。据说，在皇宫里做了一些不道德的事后，当有人批评他的行为时，格拉姆·卡迪尔·汗试图用自己是在神秘力量的指引下被迫采取的行动来辩驳，从而证明其行为的正当性。他断言："当我在坎德拉的一个花园里睡觉时，一个幻影俯在我身上，拍着我的脸说：'起来，到德里去，占领皇宫。'"也许此时他有些懊悔。无论如何，对他的惩罚直接而残酷。他的罪行导致他的家族惨遭毁灭。正如前文提到的那样，格豪斯加尔要塞被夷为平地，除了清真寺外没有留下任何遗迹。他的哥哥逃到了旁遮普。

第12章 沙·阿拉姆二世被废黜

经过深思熟虑后,玛多吉·辛迪亚首先关心的是如何为治理印度制定法规,他可能察觉到自己不应该只关注个人。在这个过程中,他决定不再为复兴穆斯林的统治冒任何风险。倒台的君主又被扶上了王位,尽管他自己并不愿意,正如当地的历史学家说的:"尽管他失明了。"这位历史学家很清楚,盲人是不可能成为苏丹的。复位仪式盛况空前,佩什瓦代理人的地位又被确立起来,玛多吉·辛迪亚是代理人的副官。我们从富兰克林那里知道,皇室与宫廷每年可以得到九十万卢比的津贴,如果想要这笔费用定期支付,宫廷必须提供一份详细的清单。但已经恢复职位的沙·尼扎姆-乌德-丁并不适合管理这么大一笔不受控制的款项。依据赛义德·拉扎·汗的说法,在玛多吉·辛迪亚长时间的缺席期间,王室经常显得非常穷困。赛义德·拉扎·汗是英国驻勒克瑙的常驻代表,年迈的君主通过他从英国政府得到每月两千卢比的津贴。这笔钱加上那些渴望面见君主的人支付的费用,是沙·阿拉姆二世晚年支撑自己的三十个孩子和众多亲属以及家臣生活的所有资金。富兰克林上校见证了红色城堡当时的状况,1794年,他向沙·阿拉姆二世表示敬意。他发现君主坐在私人大厅里一个遮阳棚底下的一把深红色天鹅绒椅子上,但实际上沙·阿拉姆二世与他的三个儿子是在一间私人房间里。这位英国军官以贡品的名义呈上救济物,并得到了回赠的一些有小枝叶图案的印花睡衣作为礼物。

即使根据东方最宽松的政治法规,这位所谓的君主现在也不能治国理政,所有实权都掌握在雇佣军支持的印度下级警官手中。我查阅了当地的相关资料,对莫卧儿帝国的记录要么从这时起完全停止,要么不再关注这个帝国。而且,事实上,我已经完成了展现莫卧儿帝国衰落过程的任务。我不赞同那些认为奥朗则布驾崩后莫卧

莫卧儿帝国：从奥朗则布大帝时代到莱克勋爵占领德里

儿帝国开始衰落的观点。有些观点甚至认为，莫卧儿帝国在1761年的帕尼帕特战役之前已经衰落。我认为"君主的名字是力量的源泉"，只要纳瓦布们继续支付巨额罚款，敌对双方还在使用阴谋诡计争权夺利，舒加-乌德-道拉占领卡塔海尔后仍然需要君主的批准，或纳贾夫·库里·汗率领的军队前去征服贾特人，莫卧儿帝国就还在继续。我们已经看到这些事件的起因，以及它们的过程和结局。现在只需简要地追溯一下那些在这些事件中扮演了重要角色的人的结局，以及介绍一下登上这个空旷的政治舞台的最后的继任者。我们必须记住，从现在的角度来看，虽然我们看到莫卧儿帝国已经灭亡，但在当时的人看来并非如此。对于一些已经失去统治权的省而言，无论联合还是解体，都是最理想的归宿，这是一个可以有多个答案的问题。但可以肯定的是，1789年，莫卧儿帝国残存的省份试图独立统治的时机还不成熟。因此，印度人仍然希望被一种至高无上的力量统治，英国人最终满足了他们的愿望。同时，英国人完美替代了玛多吉·辛迪亚统治和管理的几乎已经完全没落了的莫卧儿帝国。贝努瓦·德·布瓦涅将军掌握着关于这个主题的相关事件的完整信息，并有非常明确的证词。下一章的开头将会引用他的话。

注：人们也许想知道格拉姆·卡迪尔·汗驮着珠宝的马掉进深坑后去了哪里。斯金纳在世时曾推测，这些珠宝可能落到了莱斯顿瑙手里。可以肯定的是，这个军官在那时突然放弃为玛多吉·辛迪亚效力。也许伟大的莫卧儿帝国皇室的珠宝现在在法国。（据推测，沙·阿拉姆二世以阿夫塔卜为笔名写诗）沙·阿拉姆二世被囚禁时常常通过写诗打发时间，这些诗歌在印度依然很有名，下面是一些

第 12 章 沙·阿拉姆二世被废黜

诗歌的译文,这些诗歌与大卫的诗篇的相似之处显而易见:

我就像太阳在帝国的苍穹闪耀,但太阳现在落在黑暗的西部。

对我来说,失明了真好,因为我看不见坐在我宝座上的那个人。

如同被亚兹德折磨的圣人;由于命运的约定,毁灭降临在我身上。

世上的财富是我的疾病,但是现在耶和华医治了我。

我得到的只有对我罪孽的报应;但现在他已经赦免了我的罪。

我给年轻的蝰蛇牛奶;它成了我毁灭的原因。

服侍过我三十年的管家导致了我的毁灭;但他很快遭到了报应。

曾承诺要为我服务的议会的议员;甚至连他们也抛弃了我,还拿走了三十年来我给我的孩子们准备的一切。

莫卧儿人和阿富汗人都令我失望;我被监禁时他们成为盟友。

出身卑微的哈马丹人和古尔·穆罕默德充满邪恶;真主亚尔、苏莱曼和巴达尔·贝格为了我的烦恼聚在一起。

既然这个年轻的阿富汗人毁了我的帝国的尊严;我只看到你,噢,最神圣的!请怜悯我。

然而或许我的亲戚帖木儿·沙会来帮助我;如同我的儿子一样的玛多吉·辛迪亚也一定会为我报仇。

阿萨夫-乌德-道拉和英国的首领;他们也会来救我。

> 如果王子和人民背道而驰，那是可耻的；到最后他们会给我带来帮助。
>
> 我内庭里的所有美丽的女人中，没有一个留下来，除了木巴瑞克·马哈尔。
>
> 噢，阿夫塔卜！你真的在这一天被命运推翻；然而上帝会保佑你，恢复你坠落前的光辉。

富兰克林在自己的著作中经常提到沙·阿拉姆二世。富兰克林是一位非常勤奋的军官，从1793年到1796年，他曾经在德里、多阿布和罗希尔坎德为英国政府进行一项调查，获得了许多当地的信息。但不幸的是，除了赛义德·拉扎·汗的《赛义德·拉扎·汗的故事》，他从来没有引用其他资料。我对他的观点提出了几点异议，但关于这一主题，我们能够参考的英国作家的作品寥寥无几。除了这部作品，之后还有一个作家值得关注，他是关于古代的帕里波斯拉和蛇崇拜方面的书籍的作者，最后在孟加拉军队中去世，时任陆军中校。

第13章

英国势力的兴起

精彩看点

玛多吉·辛迪亚入住皇宫——英国的政策——贝努瓦·德·布瓦涅兵力增强——伊斯梅尔·贝格加入拉杰普特人起义——帕坦之战——玛多吉·辛迪亚在马图拉——围攻阿杰梅尔——焦特布尔王公——米尔塔战役——对手惶惶不安——法国军官——进入浦纳——塔库吉·霍尔卡前进——伊斯梅尔·贝格被俘——拉克海利战役——玛多吉·辛迪亚被斥责——乔治·托马斯崛起——乔治·托马斯离开沃尔特·莱因哈特的寡妻——玛多吉·辛迪亚在浦纳——玛多吉·辛迪亚的死因及其性格

自1788年革命以来，独立出去的各个省都有属于自己的历史，目前的记载只是关于首都的本土历史，以及关于一些与首都关系密切的地区的历史。这些地区要么离首都较近，要么与首都有政治联系。当然，这是一个长期受人瞩目的帝国。吸引人们关注莫卧儿帝国的人依然活跃在这个舞台上。如果用一个简短的结论结束这段历史，那么对一直关注这本书的人来说是一件很有趣的事。莫卧儿帝国衰落的故事就这样结束了，莫卧儿的统治和英国的统治之间的鸿沟暂时被弥合。此外，必须记住的是，人们经常会依赖实实在在的权力中心，甚至在德里的君权日益消亡的情况下，权力中心仍然在巴布尔后代的皇宫里。用贝努瓦·德·布瓦涅1790年写下的话来说："尽管莫卧儿帝国在整个半岛的统治权几乎都被架空了，人们还是非常敬重曾经长期统治印度的帖木儿家族。然而，后来没有一个莫卧儿王子愿意继承王位。玛多吉·辛迪亚一直保持着这份尊敬，沙·阿拉姆二世依然坐在莫卧儿帝国的王位上，所有政治行动都以他的名义进行。"

前文已经提到玛多吉·辛迪亚被本土作家称为帕特尔王公，他实际上管理着整个国家。这个头衔以前有一两次被用来指称势力强大的总督，例如第一位尼扎姆。同时，众所周知，他支持马拉塔人联盟的年轻首领担任佩什瓦的代理人这一有名无实的职位。

通过赋予他的种族至高无上的荣誉，这位平时非常奸诈的老臣试图蒙蔽他的族人和竞争对手。在一次拙劣的政变中，为了与自己下级警官的身份相称，他自称仆人。正如我们看到的那样，玛多吉·辛迪亚一直假装自己是个下级警官。然而，双目失明的老君主授予他一个非常响亮的头衔——马达尔-乌尔-马哈姆·阿里·扎·巴哈杜尔①。玛多吉·辛迪亚对德里宫廷的影响远远超过他对浦纳的影响。对他来说，现在的情形比1785年以来的情形更有利。此后的三年里，格豪斯加尔的罗希拉人被征服；穆罕默德·贝格去世；勇敢但有点儿懒惰的拉杰普特人的兵力日益分散；很长一段时间内，纳贾夫·库里·汗饱受水肿的折磨。纳贾夫·库里·汗从未反抗过穆罕默德·贝格，如果他反抗了，也许他会变得更加强大。的确，伊斯梅尔·贝格仍然活着，甚至在莫卧儿人中，他现在成了最具影响力的人。但自从他以前的盟友格拉姆·卡迪尔·汗在皇宫犯下滔天罪行，他便加入了帕特尔（即玛多吉·辛迪亚）的阵营，并得到了优待。为了进一步巩固与伊斯梅尔·贝格的关系，睿智的玛多吉·辛迪亚赐给伊斯梅尔·贝格德里以南的梅瓦特的部分领地，这里曾经是纳贾夫·库里·汗的封地。通过这种方式，玛多吉·辛迪亚不但取悦了这位莫卧儿贵族，而且为自己减去了统治那个地区的野蛮人的麻烦。的确，在未来复兴穆斯林政权的过程中，期望伊斯梅尔·贝格一直保持忠诚是毫无意义的。不可否认的是，由于阿富汗人的威胁，伊斯梅尔·贝格在任何时候都有可能叛变。阿富汗人在著名

---

① 意为"高贵而勇敢的公共事务大臣"。

第13章 英国势力的兴起

的艾哈迈德·沙·杜兰尼的儿子的统治下仍然很强大。玛多吉·辛迪亚的余生一直被这个威胁困扰。还有一个更严重的问题，在那段时期，英国行政部门采取的政策大多是具有安抚性质的。此时，玛多吉·辛迪亚还不具备让欧洲指挥官为他服务的实力。1789年年初，莱斯顿瑙突然退休。正如前文所说，贝努瓦·德·布瓦涅也离开军队去勒克瑙从商了。但玛多吉·辛迪亚依然有一定数量的常规部队。后来，玛多吉·辛迪亚诚挚地邀请贝努瓦·德·布瓦涅回来，并表示愿意答应他的任何条件。于是，贝努瓦·德·布瓦涅回来继续担任指挥官，并扩大了正规军的规模，享有前所未有的信任和自由。他最初的两支部队也被保留下来，成了新的军事力量的核心。莱斯顿瑙的军队被指挥官抛弃了，因为他们的酬劳被拖欠了八个月，这支军队渐渐变得无组织无纪律，并且桀骜不驯。玛多吉·辛迪亚打算率领势不可当的骑兵攻击莱斯顿瑙的军队，却被贝努瓦·德·布瓦涅阻止了。贝努瓦·德·布瓦涅认为不能因为指挥官的背叛而责怪士兵，而且，尽管这些士兵没有非常恭敬地提出自己的要求，但他们的要求是合情合理的。玛多吉·辛迪亚宽厚地支付了一半欠款，并且允许这些士兵加入自己即将建成的军队中。但这位机敏的萨瓦人首先让这些士兵将他们的武器堆放在一起，这样一来，如果今后他们再闹事就属于个人行为了。与此同时，曾经为莱斯顿瑙效力的军官都被革了职。就这样，这支部队的哗变不但被机智地镇压了下去，而且没有造成大的损失。新兵主要是从罗希尔坎德和奥德招募的，这两个地方是后来著名的孟加拉部队的发源地。新军队的军官都是贝努瓦·德·布瓦涅将军召集的最受尊敬的欧洲人，他没有委任旧部队中的任何人。

贝努瓦·德·布瓦涅逐渐将军队扩大到三个旅的兵力，每个旅由八个营组成，每个营有七百名身强力壮的印度兵、五百名骑兵和四十门野战炮。贝努瓦·德·布瓦涅将军每个月有一万卢比的工资，欧洲军官的工资也比较优厚，因此，欧洲军官的数量越来越多。整个军队都听从贝努瓦·德·布瓦涅的白十字旗的号令，白十字旗是他们尊贵的首领祖国的国旗颜色。那些在战斗中受伤的士兵都会得到一笔补偿金，而且在医院接受治疗期间他们仍然会得到报酬，伤残者不仅能得到养老金，还能得到一块土地。

不久，战争又开始了。由于阿富汗人的入侵，伊斯梅尔·贝格对玛多吉·辛迪亚的忠诚开始动摇。1790年年初，在拉杰普特人的首领向他求援之前，伊斯梅尔·贝格已经完全动摇了。勇敢的人们期望能有一个为了民族独立战斗的机会，他们渴望得到伊斯梅尔·贝格的援助，因为他们和伊斯梅尔·贝格曾经在1787年的拉尔索特战役中联盟。

玛多吉·辛迪亚派他的马拉塔将军拉科瓦·达达和戈帕尔·拉奥·巴奥率兵前去阻止伊斯梅尔·贝格和拉杰普特人结盟，贝努瓦·德·布瓦涅的军队也是其中的一部分。然而，这个莫卧儿雇佣兵决心不经过战斗绝不屈服。贝努瓦·德·布瓦涅刚提高军队的待遇，成千上万被解散的阿富汗和波斯骑兵就蜂拥到他的指挥部前。1790年3月，贝努瓦·德·布瓦涅将他的雇主留在他最喜欢的马图拉营地，率领一个旅朝伊斯梅尔·贝格军队的所在地进军。他派了一支马拉塔骑兵做先头部队，自己率兵紧随其后。这支部队配有五十门大炮。1790年5月10日早晨，他们在帕坦遇到了伊斯梅尔·贝格。帕坦是阿杰梅尔和瓜廖尔之间的一个多石地区，距离之前发生的拉尔索特战役的地方不远。三周时间内，并没有发生任何战争，但1790年6月19日，伊斯梅尔·贝格向马拉塔人宣战。贝努瓦·德·布瓦涅派人给伊斯梅尔·贝格送信，告诉伊斯梅尔·贝格不必承受路途的劳顿，他会在次日早晨带着整支部队前去迎战。

第13章 英国势力的兴起

拉杰普特人已经到了，但他们不再与伊斯梅尔·贝格联盟，因为玛多吉·辛迪亚利用斋浦尔的卡克瓦哈人对拉杰普特人一些微不足道的挑衅造成的暂时的不睦，在战役开始之前设法使拉杰普特人无暇参加战斗。尽管如此，一大批阿杰普特步兵仍然屹立在那里，不过，欧洲人的军备和英勇最终还是征服了一切。伊斯梅尔·贝格带着他的莫卧儿骑兵，不断进攻贝努瓦·德·布瓦涅的炮兵，用马刀砍倒了许多炮手。炮兵瞄准目标，发射出实心弹，进攻的步兵不断减少。贝努瓦·德·布瓦涅军队的正方形阵型必须以最快的时间成形，因为敌军的骑兵再次向他们发起了进攻。整个下午，贝努瓦·德·布瓦涅的正方形方阵抵住了伊斯梅尔·贝格所有的进攻，全军向前推进，敌军被打得溃不成军。贝努瓦·德·布瓦涅率领一个旅，身先士卒，命令其他人跟上，迅速逼近敌军。第一支敌军部队很快被降服。晚上8时，他俘虏了第二支敌军。一小时后第三支敌军被击败。莫卧儿人的抵抗被完全压制，伊斯梅尔·贝格被迫退到斋浦尔城内。伊斯梅尔·贝格在这次战役中损失了一百把枪、五十头大象、两百把旗和所有的行军背囊。次日，他的七个步兵营和一万非正规军投奔了胜利者。这次战役，马拉塔人同样是因为猜忌将自己置于险境。塔库吉·霍尔卡在战役中表现得很不积极，他可能早就打算在这次行动中做一个旁观者。假如他当时与伊斯梅尔·贝格结盟，无论如何，伊斯梅尔·贝格会在这次战役中取得决定性的胜利，损失也不会这么惨重。1790年7月22日的《加尔各答公报》刊登了贝努瓦·德·布瓦涅对此次事件的粗略描述。贝努瓦·德·布瓦涅的这封信写于战役结束四天后的1790年6月24日，他没有对马拉塔人的努力作任何描述。但格兰特·达夫上尉在其作品中对此进行了严肃认真的描述，我在描写这次战争时主要参考了格兰特·达

阿富汗骑兵

波斯骑兵

夫上尉的著作。据这位勇敢的作者估计，伊斯梅尔·贝格约有五千名莫卧儿骑兵，并且认为如果不是贝努瓦·德·布瓦涅率领的正规军牢不可破，马拉塔人将会遭受严重的损失。事实上，人数不多的拉杰普特步兵团缺乏纪律和热情，同时缺乏作战时的荣誉感与冷静头脑，这些都是欧洲指挥官具备的素质。伊斯梅尔·贝格的军队没有及时支援骑兵，导致骑兵在攻击敌军牢不可破的方阵时疲惫不堪。看到这种情况，贝努瓦·德·布瓦涅组织一万强兵，在猛烈的炮火的掩护下前进，猛攻敌军的军营。他的军队在此次行动中约有一百二十人牺牲，四百七十二人受伤，但敌军步兵的伤亡人数并不多，因为他们一直躲在壕沟里，"但他们损失了大量骑兵"。提到自己时，贝努瓦·德·布瓦涅说："我骑在马上不断激励我的士兵。感谢上帝，我达成了玛多吉·辛迪亚对我的所有期望。总体来说，官兵们表现都非常好。我非常感激他们，那天的胜利都归功于他们。"这是玛多吉·辛迪亚赢得的一场最重要的胜利，充分证明他对他的萨瓦将军的信任完全正确。上面所引《回忆录》中记载的伊斯梅尔·贝格指挥的军队大概有两万五千名步兵和两万名骑兵，但很可能这些兵力并没有全部投入战斗。帕坦是一个与直布罗陀一样重要的要塞，三天后被攻下，伊斯梅尔·贝格逃往旁遮普。

玛多吉·辛迪亚并没有亲自率军参加这次战役，而是留在马图拉。马图拉是他最喜欢的居住地，因为马图拉在印度教徒中以神圣闻名。这座古老的城市曾在阿里安[①]和蒲林尼的笔下提到过，是一个小县的中心。马图拉对于毗湿奴的崇拜者的意义相当于巴基斯坦

---

① 阿里安（约86—约160），古希腊历史学家。——译者注

第13章 英国势力的兴起

对于基督徒的意义、阿拉伯半岛西部对于穆罕默德的追随者的意义。这里是著名的克利须纳①的出生地,据说他是神的化身,在这里度过了童年,后来由于暴君的追杀,他逃往古吉拉特,直到成年后才回来。杀死敌人后,克利须纳一直居住在此地。

我们已经看到在1757年,艾哈迈德·沙·杜兰尼的将军残杀居民的暴行,狂热的胜利者和盗贼带着同样的热情实施了这种暴行。从那以后,这个矗立在巴特普尔盆地的入口处、处在德里和拉杰普特人的领地中间的地方,恢复了它的重要性,成了玛多吉·辛迪亚

克利须纳在马图拉度过了美好的童年

---

① 克利须纳(Krishna)是印度教的神。——译者注

的主要兵营。在这里，玛多吉·辛迪亚收到了帕坦战役的捷报和伊斯梅尔·贝格暂时消失的消息。于是他进入德里，在德里被任命为佩什瓦的全权代表人，并得到了两封新的诏书。一封是授予他在自己家族中选择继承人的权力的诏书，另外一封发布了一条法令，法令规定在莫卧儿帝国的领土范围内，尽管这些领土只是名义上属于莫卧儿帝国统治，禁止宰杀有角的牲畜（印度教徒非常敬畏有角的牲畜）。

玛多吉·辛迪亚命令军队返回拉杰普塔纳后不久，惩戒了比扎伊·辛格，因为他支持伊斯梅尔·贝格的反叛。比扎伊·辛格是焦特布尔的拉索人的领袖。1790年8月21日，贝努瓦·德·布瓦涅将军到达阿杰梅尔，并于次日控制了这座城市。之后他开始围攻塔拉加尔的堡垒①。比扎伊·辛格准备以拉杰普特人的方式谈判，他将贝努瓦·德·布瓦涅视为一个雇佣军首领，认为谈判一定可以成功。于是，他派人给贝努瓦·德·布瓦涅送信，称如果贝努瓦·德·布瓦涅离开现在的雇主，他可以给贝努瓦·德·布瓦涅塔拉加尔的堡垒及阿杰梅尔周围五十英里的领土。但贝努瓦·德·布瓦涅回信说："玛多吉·辛迪亚已经将焦特布尔和斋浦尔赐给我，我不可能用焦特布尔和斋浦尔的整片领土换取你承诺的部分领土。"在派人送出这封言辞犀利且幽默的信后，贝努瓦·德·布瓦涅将军留下一部分兵力封锁堡垒，自己率兵向西行进，去迎战比扎伊·辛格。比扎伊·辛格急切地想洗刷帕坦战役的耻辱，从焦特布尔率军前来支援塔拉加尔，在米尔塔遇到贝努瓦·德·布瓦涅。米尔塔是一座有围墙的

---

① 这是一个天然形成的堡垒，后由人为加固，坐落在海平面三千尺以上的高处。——原注

第13章 英国势力的兴起

城镇,距离阿杰梅尔不远,在焦特布尔东北方向,距焦特布尔七十六英里。米尔塔地势较高,西边的城墙是土墙,东边的城墙是石头墙。1790年9月9日,贝努瓦·德·布瓦涅的军队到达米尔塔,戈帕尔·拉奥·巴奥主张立即发起进攻,但贝努瓦·德·布瓦涅以一贯沉稳的作战方式认为,士兵们经过长途跋涉已经精疲力竭,需要休息,而且天色已晚,如果想打胜仗,现在并不是进攻的最佳时机。他们决定在吃过饭休息几小时后,发起突袭。双方势均力敌:拉杰普特人的骑兵似乎更占优势,他们约有三万名骑兵;马拉塔人的优势是大炮以及训练有素的步兵。拉杰普特的一部分军队以城墙作掩护,但这个位置并不适合做掩护。约四十年前,比扎伊·辛格在这里遭到重创。然而,时间并没有让拉索人吸取教训,不幸也没有教会他们审慎。早上天还灰蒙蒙的时候,贝努瓦·德·布瓦涅率兵冲上来,此时懒惰的印度教徒完全放松了警戒。当比扎伊·辛格和他的同伴从醉醺醺的梦中被唤醒时,他们发现营帐中空无一人,军队陷入了混乱。五十门野战炮不断发射实心弹,撕开了他们的防线,指挥贝努瓦·德·布瓦涅的右翼军队的罗翰上校勇敢地率领三个营冲进了拉杰普特人的军营。拉杰普特人的骑兵表现得非常勇敢,比扎伊·辛格召集了一支强壮的骑兵,猛烈地攻击敌人步兵的先头部队,他希望在自己的主力部队赶来支援之前歼灭敌军。但相较于东方的骑士精神,欧洲人严明的军纪更厉害。贝努瓦·德·布瓦涅的军队立即形成空心方阵等待敌军的攻击。仿佛滑铁卢的步兵军队出现在阿金库尔战役[①]的宪兵团面前,铁蹄飞奔,火星四溅,尘土飞扬,

---

[①] 阿金库尔战役是英法百年战争中一场著名的以少胜多的战役,发生在1415年10月25日。英军大败法军。——译者注

大地在滚滚而来的尘土中震颤。拉索人的骑兵渐渐逼近，但排成空心方阵的步兵依然站在原地岿然不动，像是活人堡垒一般，冷静应对他们遇到的最可怕的闪电。受到阻碍的骑兵调转马头开始围攻马拉塔人的骑兵，将马拉塔骑兵赶到战场的四个角落。之后，他们试图迅速返回，但像穿越死亡峡谷一般，敌军的全部常规部队挡住了他们的去路，贝努瓦·德·布瓦涅的炮兵近距离地快速向拉索人的骑兵投射实心弹。方阵炮兵持续齐射，早上9时，跟随首领进攻的拉索人的四千骑兵几乎全部横尸疆场。贝努瓦·德·布瓦涅训练有素的步兵军队几乎没有伤亡，也不觉得疲惫，现在，他们成了进攻的一方。贝努瓦·德·布瓦涅迅速部署好军队，军队在大炮的掩护下前进，对拉杰普特人发起总攻。下午3时，所有的反抗都停止了，整个军营里大批的掠夺物和枪支弹药全部被贝努瓦·德·布瓦涅的军队缴获。印度的中世纪结束了。相较于鲁莽而勇猛的作战方式，科学的作战方式的优越性证明伯尼尔的猜测是正确的。米尔塔轻而易举地被攻占了，塔拉加尔高耸入云、固若金汤、俯瞰阿杰梅尔的堡垒很快被攻陷，胜利的号角声响彻印度。浦纳的纳纳·法纳维斯听闻此事，加快了他的阴谋，打算对抗他刚刚获得胜利的同胞，他还激起了塔库吉·霍尔卡的竞争欲。塔库吉·霍尔卡讲求实际，有智慧，他决定效仿玛多吉·辛迪亚，立即招兵买马，以同样的方式组织起一支像贝努瓦·德·布瓦涅的胜利之师一样的军队。虽然贝努瓦·德·布瓦涅已经精疲力竭，但他迅速命令军队向焦特布尔挺进。1790年11月18日，军队到达首都附近的库尔布尔。他的出现已经足够震慑对手，乌代布尔和焦特布尔王公立即向他投降。贝努瓦·德·布瓦涅将帖木儿家族的声望和骁勇善战的欧洲人的能力结合在一起。玛多吉·辛迪亚很幸运（借用赌桌上的一句话），他封

第13章 英国势力的兴起

赏给贝努瓦·德·布瓦涅更多领地，并命他再筹集两个旅的军队，失明的老君主授予这支军队"帝国军队"的称号。封赏给贝努瓦·德·布瓦涅的领地从马图拉一直延伸到德里，覆盖了整个北部多阿布地区，年收入约两百二十万卢比。当时，这是一笔非常可观的收益。据估计，结算完官兵的工资后，除了贝努瓦·德·布瓦涅自己的工资，他每年大约还有四万卢比额外的收入。此外，贝努瓦·德·布瓦涅还拥有无限制的民事权利与军事权力。他的指挥部在阿里格尔，他像国王一样统治着临近地区。然而，在贝努瓦·德·布瓦涅退休进行纯粹的民事管理之前，还有一些工作等着他。在与玛多吉·辛迪亚的好运与智慧对抗的最后几个人中，有一个人是今天的印多尔[①]的创建者——杰斯万特·拉奥·霍尔卡，他决定用对手的武器打击对手。1803年，惠灵顿公爵[②]持有和这位马拉塔人相同的观点，他非常喜欢欧洲人的军纪与作战风格，就像1760年马尔哈·拉奥·霍尔卡徒劳地催促巴奥时的观点一样。阿瑟·韦尔斯利将军在1803年写道："事实上，玛多吉·辛迪亚的军队已经成为一支军纪严明的部队。通过为他效力的欧洲军官的努力，他的权力已经达到顶峰。然而，在我看来，如果没有欧洲人或步兵为他的军队效力，他的军队只能用马拉塔人自己的方式——依靠骑兵作战。这样一来，他的权力，更准确地说是整个马拉塔联盟会不会变得如此强大，非常值得怀疑。"[③] 马尔哈·拉奥·霍尔卡和阿瑟·韦尔斯利是两位非常

---

① 印多尔是今印度中央邦西南部城市。——译者注
② 惠灵顿公爵，即阿瑟·韦尔斯利（1769—1852），英国著名的军事家、政治家、将领，19世纪欧洲重要的政治家之一。1815年在滑铁卢战役中击败了拿破仑。——译者注
③ 欧文：《选读》（Selections），第336页。——原注

杰斯万特·拉奥·霍尔卡

阿瑟·韦尔斯利

伟大的权威人士。然而无论如何，一旦一个国家引进新的管理体系，它所有的竞争对手就会被迫也这样做，最终，最有力地推行新体系的国家会取得胜利。

这是欧洲人在东方冒险的全盛期。一方面，虽然法国当时仍处在封建统治下，但它努力将勇敢的年轻人派到印度，这些年轻人除了谋取自身的发展外，还渴望恢复法国在印度的影响力，就像当初的迪普莱①、拉利、舍瓦利耶·劳一样。另一方面，印度本土的王公贵族在任用其他种族的战士方面并不保守。一个法国人的价值相当于和他体重等值的黄金，甚至连英裔印度人都可以当官，但英裔印度人的价值相当于和他体重等值的银子。然而，尽管英裔印度人很勇猛，也有熟悉当地语言和自己语言的独特优势，但他们得不到印度本土首领的完全信任。毫无疑问，在与英国的战争中，法国军官更有用，印度本土首领或许会很快意识到这种现象。除了奥德和德干地区的伊斯兰教总督，印度所有的本土力量都惧怕英国人在印度的发展，希望摧毁他们。事实上，莫卧儿帝国已经衰落，印度教的复兴取代了它，直到1849年锡克人被最终降服，莫卧儿帝国的统治才真正结束。

塔库吉·霍尔卡的新军队由一名法国军官指挥，他的名字有很多种拼法，其中一种是杜·德内克。他是法国皇家海军一名官员的儿子，被人们描述为有才华、有礼貌的绅士。同时代的作家称他为骑士，他的行为表明他是一位出身高贵的士兵。

---

① 迪普莱，即约瑟夫·马奎斯·迪普莱（1697—1763），法国驻印度总督，是罗伯特·克莱夫的竞争对手。——译者注

第13章 英国势力的兴起

1792年，玛多吉·辛迪亚乘胜追击，毫不畏惧地向浦纳地区推进。内阁的纳纳·法纳维斯和塔库吉·霍尔卡的联合对玛多吉·辛迪亚造成了严重威胁，塔库吉·霍尔卡有一支欧洲人组建的军队。玛多吉·辛迪亚有魄力，多才多艺，他决定立刻去对抗联军。他获得了佩什瓦和莫卧儿帝国君主的授权，前往浦纳。缓慢行军后，1792年6月11日，他到达了浦纳。1792年6月20日，玛多吉·辛迪亚举行了非常壮观的仪式，这位成功的代理人试图化解纳纳·法纳维斯对他的敌意。他将自己装扮成纳纳·法纳维斯最喜欢的人物比德尔的样子，手里拎着佩什瓦的拖鞋，扮演佩什瓦的演员身着华服，坐在仿照孔雀王座做成的宝座上。每个人都有自己的小癖好，玛多吉·辛迪亚的癖好是演戏，但他并没有将这种癖好强加给任何人。独裁者表现出的谦卑遭到了蔑视，这位名副其实的首领盛装打扮，却受到了老派的马拉塔人和婆罗门的嘲笑。

与此同时，塔库吉·霍尔卡找准时机发起攻击。他利用对手不在印度的时机，1773年以来第一次进军印度，像邪恶的精灵一样将伊斯梅尔·贝格从他暂时的幽冥之地召唤出来。塔库吉·霍尔卡让伊斯梅尔·贝格负责首都周围的地区防护，他立即强行与拉杰普塔纳的玛多吉·辛迪亚的民事代理人决裂。

在雷瓦利北部地区有一个叫卡瑙德的地方，卡瑙德在德里和哈恩西南部，与这两个城市距离相等，纳贾夫·库里·汗在这个地方的一个要塞里咽下了最后一口气。这个要塞是由泥土筑成的，外层是石头，矗立在比卡内尔大沙漠的边缘，周围是沙丘与生长缓慢的柳树。纳贾夫·库里·汗的遗孀是已故的格拉姆·卡迪尔·汗的姐姐，她现在仍然居住在这里。玛多吉·辛迪亚的官员们提出这位勇敢的帕坦女士投降的条件，并表示愿意将要塞拱手相让，但被她拒绝了，这给了伊斯梅尔·贝格重新走上历史舞台的机会。伊斯梅尔·贝格立即前来援助这位女士，但他发现这个地方被佩龙先生指挥的军队包围了。佩龙是位法国军官，他的名字将会在后文中经常出现。像往常一样，伊斯梅尔·贝格发起了猛烈的攻击，却再次失败了。伊斯梅尔·贝格闯入要塞，躲在里面，并且抵御了一段时间。但纳贾夫·库里·汗的妻子被炮弹炸死后，要塞的守军失去了信心，他们开始计划将这位莫卧儿的约拿[①]扔出要塞。伊斯梅尔·贝格得到了佩龙的许诺，佩龙称可以饶他一命，他对佩龙的许诺深信不疑，这一点表明亚洲人对欧洲人怀有真正的敬意。伊斯梅尔·贝格立即躲进佩龙的营地，但他随后被押送到了阿格拉的监狱。伊斯梅尔·贝格一直被监禁在监狱中，直到几年后去世。富兰克林在1794年写的书中说："只要马拉塔人统治着德里，伊斯梅尔·贝格就永远不会被释放，但他可以继续活着扮演重要的角色。但我相信，大约四年后他去世了。在阿拉格要塞的德里门附近，他有一处住所，人们通常称其丹·萨哈·贾特的房子，现在依然矗立在那里。"

  与此同时，贝努瓦·德·布瓦涅亲自带兵对战塔库吉·霍尔卡。塔库吉·霍尔卡不仅带了许多马拉塔骑兵，更可怕的是，他还带来了四个营的印度兵。这些印度兵由杜·德内克上校指挥。看到帝国军队的兵力处于劣势，塔库吉·霍尔卡立即在拉克海利发起进攻。拉克海利离卡瑙德不远，在前往阿杰梅尔的路上。贝努瓦·德·布瓦涅认为，1792年9月发生的这次战役是他见过的抵抗最顽强的战役。杜·德内克选择了非常有利的据点，他占据了一个关隘的顶峰，后方有树木做掩护，前方是一片沼泽，两侧是森林。另外，他的常

[①] 约拿是希伯来人《圣经》中的十二小先知之一，其事迹记录在《约拿书》中。——译者注

第13章 英国势力的兴起

规步兵有大炮的辅助，并且有三万骑兵保护。贝努瓦·德·布瓦涅从高处侦察了敌军的位置，冒着塔库吉·霍尔卡军队猛烈的炮火前进。他的炮兵在前进途中意外受阻，等到炮兵赶来时，他希望炮兵能压制敌军的炮火。但那天贝努瓦·德·布瓦涅的炮兵军官运气不佳。一辆炮车被击中，导致十二辆炮车爆炸。塔库吉·霍尔卡注意到敌军出现混乱，他命骑兵从树林中冲出去进攻贝努瓦·德·布瓦涅。杜·德内克开始进攻贝努瓦·德·布瓦涅的步兵。塔库吉·霍尔卡的骑兵的进攻混乱无力（此时他一定感觉到了伊斯梅尔·贝格的缺席），贝努瓦·德·布瓦涅命他的士兵隐蔽在另一片树林中，不久，在九千把火枪的持续射击下，塔库吉·霍尔卡的骑兵被击退。塔库吉·霍尔卡的军队撤退时，贝努瓦·德·布瓦涅开始派他的骑兵追击敌军并将他们赶出了阵地。现在又轮到贝努瓦·德·布瓦涅进攻了，他在浓密的树林里重新部署了步兵和炮兵，准备攻击敌军剩余的常规部队。虽然塔库吉·霍尔卡的常规部队都是新兵，作战还不熟练，但他们勇敢战斗，直到全军覆没。他们的欧洲长官几乎全部牺牲，三十八门大炮也被夺走。这场战役已经没有回旋的余地，主要是因为塔库吉·霍尔卡的骑兵缺乏战斗力。这证明了三十多年前的帕尼帕特战役中易卜拉辛·汗盲目自信的危险性。塔库吉·霍尔卡带着他剩余的部队穿过昌巴尔河，撤退到马尔瓦。在马尔瓦，他劫掠了乌贾因。乌贾因是玛多吉·辛迪亚管辖的主要城市之一。

发生这些事情时，君主发布了一条注定会被回绝的命令。时间和苦难没能改变他的轻率，这种性格一部分是从他祖先那里继承来的，一部分是他与生俱来的，既是他最大的缺点也是他最大的安慰。由于君主一直依靠贡金生活，每年只有九万英镑的薪俸，而且这笔钱还不能如期支付，他开始垂涎先前割让给英国的那些繁荣的大省。

因此，1792年7月，君主命令德里宫廷的新闻发布者宣布，他已经派人将文件送往浦纳，命令玛多吉·辛迪亚从孟加拉行政管理部门收取贡赋。1785年君主就曾这样做过，但没有成功，这次的结果也不太理想。大家领会到了这个暗示的含义，但是发布这个暗示的方式令那些进贡的人感到不满，他们认为这种暗示极其糟糕。1792年8月2日的国书上，当时孟加拉的总督康沃利斯勋爵下令送信给玛多吉·辛迪亚，告诉他以目前德里宫廷的情况来看。玛多吉·辛迪亚将对所有以君主的名义下发的文书直接负责，任何企图从英国政府索要贡赋的行为都将"令人厌恶"，再次强调了英国不愿干涉莫卧儿帝国内政的立场。此外，信中还补充了一条非常重要的信息，如果有人轻率地以不合理的要求或形式侮辱英国政府，英国政府对自己的实力非常有信心，一定会充分满足他的要求。

这些激烈的言辞，或许与英国政府在印度享有的抽象的权力完全一致，抑或是与维持沃伦·黑斯廷斯和阿瑟·韦尔斯利在外交政策上出现分歧后，最后获胜的和平政策的基本要求一致。玛多吉·辛迪亚（他很清楚十二年前波帕姆少校在瓜廖尔的表现）立即向英国政府保证，他非常尊重印度领土上的英国政府，就个人而言，他现在唯一的目标是在仍然由莫卧儿帝国的君主统治的领土上确立帝国王权。

玛多吉·辛迪亚完全取得了成功，他在政治方面的才能及贝努瓦·德·布瓦涅军队的威名，从整个萨特累季河到恒河流域，以及从喜马拉雅山系到温迪亚山脉地区都得到了认可。约十年间，印度的历史实际上是一些外国探险家的传记，这些探险家承认玛多吉·辛迪亚的成功造就了他们。在这位独裁者统治时期，有两个人几乎位列王公。这两个人是贝努瓦·德·布瓦涅和沃尔特·莱因哈特的寡妻。他们一个在萨尔达纳，另一个在阿里格尔。骑士杜·德内克没有得到塔库吉·霍尔卡的重用，他离开了塔库吉·霍尔卡（没有一丝自责），不再为这位失败的首领效力。随后，他加入了自己的同胞及对手贝努瓦·德·布瓦涅的阵营，成为一名营级指挥官。上世纪，"历史的尊严"并没有记录这些英勇的士兵的生活细节，但人们可以想象：夜晚，在装饰精美且富丽堂皇的屋子里，他们没有讨论是否再次打响拉克海利战役，而是喝着从加尔各答的英国商人那儿买来的昂贵的劣质红葡萄酒，讨论着阿尔卑斯山的斜坡和大西洋的悬崖的优缺点，勉为其难地承认处于两地间的葡萄园的优点，或者谈论出生在法国乡下的同伴的困惑，并用卷舌音轻轻地哼唱着有关爱与红酒的法国歌曲。

沃尔特·莱因哈特寡妻的军队中的军官，很少有意气相投的。陆军军官莱维苏尔特上校（或者叫瓦瑟），无法确定印度人对这些名字的读法）似乎是一位优秀的年轻人。她的另一位欧洲军官非常杰出，是一个叫乔治·托马斯的爱尔兰人。十年前，他离开马德拉斯·罗兹的一艘军舰，默默无闻地在卡纳提克待了一段时间。后来，他开始在沃尔特·莱因哈特寡妻的军队中服役。像我们看到的那样，1788 年，他在高卡尔加尔营救沙·阿拉姆二世的战役中出名。沃尔特·莱因哈特寡妻的军队从未洗刷由这支军队的创建者沃尔特·莱因哈特留下的污点。这位勇敢而年轻的爱尔兰人优点很多，譬如高大英俊，勇敢无畏，以及他那任性的种族不计得失的慷慨。他表现得非常突出。毫无疑问，见识过他在高卡尔加尔战役中的优异表现的人都认为他是个军事天才，但他的军事才能不是来源于他接受过的教育。此时，他的行政才干已经崭露头角，人们认为他以后会成为更伟大的领导人物，出现在更大的舞台上。

1792 年的一段时间，沃尔特·莱因哈特的寡妻开始显露出对莱维苏尔特的偏爱。乔治·托马斯不仅意识到了自己的优点，还招来了法国人的敌意。当时法国人被刻画成英国水手的形象。于是他决定不再为沃尔特·莱因哈特的寡妻效力，打算尝试一份更独立的事业。带着这些想法他退休了，然后立即来到位于恒河流域的阿努普沙哈尔，接下来会经常提到这个地方。阿努普沙哈尔有一段时间是英国人在威廉堡确立对印度的统治权时的边防军的军营。乔治·托马斯在这里受到了热情友好的欢迎，在这个临时避难所，他开始与阿帕·坎蒂·拉奥联系。阿帕·坎蒂·拉奥是他先前在马拉塔人的军队中见到的首领。乔治·托马斯开始为阿帕·坎蒂·拉奥效力，阿帕·坎蒂·拉奥将伊斯梅尔·贝格先前在梅瓦特的扎伊吉尔的一块地分给他。乔治·托马斯在梅瓦特待了十八个月，长期为征服他名义上的子民而不懈努力。

与此同时，沃尔特·莱因哈特的寡妻和拉维苏尔特按照两人都信奉的教派的古老的教会仪式结婚了。不幸的是，由于女方现在的声望和男方的政治影响力，两人是秘密结婚的，见证人只有新郎的两位朋友——萨勒赫先生和伯尼尔先生。

这段时间，玛多吉·辛迪亚在浦纳试图努力提高自己在马拉塔人的领地上的影响力。然而，在这里他想将自己的影响力提高到和他在印度的影响力一样高的水平非常困难。在印度，玛多吉·辛迪亚面对的是一个年迈且失明的酒色之徒，他的地位至高无上，而在浦纳，最高统治者马杜·拉奥佩什瓦不仅还活着，而且精力旺盛。马杜·拉奥佩什瓦有一位绝对忠心的顾问——纳纳·法纳维斯。这位顾问在能力上几乎和玛多吉·辛迪亚旗鼓相当，而且毫无疑问，他有一个优势，即他的目标非常明确，行动的范围也十分狭小。然而，

浦纳的最高统治者马杜·拉奥佩什瓦和顾问纳纳·法纳维斯

在一本描写印度无政府状态的书籍中，探索马拉塔人政治活动的迷宫不是我的任务之一。我们迄今为止参考最多的波斯人的历史书——《莫扎法伊尔传》只关注了这段时期发生的事件，我们目前的目的是说明这些事件的过程。该书在记录格兰特·达夫上尉的事迹时并不详细，虽然该书对浦纳政治的描述与格兰特·达夫1794年的描述没有出入，但这已经足够。这位波斯作者简明阐述了马杜·拉奥佩什瓦（他在这段时间非常痛恨玛多吉·辛迪亚）派杀手在离城市不远的地方伏击玛多吉·辛迪亚的事件。玛多吉·辛迪亚成功逃脱，但受了几处重伤。这位作家经常说明自己生活在比哈尔或印度，从他的处境与他讲述的故事的模糊性来看，这很明显是一个谣言，但这个谣言来源于事实。1794年2月12日，玛多吉·辛迪亚在马拉塔人的首都附近的瓦纳利去世。玛多吉·辛迪亚被反对他的人设计的阴谋害死，他不仅受到纳纳·法纳维斯的反对，而且几乎受到所有旧马拉塔人政党首领的反对。

格兰特·达夫著作的第三卷第五章中，有一处对玛多吉·辛迪亚的性格进行了有趣、严谨但正面的描述：

就像他在印度的行动中表现出来的那样，我们发现他是一个无师自通的伟大的统治者。他非常神奇地集多种优点于一身：决策时小心谨慎，行动时锐意进取，意志坚强，但在影响舆论方式上显得有点儿粗俗；他的阅读和写作能力非常出色；他是一位优秀的会计师，精通税收管理，因此他可以自己说了算，而不是像大多数马拉塔人的首领一样，不得不受制于诡计多端的婆罗门。我亲密的朋友丁卡尔·拉奥爵士给我讲马拉塔上层社会的传统时告诉我，年

第13章 英国势力的兴起

长者告诉他,除了对那些懦弱的人和在战斗中逃走的人,王公从不对某人表现出严重不满,他对所有人都一视同仁。论功行赏,从不考虑他们的信仰、社会地位或肤色。他在自己招募的军队中进行大规模改革,雇佣大批比本土人更吃苦耐劳的种族的人来训练和指挥军队,这些方面展现了他知人善用的能力和独特的创造力。"爱托利亚就这样强大起来(Sic fortis Etruria crevit)。"① 令人惊奇的是,与中世纪的欧洲使意大利北部各邦繁荣强盛一样,玛多吉·辛迪亚造就了东方意大利。

注:接下来摘录的是1874年6月5日《德里公报》的内容,表明了阿里加尔的官员们的居住惯例,具体内容如下:

贝努瓦·德·布瓦涅住在一座称为萨希卜·巴格的著名官邸里,这座官邸在堡垒和城市之间。当他离开法国时,他将这座官邸送给了佩龙。佩龙改进了房屋结构和花园,花园里整齐地排列着他从气候不同的遥远的地方寻来的各种各样的果树。他还装饰了自己的宅邸。据法国官员说,这座花园仅次于阿格拉河边的拉姆巴格的花园,景色非常美丽。佩龙军队中有很多不同国家的官员,有英国人、法国人和意大利人。仅次于佩龙的官邸的是佩德隆上校的官邸。佩德隆掌管着阿里格尔要塞,他的官邸修建在一个宽阔的花园里,英国征服印度时被改为法庭,现在依然坐落

---

① Sic fortis Etruria crevit,这句话出自古罗马诗人维吉尔的语录,意思是"Thus mighty Eturia grew"或"thus Etruriaruscan vases"。——原注

在那里。刚才说到的这个花园在一个校园里，花园里还有一些老阎浮树。骑士杜·德内克是佩龙军队里的一位杰出军官，他的房子在城市的边缘，依然矗立在那里，现在是库什乌克·阿里的住所。库什乌克·阿里是一位值得尊敬的伊斯兰教徒。①

---

① 一个老公使在阿里加尔讲述的关于柯伊尔的历史。——原注

第 **14** 章

英法争夺印度

精彩看点

道拉·拉奥·辛迪亚——乔治·托马斯被阿帕·坎蒂·拉奥收为养子——萨尔达纳革命——沃尔特·莱因哈特的寡妻受到攻击——沃尔特·莱因哈特的寡妻成为更睿智的女性——阿富汗人的入侵——贝努瓦·德·布瓦涅退休——佩龙将军——伊斯兰教徒的诡计——阿富汗人受阻——在奥德继位——拜斯之战——阿富汗人和英国人——辛布纳特崛起——乔治·托马斯独立——拉科瓦·达达反叛——贾斯万·拉奥在印多尔被击败——佩龙的权力

1794年，道拉·拉奥·辛迪亚用和平方式夺取了已故的玛多吉·辛迪亚的权力和职位。道拉·拉奥·辛迪亚是玛多吉·辛迪亚最小的侄子的儿子。玛多吉·辛迪亚去世前不久，准备领养道拉·拉奥·辛迪亚的父亲。虽然这位新宰相只有十五岁，但由于德干地区的首领与他的穆斯林邻居正在开战，塔库吉·霍尔卡也越来越感到力不从心，因此，这位年轻人有充足的时间来巩固自己的地位。道拉·拉奥·辛迪亚的身边有一支八个营的军队，由一位叫费洛斯的那不勒斯人指挥。这支军队驻扎在浦纳。沃尔特·莱因哈特的寡妻和她的新任丈夫居住在萨尔达纳。贝努瓦·德·布瓦涅住在阿里加尔。乔治·托马斯仍旧忙着征服一个没有实权的酋长名义上授予他的领地。这些状况充分展示了印度在这一时期普遍处于无政府状态。

　　玛多吉·辛迪亚去世的消息与随之而来的权力继承问题给德里造成了一定困扰，并促使阿帕·坎蒂·拉奥在乔治·托马斯的陪同下拜访了首都。在首都，他们从玛多吉·辛迪亚的代表戈帕尔·拉奥·巴奥那里获得了几个封地的授权。乔治·托马斯的传记作家写道："不久，这位首领在沃尔特·莱因哈特的寡妻和她丈夫的煽动下，扰乱了阿帕·坎蒂·拉奥的士兵们的军心。这些士兵发动叛变并将

玛多吉·辛迪亚

1794年,道拉·拉奥·辛迪亚登上宝座

他们的首领阿帕·坎蒂·拉奥监禁起来。为了报复，乔治·托马斯洗劫了沃尔特·莱因哈特的寡妻在德里南部的财产，并忠诚地将自己的主人护送到卡瑙德。这次，阿帕·坎蒂·拉奥依然意气用事，将乔治·托马斯认作义子，并赠予他精美的礼物，授予他相邻的几块土地的管理权。这些土地当时的年收入在十五万卢比左右。"

  人们不能对宝塔树的信仰产生质疑，当时，宝塔树在英国社会的信仰中是一个非常重要的组成部分。因此，当我们发现一名四十岁的普通水手率领一支精挑细选的骑士组成的护卫队，管理着一个像其他一些富有的小王国一样大、一样繁荣的县时，也不会觉得奇怪。毋庸置疑，这样做的代价其实非常高。一方面，虽然乔治·托马斯非常努力，但他的地位和生命一直在危险的边缘徘徊。另一方面，乔治·托马斯的脑海中有时会浮现出他实现了自己愿望的美好景象，他想象着自己回到了家乡蒂珀雷里，并享受着怡然自得的生活，但现实并不美好。目前，堕落的欧洲人经常计划去山中度假，偶尔去英国休假。居住在印度时，他们会利用进口的奢侈品和各种避暑措施来忍受印度炎热的气候。在漫长的流徙生活中，发生了一些难以置信的事情：在印度，连续多年听不到人们讲英语；保护豪华住所的是缝制的厚窗帘和木制的百叶窗；平静生活中唯一的娱乐活动是火热的集市上偶尔的狂欢。然而，这样的平静生活也非常罕见。依靠自己的优势并通过不断奋斗取得成功，这种感觉是乔治·托马斯当时的生活中唯一的慰藉。

  首先，乔治·托马斯不得不与各种困难斗争，尤其是与他反复无常的首领斗争。1794年，乔治·托马斯受到了为道拉·拉奥·辛迪亚效力的拉科瓦·达达的诱惑，拉科瓦·达达让他指挥两千骑兵。然而，他坚定地抵制了诱惑，继续为阿帕·坎蒂·拉奥效力，尽管

第14章 英法争夺印度

阿帕·坎蒂·拉奥对自己的追随者都很虚伪。虽然乔治·托马斯从事的事业没有什么前途，但他不得不再次面对沃尔特·莱因哈特的寡妻的阴谋诡计。沃尔特·莱因哈特的寡妻在她丈夫的唆使下，率领四个营的步兵、二十门大炮与四个骑兵中队直逼乔治·托马斯的新领地，并在切杰尔①东南方向安营扎寨。乔治·托马斯立即准备抵抗入侵者，但沃尔特·莱因哈特的寡妻突然带着她的军队消失了。这一事件展现了当时不同寻常的时代特征。

前文已经提到萨尔达纳的大多数官员的残暴性格。除了个别几个官员，其他官员既不会读书也不会写字，他们大都行为放荡，举止轻浮，就像印度从未受过教育的欧洲人一样，尤其是与生俱来的种族自豪感加上他们年轻时养成的无法抵制权势的诱惑的性格。在这些人中（拉维苏尔特自然不愿与他们为伍）有一个德国人或比利时人，现在我们只知道他的外号是"里基人"，这个外号很有可能来源于他的出生地。人们认为乔治·托马斯与这个人一直在通信，通过这种方式，他了解了自己的前战友的不满情绪。沃尔特·莱因哈特的寡妻一直保守着自己已经再婚的秘密，但拉维苏尔特在军队中不得人心。得知军官们已经开始与已故的沃尔特·莱因哈特的儿子谈判，沃尔特·莱因哈特的寡妻和她丈夫率领部分军队迅速回到萨尔达纳。沃尔特·莱因哈特的儿子以纳瓦布·扎法里雅布·汗的头衔定居在德里。发现情况愈发严峻，沃尔特·莱因哈特的寡妻和她丈夫很快决定放弃争夺，携带约二十万卢比的财产撤退到英国人的领地。他们写信给麦克高恩上校，向他告知了此事，并要求他派

---

① 切杰尔是今印度哈里亚纳邦切杰尔区的一座城市。——译者注

阿努普沙哈尔的军队前来支援。然而，他们发现这位上校非常谨慎，不愿参与帝国官员争权夺利的事情。1794年4月，拉维苏尔特直接写信给道拉·拉奥·辛迪亚，结果是，道拉·拉奥·辛迪亚同意秘密调拨一支军队给他。后来，拉维苏尔特成为战俘，但他和他的妻子还是被允许一起住在昌达尔纳加尔。

1795年年底，纳瓦布·扎法里雅布·汗率领部队从德里出发，我不知道他因为什么做出了这个愚蠢的决定，固执己见地想要切断敌人的逃路。如果他足够明智，他应该为自己的敌人铺好逃跑的路，哪怕是用银子。纳瓦布·扎法里雅布·汗的军队已经出发的消息使拉维苏尔特加紧采取措施，他与妻子一同出发，他的妻子坐在轿子里，他全副武装骑在马上。他们两人已经达成共识，如果其中一个人战死，另一个人也绝不独活。他们的一部分军队仍然留在萨尔达纳。有些将士被哗变者拉拢腐蚀了，另一些将士愿意在入侵者到达之前去追赶拉维苏尔特及其妻子。因此，斯利曼从在场的目击者那里收集了一些信息，他描述的情况是这样的："他们在通往密鲁特的路上走了三公里，忽然发现了快速前来攻击轿子的军队。拉维苏尔特从他的枪套里掏出手枪，催促轿夫加快脚步。他本可以轻松跑掉，保全自己的性命，但他不愿抛弃自己的妻子。最后，士兵们从后面逼近他们。沃尔特·莱因哈特寡妻的女仆开始尖叫，拉维苏尔特立即向轿子看去，发现自己妻子的白色衣服上浸染着鲜血。她想用匕首自杀，但匕首刺到了她胸口的一根骨头上，她没有勇气再刺一刀。她的丈夫用手枪对准太阳穴，开枪自杀了，子弹穿过他的头颅，他倒在地上死去。"这段描述与乔治·托马斯提供给他的传记作者的描述有所不同，乔治·托马斯的描述让人们怀疑沃尔特·莱因哈特的寡妻有意欺骗她的丈夫，让他自杀。乔治·托马斯说："拉维苏尔特骑

第 14 章 英法争夺印度

马走在队伍的最前面,后面有人给他传递了消息,看到送信人带来的一件沾满血迹的衣服后他自杀了。"然而,让人费解的是,在这样一个关键时刻,一个地位很高的男人为什么要离开他的妻子呢?因此,乔治·托马斯很自然地倾向对沃尔特·莱因哈特的寡妻不利的观点,但当时的结果并不能证实她与反叛者达成了某种共识的说法。她被抬回要塞后绑在一门大炮上,被剥夺了所有财产。在这种情况下她苟延残喘了几天,如果不是一位善良的女仆经常来探望她,给她带来一些食物,她可能早就饿死了。

新上任的纳瓦布是一个孱弱且放荡的年轻人。沃尔特·莱因哈特的寡妻有一个叫萨勒赫的朋友,是一名军官,读者们可能还记得萨勒赫曾是她的婚礼的见证人之一。不久,沃尔特·莱因哈特的寡妻被释放了。萨勒赫立刻与乔治·托马斯进行交涉,由于他的诚挚与热切,他获得了乔治·托马斯的援助。这位慷慨的爱尔兰人忘记了过去发生的事情,他立即写信给他的朋友,强硬地指出,如果他们坚持这种任性妄为的行为,解散军队将会是唯一的结果,因为这种行为对君主和宰相都非常不利。采取了这些措施后,他立即紧急赶往萨尔达纳。到达萨尔达纳后,带引他的贴身骑兵护卫队忽然冲向纳瓦布·扎法里雅布·汗。当时的贴身骑兵护卫队是每个指挥官的随军的一部分。纳瓦布的整个军队中,部分人被俘虏了,部分人受到了惊吓,他们厌倦了自己当家做主,对纳瓦布·扎法里雅布·汗也非常失望。于是,他们将自己的新首领抓起来,剥掉了他身上的所有衣物,将他送回德里。沃尔特·莱因哈特的寡妻在一个被她压制了很多年的骑士的帮助下,夺回了领土,她的余生再也没有受到任何侵扰。她的秘密不难被发现,虽然她对她那位年轻勇敢的法国人丈夫充满热情,也想得到自己所信仰的宗教的认可,但她不愿公开承认再婚，因为这会迫使她放弃作为沃尔特·莱因哈特继承人的地位。她拥有大量财富，但也有许多敌人，因此，一旦决定放纵自己的感情，她不得不在爱情与继承权之间做出选择。如果人们知道了她再婚的秘密，一定会和她争夺继承权。

　　萨勒赫现在被任命为军队的指挥官。这个精明的女人再也不会允许她的性别弱点危及她的权力。从乔治·托马斯（他为此花费了二十万卢比）帮她夺回领地到1836年她去世，她的霸权再也没有受到国内危险势力的威胁。我们可以推测，当时她42岁，已经非常成熟，人们希望她学会克制自己的冲动，这种冲动有时会使一名女性统治者冒着被所有人反对，让一位朝臣成为自己的主人的危险。之后，她的精力主要放在治理广阔的领地上，对领地进行有效监管需要付出大量的精力和时间。她的领地从恒河一直延伸到朱木拿河对岸，从阿里加尔附近延伸到莫扎法纳加尔以北。她还有一块扎吉尔在朱木拿河对岸。近来，她的继承人因为这块扎吉尔在与政府打官司。她一直居住在萨尔达纳，在这里她修建了宫殿、修道院、学校和教堂，这些建筑现在还在。她的领地一直保持着和平安定，她不允许任何胆大妄为的首领藏匿罪犯，诈取政府收入。所有的耕地都被保护得很好，适宜种植。这一点对于一个亚洲统治者来说非常值得赞扬，但之后我们会看到她不好的一面。

　　死神很快帮她摆脱了她对自己不孝的继子的所有担忧。她的继子被监禁在德里时因酗酒过度去世，留下了一个女儿，后来嫁给了一个叫戴斯的人，生下了忧郁者戴斯先生。关于戴斯先生忧郁的故事对现代人来说非常熟悉。和他声名狼藉的父亲一样，纳瓦布·扎法里雅布·汗被埋在阿格拉，但他的墓碑没有立在墓地，而是放在了一个小教堂里，此后，这个教堂就被世俗化了。

第 14 章 英法争夺印度

忧郁者戴斯先生

目前,乔治·托马斯暂时取得了胜利,他的马拉塔敌人戈帕尔·拉奥·巴奥的阴谋被粉碎了,因为戈帕尔·拉奥·巴奥被别人取代了。乔治·托马斯的朋友拉科瓦·达达成为印度的中将。此时,阿帕·坎蒂·拉奥企图对他忠实的仆人及养子采取轻率的、背信弃义的措施,他的这一行为只能认为是他一时糊涂所致。乔治·托马斯依然在不停地征战,镇压各地的反叛势力,压制所有的劫掠行为。但他这样做是为了自己,他必须通过战争获得财富。

此时,我们发现阿富汗人的态度对印度的国事产生了非常重要的影响,但这种影响与侵略者自己期望的影响大相径庭。沙·阿拉姆二世在他的诗中提到帖木儿·沙在 1793 年 6 月去世后,阿富汗国内出现了动乱。经历了一段时间的动荡不安后,帖木儿·沙的一个儿子继承了扎曼·沙阿的头衔。1795年5月28日的《加尔各答公报》公布了这位新统治者：

> 来自德里的信中提到，阿布达利的统治者扎曼·沙阿打算入侵印度，然而，他的计划暂时被他兄弟们的敌意阻止了……得知锡克人不会在这个季节入侵多阿布，我们感到很欣慰。

这位扎曼·沙阿就是多年后在卢迪亚纳[①]去世的阿富汗统治者，死前他双目失明，依靠英国人的抚恤金生活。1839年，为了恢复扎曼·沙阿的统治，同时为了其他目的，英国远征军进军喀布尔。

这一时期，德干的总督在他著名的法国将领雷蒙德的帮助下，试图在印度南部恢复穆斯林统治，但没有成功。1795年3月12日，在艾哈迈德纳加尔[②]附近的凯尔德拉发生了一次战役，这次战役以双方军队中的欧洲人和他们众多训练有素的追随者出名。德干总督率领的军队除了大量亚洲骑兵和普通步兵外，还有一万七千多名由雷蒙德指挥的步兵，以及一批正规骑兵和炮兵的支援。马拉塔人有一万名佩龙指挥的正规军，五千名费洛斯指挥的正规军，三千名约翰·赫辛指挥的正规军，以及四千五百名杜·德内克和博伊德指挥的正规军。马勒森上校在他的著作《法国人在印度的最后的斗争》中生动形象地描述了这场战役。在这本书中，这位杰出的作家带着

---

① 卢迪亚纳是今印度旁遮普邦北部的一座城市。——译者注
② 艾哈迈德纳加尔是今印度马哈拉施特拉邦艾哈迈德纳加尔县的一个城镇。——译者注

扎曼·沙阿——在卢迪亚纳去世的阿富汗统治者

令人钦佩的研究精神，对法国人的勇敢做出了公正的评价。法国人在战斗初期经常压制英国人，竭力阻止英国人取得胜利。这次，穆斯林的军队完全被佩龙和他的同伴打散了。这次战役中，马拉塔人的佩什瓦将所有马拉塔首领统一在自己的统治之下[①]。莫卧儿帝国对德干的统治权在英国的介入下被保留下来，但从此以后对德干的统治完全依赖英国政府。

早在1796年，贝努瓦·德·布瓦涅将军的身体状况就开始发生明显变化。二十五年来，他四处征战。在这段漫长的时间内，通过不懈努力，他积累了大量财富，并渴望带着这些财富回到自己的祖国。道拉·拉奥·辛迪亚没有任何合理的理由反对他离开，1796年6月，他在私人护卫队的护送下前往加尔各答。他的护卫队骑着精良的波斯马，后来，这支护卫队被收编为英国总督的贴身保镖。作为一名军人，贝努瓦·德·布瓦涅在刚刚拥有至高无上的权力时，展现了当时的形势所需要的一切美德。同时，他也关心自己的私人事务，他积累了大约五十万英镑，这些钱足够他在自己的祖国买下一大片土地，五十万英镑在他的祖国是非常多的一笔钱。他以伯爵头衔在萨瓦生活了多年。来自印度的客人总会受到这位退伍军人的热情欢迎和款待，而且他一定会给客人们讲述马拉塔人的战争的故事。1797年2月1日，经过一些必要的内部调整，佩龙先生接替了贝努瓦·德·布瓦涅的职位。佩龙先生是一位军官，我们已经多次提到他。贝努瓦·德·布瓦涅认为佩龙是一位坚定而勇敢的战士。像乔治·托马斯一样，佩龙坐着军舰来到印度，起初为桑斯特先效力，当了一名非雇佣军官。贝努瓦·德·布瓦涅从他募集的第一支

[①] 格兰特·达夫，第二卷，284页到288页。——原注

第14章 英法争夺印度

军队中给了他一个连队,赐予他上尉头衔。如上所述,大家认为莱斯顿瑙私藏了格拉姆·卡迪尔·汗在逃往密鲁特时携带的掠夺物,1788年莱斯顿瑙逃跑后,佩龙接替了他,成为一个营的指挥。击败伊斯梅尔·贝格后,他升任为一个旅的指挥官。现在他指挥着整个正规军。因为在贝努瓦·德·布瓦涅管辖的领地上,军事管理与民事管理不可分割,所以佩龙还要同时管理民事事务。在他之下,还有杜·德内克以及其他军官指挥的旅。这些军官大多是法国人,之后我们会看到更多法国军官。虽然贝努瓦·德·布瓦涅认为佩龙的军事能力很强,但一直怀疑他的政治智慧,因为弗雷泽和格兰特·达夫称虽然佩龙严肃警告过道拉·拉奥·辛迪亚,让他不要做得太过分,但佩龙的建议却在一定程度上导致了道拉·拉奥·辛迪亚的过分行为。贝努瓦·德·布瓦涅将军离开前给道拉·拉奥·辛迪亚的忠告是:"永远不要冒犯英国人,一旦冒犯,就解散军队,否则战争会很快爆发。"

道拉·拉奥·辛迪亚一直待在德干,他想按照他叔叔的计划同时管理两个国家。他的叔叔以前在印度非常有影响力。此时道拉·拉奥·辛迪亚在印度(他的马拉塔同胞的嫉妒除外)唯一的阻碍是乔治·托马斯,他不得不与乔治·托马斯展开竞争。

目前,乔治·托马斯和佩龙还没有接触,因为乔治·托马斯将自己的活动范围限制在西部和西北部,他认为目前自己必须全力以赴地应对领地内部的竞争和周边部落的抵抗,无暇顾及其他事务。他刚刚与奸诈的阿帕·坎蒂·拉奥和解,梅瓦特的情况也逐渐稳定下来,但短暂的平静再次被一封情报打破。根据情报,阿帕·坎蒂·拉奥溺水去世,他的继任者即他的儿子瓦曼·拉奥继承了他父亲虚伪奸诈的性格。沙姆利①总督和拉克瑙提的叛乱在多阿布北部地区引发了一次短暂的战役，除了加强该地区的防御外，直到最终与瓦曼·拉奥决裂，乔治·托马斯才开始积极行动起来。

沙姆利总督的叛乱（被乔治·托马斯镇压了下去）似乎与纳吉巴巴德家族不安分的罗希拉人的行动有关，这个家族的首领现在是班布·汗。班布·汗是已故的格拉姆·卡迪尔·汗的哥哥，自从他的弟弟去世、格豪斯加尔要塞被摧毁之后，他成为锡克人中的流亡者。由于道拉·拉奥·辛迪亚的长期缺席，他重新和阿富汗人建立了联系，并展现出锡克人的贪婪。阿富汗人总是介入印度复兴伊斯兰教统治的行动中。锡克人已经从1779年米尔扎·纳贾夫·汗暂时的失败中恢复了元气。著名的艾哈迈德·沙·杜兰尼的孙子率领三万三千名阿富汗骑兵出现在白沙瓦。锡克人和阿富汗人很快出现了分歧，双方在阿姆利则②背水一战。由于炮轰无济于事，锡克人非常莽撞地冲进了扎曼·沙阿的军队，共计损伤三万五千人。扎曼·沙阿撤退到拉霍尔。奥德省督在罗希尔坎德进行的不彻底的征服活动充分反映了多阿布地区的混乱状态。

在这次危机中，阿萨夫-乌德-道拉于1797年9月21日在勒克瑙去世，他的继承人维齐尔·阿里是否会参与同宗教人的复兴斗争，还不能确定。必须记住，因为莫卧儿帝国受制于道拉·拉奥·辛迪亚，所以它被视为印度教势力，什叶派和逊尼派有望加入印度教来反对马拉塔人或英国人。然而，假设这些教派取得了成功，他

---

① 沙姆利是今印度北方邦的一座城市。——译者注
② 阿姆利则是今印度西北部旁遮普邦的一座城市。——译者注

第14章 英法争夺印度

们或许会在战利品的分配上出现争吵。此外,值得注意的是,这一年或第二年,在扎曼·沙阿的率领下,阿富汗人再次进军拉霍尔。

在英国总督看来当时事态的发展非常严峻,英国必须进行必要的干预。对大多数政治家来说,沉着冷静、有胆有识的约翰·肖尔爵士对当地的调查也许是一件无关紧要的事。约翰·肖尔爵士调查

约翰·肖尔爵士

的事是：法定继承人是否是阿萨夫－乌德－道拉的儿子。这有悖于维齐尔·阿里（事实上的继承人的主张）的重要主张，他很快被革职并被他年老的大伯萨阿达特·阿里二世取代。当他发现已经无法挽回自己的王位时，维齐尔·阿里采取了暴力措施。他企图毫无理由地谋杀谢利先生，谢利先生是一位定居在贝拿勒斯的英国人。

萨阿达特·阿里二世

第14章 英法争夺印度

这一行动使维齐尔·阿里从一位政治殉道者变成了一位被终身监禁的囚犯，这些事件在米尔的著作《历史》，以及廷茅斯勋爵的儿子所著的《廷茅斯勋爵传》中有非常详尽的描述。与此同时，约翰·肖尔派马赫迪·阿里·卡率领使团去了波斯。随后，阿富汗西部的入侵者与扎曼·沙阿撤出了旁遮普。这些事件目前只参考了《印度史》一书，它们表明英国的势力已经在旁遮普出现，同时表明正直、温和的英国政治家是被迫在莫卧儿帝国的政治领域内取得新的进展的。

大约在这个时候，塔卡吉·霍尔卡去世了，在印度和德干的政治活动中他不再扮演任何角色。虽然塔卡吉·霍尔卡并不是霍尔卡家族伟大的创建者马哈尔·拉奥·霍尔卡的血亲，但他继承了这个家族的传统，即对辛迪亚家族的敌意和与印度教徒或穆斯林结盟，印度教徒和穆斯林会在他对付辛迪亚家族时伸出援手。塔卡吉·霍尔卡的私生子贾斯万·拉奥继承了他的职位。之后，贾斯万·拉奥因长期顽强反抗英国人出名，然而，目前他因不断给道拉·拉奥·辛迪亚制造麻烦而备受关注。

与此同时，1798年，道拉·拉奥·辛迪亚忙着处理一些微不足道的国内事务，好像印度没有受到阿富汗人和英国人的威胁一样。1798年3月1日，他和察合台人舍基·拉奥的女儿结婚，将自己交到那个臭名昭著的恶人手中。舍基·拉奥的野心很快将这位年轻的首领卷入一场阴谋中，这场阴谋是一次不为人知的、令人怀疑的针对他叔叔的遗孀的战争，史称拜斯战争。这些女士得到了玛多吉·辛迪亚以前的指挥官拉科瓦·达达的支持。正如我们看到的那样，年轻的道拉·拉奥·辛迪亚已经将拉科瓦·达达晋升为帝国的中将。1798年5月爆发了一场重要的战争。道拉·拉奥·辛迪亚军队（名义上是君主的军队）的总指挥是阿姆巴吉·英格利亚。1798年发生的一次大型战役，其最终的结果非常令人怀疑。

女士们首先撤退到马杜·拉奥佩什瓦的哥哥伊穆拉特·拉奥的营地，但道拉·拉奥·辛迪亚背信弃义，趁宗教节日人们放松警惕时，命令一位法国军官德吕容先生率领两个旅的正规军发动了攻击，并逮捕了她们。由于这些妇女受到马杜·拉奥佩什瓦的保护，道拉·拉奥·辛迪亚的这一举措是公然向自己的法定长官马杜·拉奥佩什瓦挑战，其结果是将马杜·拉奥佩什瓦推到了英国人的阵营。

道拉·拉奥·辛迪亚亲自与著名的迈索尔篡位者蒂普苏丹展开了一系列协商。蒂普苏丹世代与英国为敌。不久，在马拉塔人公开决定支持他的行动之前，道拉·拉奥·辛迪亚失去了自己的王朝，并丢掉了性命。

1799年，即将到来的征服者的荣光开始照亮印度斯坦的政治舞台。1799年1月，阿富汗人从拉霍尔撤离，不久，他们暂时放弃了对印度的侵略。然而，阿富汗人是否会再次入侵印度还是一个未知数。1799年6月22日，英国同德干总督签订了著名的《附属联盟》条约，引起了道拉·拉奥·辛迪亚的嫉妒。道拉·拉奥·辛迪亚已经适应为马杜·拉奥佩什瓦效力，并定居在浦纳。他的住所富丽堂皇，无人能及。但一个消息很快加重了他的嫉妒心，他了解到，只要阿富汗继续对莫卧儿帝国脆弱的和平局势存在威胁，英国人就必须在那个地区保持高度警惕，相应的，对他个人而言，他不得不对别的地方也保持警惕。雪上加霜的是，与此同时，他家族的世仇贾斯万·拉奥从纳格浦尔的监狱中逃走了。他被囚禁在那里完全是由于辛迪亚家族的影响力。迫于各方面的压力，这位宰相重新获得了拉科瓦·达达的支持。在拉克瓦·达达的帮助下，他镇压了多阿布北部地区

蒂普苏丹与英国的战争

的叛乱。这次叛乱是辛布纳特①请求锡克人帮助他获得独立引起的。同时，在辛布纳特的帮助下，守卫巴瓦尼·马哈尔的警官号召锡克人获得了独立。辛布纳特在战斗中遭遇了一位叫阿什拉夫·贝格的莫卧儿军官，并被他击退。得知佩龙派史密斯上尉率兵前来增援后，辛布纳特撤回到旁遮普。

同时，德里的马拉塔总督发起叛乱，但经过短暂的围攻，佩龙击退了他，并任命德吕容上尉取代他。在说到拜斯战争时已经提到过这位法国军官。

目前，乔治·托马斯已经独立。读者或许会觉得这件事非常有趣：一名水手逆袭成为一位统治者。哈恩西是一个气候干旱的省的主要城镇，但令人感到奇怪的是，人们一直称这个省"哈里亚纳"，即"绿洲"。哈里亚纳位于德里和信德大沙漠之间。在乔治·托马斯将哈恩西作为行政机构中心之前，它曾是已故的纳贾夫·库里·汗的领地上的一片废墟。乔治·托马斯最关心的是重建防御工事，吸引更多的人来这里定居。乔治·托马斯的名声很好，因为邻国的百姓长期遭受巴提亚纳的野蛮部落和旁遮普的贾特人的侵扰，所以他们非常愿意来这里寻求保护。用乔治·托马斯的话说，在这里"我建了一个造币厂，铸造只在我自己的军队和领地流通的卢比……铸造我自己的大炮、步枪、火绳枪、火药……直到最后，在锡克人的领土附近建立城市和国家。当征服旁遮普的时机来临时，我希望自己能够将英国的军备标准复制到阿塔克两岸。"

乔治·托马斯新的财产包括十四个大区，共计二百五十个城镇，每年的总收入接近三十万卢比。为了实现自己的理想，乔治·托马

---

① 守卫巴瓦尼·马哈尔的一个军官。——原注

莫卧儿帝国末期的士兵使用大炮和火绳枪作战

斯与耕农和解。他仍旧保留着自己之前为马拉塔人效力时得到的土地，从这些土地上，他每年可以获得约十五万卢比的收益。

一切安排妥当后，乔治·托马斯同意加入他前雇主的儿子瓦曼·拉奥的阵营，一起攻击斋浦尔的王公。在这次战役中他差点被杀，虽然侥幸逃脱，但他失去了副官约翰·卡纳克·莫瑞斯和几百个强壮的士兵。之后，他再次和阿姆巴吉·英格利亚最器重的将军结盟。这位将军即将再次向乌代布尔的拉克瓦·达达发动战争。

这场战役的结果是，拉克瓦·达达纵容敌人从拜斯逃脱。这一行为的动机来源于他对自己的老主人玛多吉·辛迪亚的记忆，但对他自己的利益造成了毁灭性的打击。然而，至此，拉克瓦·达达完全处于上风，他击退了所有前来攻击他的敌军，并占领了拉杰普塔纳的一部分土地。

乔治·托马斯在参加这次战役时，经历了一次内部人的反叛。在他这个位置上的人很容易遭遇这种危险。据说，臭名昭著的沃尔特·莱因哈特曾经被自己的士兵抓住，被迫坐在发热的大炮上，受到敲诈勒索。作为一个勇敢的爱尔兰人，乔治·托马斯对军队采取了不同的管理方式。他亲手抓住引起哗变的罪魁祸首，并用大炮当场将罪犯炸飞，很快压制了军队中的不满情绪。这是警告亚洲人必须遵守纪律的一个实例。之后，我们再也没有听到乔治·托马斯的军队发生兵变的消息。

1800年，乔治·托马斯再一次率军前去抗击北部和西北部的邻国的侵扰，并赢得了荣誉。现在，他正在计划征服整个旁遮普。从他对这个计划的描述来看,他打算像尼阿库斯①一样,顺着印度河折回,将他的征服成果展现在英国国王乔治三世面前。乔治三世的民族敌人——哈恩西的爱尔兰王公,很快放弃了自己雄心勃勃的事业。是时,佩龙向邦德尔坎德的达提亚王公的领地进军,彻底击败了拉科瓦·达达。拉科瓦·达达在战争中因伤惨叫。同时,贾斯万·拉奥在乌贾因击溃了由约翰·赫辛上校指挥的一支帝国军队。贾斯万·拉奥首次有能力与佩龙抗衡。约翰·赫辛的四个营被彻底消灭,十一名欧洲军官中有七人被杀,三人沦为阶下囚。这次战役发生在1801年6月。但很快,萨瑟兰上校的军队在印多尔(贾斯万·拉奥家族的所在地)洗雪了耻辱。这件事发生在贾斯万·拉奥击败约翰·赫辛大约四个月后。贾斯万·拉奥失去了九十八门大炮,胜利者占领了他的领地,并将其洗劫一空。

现在,法国正规军的指挥官掌控了局势。佩龙将军在战场上战无不胜,没人敢骚扰他在多阿布北部的领地,他的一个法国下属控制着首都与君主。因此,佩龙将军不能容忍一位在德里几英里范围内享受独立主权的英国对手的存在。克服了各自的困难后,现在在整个印度斯坦,佩龙和乔治·托马斯实际上是彼此唯一的对手。

注:乔治·托马斯这样描述沃尔特·莱因哈特的寡妻:"矮小丰满,皮肤白皙,一双大眼睛炯炯有神。她身着最

---

① 尼阿库斯(Nearchus,公元前360—公元前300年),亚历山大大帝时的海军司令。公元前326—公元前324年,亚历山大大帝率兵一直打到了印度三角洲,他想攻打恒河流域的印度王国摩羯国(Magadha),但马其顿士兵拒绝继续远行,因为他们已经远离家乡。亚历山大不得不折返。在印度战役后,尼阿库斯成立了一支舰队,将大部分军队运回巴比伦。尼阿库斯以这次从印度河到波斯湾的著名远航闻名于世。——译者注

昂贵的面料制成的印度服饰,能流利地讲波斯语和乌尔都语,亲自打理自己领地上的各项事务,隔着面纱给她的雇员发号施令。她带着面纱参加贵族议会,与欧洲人交往时,她会坐在桌前,由婢女单独伺候。她的雕像的做工超过了塔多利尼的汉白玉雕像群的做工,坐落在萨尔达纳教堂的坟冢之上。"

第 15 章

杰拉德·莱克占领德里

精彩看点

马拉塔人的世仇——佩龙攻击乔治·托马斯——《博森条约》——《勒克瑙条约》——阿瑟·韦尔斯利——阿瑟·韦尔斯利得到支持——法国人的恐惧——道拉·拉奥·辛迪亚受到威胁——佩龙的影响力——法国人的计划——第一执政官——阿瑟·韦尔斯利的观点——宣战——杰拉德·莱克的军队——道拉·拉奥·辛迪亚的欧洲军官——英国人——法国人的反英情绪——佩龙失败——德里战役——杰拉德·莱克进入首都——君主的请愿书——没有签订条约

1801年,佩龙和乔治·托马斯的较量已经接近尾声。如果马拉塔人团结一致,他们的联军就有机会洗雪1760年到1761年惨败的耻辱,甚至在旁遮普拥有话语权,就像不久后的锡克人一样。但这绝无可能。如今马拉塔人的佩什瓦不仅依然是莫卧儿帝国的代表,还是马拉塔人的首领,在萨塔拉①行使名义上的最高统治权。道拉·拉奥·辛迪亚作为佩什瓦的代理人统治着印度。然而,新继任的佩什瓦巴吉·拉奥罢免了图谋不轨的宰相纳纳·法纳维斯后,继续向霍尔卡家族挑衅。霍尔卡家族现任首领贾斯万·拉奥率兵反抗道拉·拉奥·辛迪亚支持的佩什瓦。结果,道拉·拉奥·辛迪亚被迫撤到纳巴达河北部诸省,到了他下属的管辖地。这些下属中,最强大也最傲慢的是一位晋升很快的军需官,即现在的佩龙将军。

如果佩龙甘居人下,人们一定会称赞他品德高尚,英明神武。但极端的顺境与逆境展示出人性与生俱来的丑恶。

萨特累季河到纳巴达河地区每一位世袭的王子都承认佩龙的统治地位。佩龙每年的收入是印度现任总督与总指挥的收入之和。在

---

① 萨塔拉是印度历史上的一个诸侯国。——译者注

他命运的转折点,人们认为他应该派使臣去见法兰西共和国的第一执政官——拿破仑·波拿巴,而不是绞尽脑汁地巩固自己现有的地位,或功成身退,不问政事。佩龙的傲慢自大注定了他之后的惨败。

公然愚弄马拉塔人并没有使佩龙感到满足,他不仅疏远了那些既不是他的亲属也不是他的将士的欧洲人,还召乔治·托马斯来到德里,要求他为道拉·拉奥·辛迪亚效力,换句话说,就是乔治·托马斯必须承认佩龙的霸主地位。乔治·托马斯带着对法国人及其职业的蔑视,毫不犹豫地拒绝了佩龙。鉴于此,佩龙命令他的一个中尉路易·布尔坎率领一支由法国人和马拉塔人组成的强大军队,准备入侵乔治·托马斯的领地。虽然我们没有对乔治·托马斯的性格进行描述,但他还是按照以往的作战方式指挥战斗。击退入侵军队的同时,乔治·托马斯开始围攻乔治加尔要塞的敌军。虽然伤亡惨重,但他的军队一举歼灭了敌军。进入乔治加尔要塞后,他立即命人修筑外垒,加强防御工事,并决定等待贾斯万·拉奥的援助或抓住时机给敌人致命一击。

事实证明,乔治·托马斯的计划鲁莽而轻率。他非但没有等来贾斯万·拉奥的支援,反倒被持续增兵的法国人包围了大营。法国人对他进行了封锁包围,与此同时,敌军对他的将士们的腐蚀导致军队士气低落,逃跑的士兵越来越多。最终,乔治·托马斯别无选择,只能背水一战。1801年10月10日晚上9时,他率领自己的贴身随从突然猛冲出来,骑着一匹非常精壮的波斯马,选择了一条迂回路线,飞速向北奔跑。不到三天时间,他跑了一百英里,成功到达了哈恩西。但不久之后,乔治·托马斯的都城像他的大营一样被残暴的敌人包围了。从这支精良的军队的顽强防御中我们可以看到乔治·托马斯的性格对他的将士们的影响,绝望或者恐惧都无法让他们离开自己的首领，但最终，乔治·托马斯已无颜面对下属们的忠诚。路易·布尔坎对这位顽强的对手感到极其愤怒。1802年1月1日，乔治·托马斯在其他军官的调解下签订了协约，并带着自己剩余的财富回到了英国在印度的属地。同年8月，在去加尔各答的路上，乔治·托马斯去世，葬在巴汉布尔。乔治·托马斯去世后，他的家人起初由沃尔特·莱因哈特的寡妻照顾，但现在，他的后代已经与印度的普通人完全融合。

这位杰出的将领在品德和自身条件方面都非常优秀。在短暂的执政期间，他使一个动荡不安的国家获得了安定，并制止了一些犯罪行为，譬如女性杀婴罪（对于此罪，英国的各方势力都没能成功解决）。如果英国政府支持乔治·托马斯对抗目无法纪的马拉塔人和法国人，他们也许会受益匪浅。

1802年，道拉·拉奥·辛迪亚最后的胜利成果是毁灭了乔治·托马斯。安排好拜斯（在这里我们很高兴与他告别）的事务后，道拉·拉奥·辛迪亚集中精力去处理德干的政务。1802年10月，他在德干地区的浦纳遭到贾斯万·拉奥率领的军队的重创。道拉·拉奥·辛迪亚一直为马拉塔人的佩什瓦奋战。当佩什瓦在博森①寻求英国人的庇护时，贾斯万·拉奥暂时占领了马拉塔人的都城。1802年12月31日，佩什瓦与英国人签订了著名的《博森条约》。1880年，欧文先生出版了这一条约，从《惠灵顿快报》的相关报道来看，《博森条约》的内容对道拉·拉奥·辛迪亚并没有敌意，他也直接参与了之前的谈判，并派自己的代理人参与了整个协议的签订过程②。

---

① 博森是指今印度马哈拉施特拉邦的瓦塞市。——译者注
② 欧文：《选集》，第30页。——原注

佩什瓦巴吉·拉奥

佩什瓦与英国人签订《博森条约》

惠勒指出，佩什瓦打算取代英国成为印度至高无上的统治者①，而且他"将道拉·拉奥·辛迪亚排除在他野心勃勃的计划之外，即以佩什瓦的名义统治马拉塔人的帝国"。《博森条约》中有一项条款规定，禁止马拉塔人款待法国官员。格兰特·达夫曾见过一封佩什瓦签订条约后写的密信，他在信中命道拉·拉奥·辛迪亚来浦纳②。之后，因为自己"马拉塔人的守护者"的位置被英国人取代，而且对自己在印度的地位感到惶恐不安，道拉·拉奥·辛迪亚开始与从来没有参与过政治活动的马拉塔人首领拉格吉，即纳格浦尔的邦斯拉王公合作。

不久，在著名的阿瑟·韦尔斯利指挥的英国军队的援助下，马拉塔人的佩什瓦夺回了被贾斯万·拉奥占领的首府。道拉·拉奥·辛迪亚本来准备帮助佩什瓦夺回都城，但佩什瓦选择与英国人合作。对此，道拉·拉奥·辛迪亚感到很失望，与佩什瓦越来越疏远了。

贾斯万·拉奥隔山观虎斗，很明智地选择了中立态度，至少在他的对手被打垮或胜利之前，他一直保持着中立。阿瑟·韦尔斯利的弟弟和其他政治官员向他告知了道拉·拉奥·辛迪亚的阴谋，于是阿瑟·韦尔斯利要求道拉·拉奥·辛迪亚对自己的行为做出一个合理的解释。道拉·拉奥·辛迪亚并没有给出任何答复。阿瑟·韦尔斯利总督接到在德干开战的命令，与此同时，杰拉德·莱克将军在多阿布地区（即印度的恒河与朱木拿河之间的河间地区）与他协同作战。

---

① 《简史》（*Short History*），第 433 页。——原注
② 格兰特·达夫，第二卷，第 384 页。——原注

第 15 章 杰拉德·莱克占领德里

为了解释清楚采取这一最重要措施的理由，我觉得有必要打破一直以来指导我写作的准则，我要告诉读者我知道的一切，包括有关印度斯坦的事务。阿瑟·韦尔斯利的动机几乎牵涉各个地方的政策方案，无论我们认为他正确与否，我们几乎都不能忽视这个结论：这一时期对莫卧儿帝国局势的猜想围绕阿瑟·韦尔斯利的性格和他的政治计划展开。

时间回到 1801 年 2 月，阿瑟·韦尔斯利协同参与了欧洲事务，他派贝尔德将军率领一支小分队前往埃及，但这支军队赶到时已经太迟，并未参与将法国人逐出埃及的战役。一年后，阿瑟·韦尔斯利接到一份关于谈判结果的官方通知，《亚眠和约》建立在这次谈判的基础上。在此期间，阿瑟·韦尔斯利派他的弟弟亨利·韦尔斯利去了勒克瑙，并通过他达成了著名的 1801 年 11 月 10 日的条约。这一条约将英国的统治扩张到哥拉克普、多阿布中部与东部、罗希尔坎德的大部分地区。很快，阿瑟·韦尔斯利实施的政治计划有了明显的效果。

为巩固英国在东方的势力做出这些努力后，阿瑟·韦尔斯利向董事会（他原以为自己的请求不会被批准）递交了辞呈，并提出自己想在次年 12 月回到欧洲的打算。同时，针对军队人数锐减问题，他对杰拉德·莱克将军做出了相关指示。然而，他补充了下面这些意义非凡的话："我们应该用充足的资源应对未来的战争危机，这对保障我们在印度的安全必不可少。"他的这句话表明，在削减军队人数方面要有长远目光。同样地，他指责了海军司令雷纳，因为雷纳拒绝用从埃及撤回来的闲置的军队对付毛里求斯。阿瑟·韦尔斯利尽量用礼貌且清晰的语言制定了一个原则，即作为一个负责的代理人，他有权让国王所有的仆从毫无保留地服从他。

阿瑟·韦尔斯利

亨利·韦尔斯利

在 1802 年 5 月 5 日的一份公文中，乔治三世称赞了阿瑟·韦尔斯利大胆的谏言。作家霍巴特勋爵以国王的名义传达了这一原则："我们应该明白，战争期间，在大英帝国遥远的殖民地上，由于缺乏权威的统治者，我们不应该排斥对敌人采取有利于提高公众利益的攻击行为。"

董事会希望阿瑟·韦尔斯利重新考虑离开印度的想法，表达了他们想让阿瑟·韦尔斯利留任的意愿，并表现出对未来充满信心。阿瑟·韦尔斯利征服印度的信心更加坚定了，董事会的做法即使不是为过去的行为向他道歉，至少是承诺未来会支持他。1802 年 12 月 24 日，阿瑟·韦尔斯利在一封加急信中明确表示，扩大英国在印度的统治的时机来临了。他认为是当时快要签订的《博森条约》制造了这次机会。同时，他大胆表明自己想让道拉·拉奥·辛迪亚从乌贾因出发前往浦纳粉碎贾斯万·拉奥的阴谋诡计。1803 年 2 月 11 日，虽然并没有提及任何军事和政治计划，但阿瑟·韦尔斯利表明他愿意再留任一年。

但不久之后，1803 年 3 月 17 日的一份快件揭示出阿瑟·韦尔斯利的目的，他在这份快件中命令杰拉德·莱克将军与佩龙将军进行谈判。我们应当注意到，佩龙近来减少了军事行动，他急于退休，不想再为道拉·拉奥·辛迪亚效力。阿瑟·韦尔斯利在这份快件中明确说道："我非常愿意促成佩龙阁下的离开，佩龙的离开对于我们在印度的统治非常有利。"

然而，从阿瑟·韦尔斯利 1803 年 4 月 19 日递交给董事会秘书长的呈文来看，直到那时，他似乎仍然希望道拉·拉奥·辛迪亚不参与政事，同时希望道拉·拉奥·辛迪亚看到支持《博森条约》会给他带来的好处，即使不是因为道拉·拉奥·辛迪亚向来与英国政府关系友好，也是因为他对贾斯万·拉奥充满敌意。很明显，这个条约主要针对的是贾斯万·拉奥。同时，从欧洲不断传来的消息表明了《亚眠和约》的极度不稳定性，英国与法国随时有可能再次开战，这些事使阿瑟·韦尔斯利一直非常仇视道拉·拉奥·辛迪亚的法国官员，因此他一直拖着不归还法国在印度的殖民地，但条约规定这些殖民地是属于法国的。

1803年5月，阿瑟·韦尔斯利明令禁止道拉·拉奥·辛迪亚过纳巴达河，并警告纳格浦尔的邦斯拉王公不要参与道拉·拉奥·辛迪亚的计划。1803年6月月初，阿瑟·韦尔斯利派常驻印度的柯林斯上校给道拉·拉奥·辛迪亚送去了一封态度强硬的信[①]。他在信中对有自由裁量权的柯林斯上校发出命令："告诉道拉·拉奥·辛迪亚，如果他继续向浦纳行进，无论什么借口，毫无疑问，他都将会是英国的敌人。"柯林斯还要让道拉·拉奥·辛迪亚"解释联盟的目的"。无论他是与纳格浦尔的邦斯拉王公联盟，还是与贾斯万·拉奥联盟，性质都是一样的。道拉·拉奥·辛迪亚对这些问题推诿搪塞，一拖再拖，但很明显，他既不能迅速与其他马拉塔首领达成协议，也不能下定决心或说服自己的首席顾问毫无保留地接受英国统治者许诺的友好条件。至于后一种选择是否能够保他周全还不能确定，这取决于不同的人对阿瑟·韦尔斯利信件的解读。

想进一步了解这些事件的人可以参阅马尔科姆的《政治史》第一卷，以及米尔的《历史》和格兰特·达夫著作的最后一卷，但并不会获得更多详细描述。一方面，一般认为，如果英国政府有野心

---

① 韦尔斯利：《书信集》，第120页。——原注

向印度殖民地的西北边界扩张，那么他们早在1801年就会支持乔治·托马斯。另一方面，之后不久，英国政府毫无悬念地取代了道拉·拉奥·辛迪亚在浦纳的位置，而且英国政府几年来一直非常嫉妒法国对印度的影响。值得一提的是，1800年，俄国沙皇保罗一世计划与法国第一执政官拿破仑·波拿巴联合入侵印度，这一事件的细节最先由米歇尔先生用英文披露[①]。那时，英国的政治家自然知道保罗一世已经臣服于拿破仑·波拿巴的事实。由于害怕阿富汗人入侵，英国政府派马尔科姆去了波斯。但现在看来，棘手的问题似乎不止一个。我们可以在阿瑟·韦尔斯利弟弟的《备忘录》中发现一份阿瑟·韦尔斯利对当时的一场政治纠纷的声明，这份声明是欧文教授1880年出版的《选集》一书的引言。很明显，对道拉·拉奥·辛迪亚来说，他愿意看到英国支持马拉塔人的佩什瓦来对抗贾斯万·拉奥，但有可能是佩龙为了自身利益与民族仇恨引发的一些事件影响了他的想法。

由于当地的军队首领越来越不喜欢佩龙，这位法国将军逐渐失宠了。1803年年初，在乌贾因道拉·拉奥·辛迪亚对佩龙的态度十分傲慢无礼，佩龙离开了军队。随后，道拉·拉奥·辛迪亚得知了《博森条约》的内容，佩龙也决定留任。据说，佩龙甚至制定了一个对抗英国的计划，虽然他现在还没有开战的意图，但仍然留在道拉·拉奥·辛迪亚的军营做了一位将军。以上事实和下面的统计数据大部分来自佩龙的一位盎格鲁－印度官员的回忆录，即已故的詹姆斯·斯金纳上校，回忆录由贝利·弗雷泽编辑。"道拉·拉奥·辛迪亚

---

① 罗林森：《英格兰与俄罗斯在东方》，第187页。——原注

保罗一世

和拉格吉^①的军队共有约十万人，其中五万人是马拉塔的精良骑兵，三万人是正规步兵和炮兵，这些士兵由欧洲人指挥，其余士兵都是没怎么受过训练的步兵。据说，道拉·拉奥·辛迪亚有三百多门大炮。佩龙率领的印度军队约有一万六千多名正规步兵、一万五千到两万名骑兵，以及二十多门大炮。"此外，索恩少校^②的军队由三百多名欧洲军官指挥，其中四十人来自法国。另外，还有沃尔特·莱因哈特的寡妻率领的军队。

迄今已知的法国人的计划是：在法兰西共和国的保护下，失明的老君主沙·阿拉姆二世继续稳坐皇位。根据我摘录的备忘录记载："解决了这一重大问题后，剩下的问题是考虑不幸的帖木儿家族的旁系是否会找到既能维护他们的权益又能洗刷他们受到的耻辱的保护者。接下来，各大权臣之间的联盟将会确保君主一直掌握统治权，使莫卧儿帝国的臣民获得和平稳定的生活，并通过繁荣的农业和自由的贸易获得财富。但英国公司对莫卧儿帝国的一些可耻行为使它失去了作为莫卧儿帝国迪万的权利。"^③

阿瑟·韦尔斯利收录了一份在本迪至利^④发现的文件，但没有人知道该文件是如何被发现以及何时被发现的。也许阿瑟·韦尔斯利已经知道佩龙的计划，但文件的日期表明在与道拉·拉奥·辛迪亚开战之前，他并未看过它。差不多在同一时间，阿瑟·韦尔斯利提出了取缔管理广阔的殖民地的行政管理机构的计划，法国即将依

---

① 拉格吉是纳格浦尔的邦斯拉王公的名字。——原注
② 索恩少校，即威廉·索恩爵士（1781—1843），军人，军事历史学家。——译者注
③ 摘自《勒费布尔中尉的备忘录》，1803年8月6日。——原注
④ 本迪至利是印度东岸的城市，其名在泰米尔语中意为新村。——译者注

第 15 章 杰拉德·莱克占领德里

据《亚眠和约》重新夺回这些殖民地。很明显，这个管理会让本迪至利与昌达尔纳加尔的行政机构十分庞大。

也许我提到的这本回忆录（由当时派到印度的一位军官所写）真实地反映了法国第一执政官的意图，因为签订条约的双方似乎都未曾认真对待《亚眠和约》。如果不是因为随后在圣多明各[①]发生的恐怖爆炸使法国的注意力转移到了地球的另一边，回忆录中记载的第一执政官的计划很有可能已经实施。无论如何，这是一个明显的入侵借口，细读过前面内容的人已经知道，法国对英国的指责非常过分。监禁皇室、虐待皇室成员的是佩龙的雇主，但佩龙的同胞因此指控英国人，这一行为显得法国人非常厚颜无耻。沙·阿拉姆二世重获了短暂而美好的平静生活，他因此非常感激英国人。英国人唯一一次对沙·阿拉姆二世的冒犯是他们曾阻止君主提前返回德里，沙·阿拉姆二世对英国人的警告充耳不闻，从而造成了他后来的所有不幸。此外，无论英国在孟加拉的地位如何，现在称英国为莫卧儿帝国的迪万显得十分不妥。1803 年 7 月 6 日，阿瑟·韦尔斯利收到了英国外交部的文书，暗示不久后英法两国有可能再次开战。1803 年 7 月 8 日，阿瑟·韦尔斯利给他的总司令写了一封简短的私信，以下是这封信的大意：

> 我希望您能理解，我亲爱的先生，我认为削弱道拉·拉奥·辛迪亚在印度西北边界的势力比与法国开战更重要。
>
> 贝努瓦·德·布瓦涅（道拉·拉奥·辛迪亚后来的将军）

---

① 圣多明各是南美洲最古老的城市，多米尼加的首都。——译者注

如今是拿破仑·波拿巴最信任的人，他经常出现在圣克卢宫。我想您会明白其中的深意。①

阿瑟·韦尔斯利在信中表达了自己的看法，虽然他中伤贝努瓦·德·布瓦涅的做法不太可信，但对此我并未找到相关的权威资料。十天后，阿瑟·韦尔斯利派人给杰拉德·莱克送去了一封信，信中含有一些详细指示，结语处的附信尤其值得读者注意："我认为积极与道拉·拉奥·辛迪亚和拉格吉对抗是与法国重新开战的最好准备。"毫无疑问，阿瑟·韦尔斯利的话成为英国征服印度的导火索。

1803年7月31日，阿瑟·韦尔斯利写信给常驻道拉·拉奥·辛迪亚宫廷的柯林斯上校，告诉他英国盟友不撤军的理由都是迷惑人的，并命令柯林斯马上离开营地。1803年8月15日，阿瑟·韦尔斯利收到了一个莫拉达巴德的税务官一个月前寄给他的包裹，里面有一封纳吉巴巴德的纳瓦布班布·汗（已故的格拉姆·卡迪尔·汗的哥哥）写给他的信，信的内容涉及一封通告信，通告信表明道拉·拉奥·辛迪亚正试图唆使其他首领对抗英国人——"那个毫无道德原则的种族"。另外，道拉·拉奥·辛迪亚还恳求这些首领与佩龙将军合作。无论如何，双方已经宣战。随后，阿瑟·韦尔斯利给沙·阿拉姆二世写了一封信。

杰拉德·莱克率领一万零五百人的军队将在印度对抗一支由三万五千法国人和马拉塔人组成的军队。除了阿努普沙哈尔的旅外，杰拉德·莱克的军队还包括八个骑兵团（其中三个欧洲骑兵团）、

---

① 韦尔斯利：《书信集》，第三卷，第182页。——原注

圣克卢宫。这里曾是拿破仑·波拿巴的寝宫

一个欧洲步兵团以及十一个营的印度兵。此外，他还有二百名装备齐全的英国炮兵。

1801年11月10日签订的条约加速了这支军队的集结，他们在道拉·拉奥·辛迪亚和法国人占领的领土边界驻兵，萨阿达特·阿里二世（后来英国人将他晋升为奥德省督）正是通过这一条约向道拉·拉奥·辛迪亚和法国人割让了前面提到的边界地区的领土，割让的条件是对方必须为自己提供财政援助。萨阿达特·阿里二世利用这些钱维护军队内部的稳定，镇压当地叛乱。之前，马拉塔人的佩什瓦已经依据《博森条约》割让了邦德尔坎德的一部分区域，如果没有意外，红色区域将逐渐覆盖整个印度地图。佩龙拒绝割让《勒克瑙条约》中划定的边界区域，这位"老公使"对此事做了如下说明：

> 勒克瑙的纳瓦布乌兹尔依据1802年的条约将萨斯尼割让给英国政府，英国人到达萨斯尼后接管了萨斯尼大区、詹勒里大区以及塞昆德拉大区，但他们围攻萨斯尼要塞、比詹古尔要塞和库周拉要塞时并不是一帆风顺，而是血流成河。这些地区埋葬了很多为国捐躯的英国军人的遗体，如今在萨斯尼仍能看到一些残缺的砖石坟墓。比詹古尔的烈士坟墓位于远离要塞低地的地方。第二骑兵的指挥官纳伊维少校率领军队袭击敌军时牺牲，他的坟墓位于卢卡斯卡努格拉的库周拉要塞。1853年，一位幸存的纳伊维少校的亲戚在布德沃斯的干道上为他打造了一座纪念碑。这座纪念碑是用村民们从墓地搬来的墓碑做成的，五十年后，一个修路的欧洲监工偶然发现了这座纪念碑。

第 15 章 杰拉德·莱克占领德里

正如我们所见，道拉·拉奥·辛迪亚军队中的许多军官并不是法国人，他们大多是混血儿或（用随后发明的一个词来说）亚欧混血儿，换句话说，他们是英国军官与当地女性的后代。此时，佩龙几乎开除了所有英裔军官，无论他们是真正的英国人还是半个英国人，因为佩龙有充分的理由认为他们不会与自己国家的军队开战。虽然开除名单上只有卡内基、斯图尔特、弗格森、卢坎、斯金纳、司各特、伯奇、伍德维尔等名字，但很可能佩龙还开除了不在名单上的一些人。不久后，由于这些人既不在德干当兵，也不在其他地方服役，他们的前途越发渺茫。但即使他们现在没有被开除，等待他们的也仍然是悲惨的结局。贾斯万·拉奥斩首了维克斯上校和其他七位英国军官。麦肯齐上尉和其他几个人先是被监禁，随后被道拉·拉奥·辛迪亚下令处死。其他人死于"残酷的马拉塔战役"，他们不是为了自己的荣誉而战，而是为了金钱，因此，他们的死轻于鸿毛。阿萨伊战役结束后，阿瑟·韦尔斯利将军对"道拉·拉奥·辛迪亚的英国军官"非常不满。他说当他的伤员躺在战地上时，他们听到这些英国军官下令处死他们。调查结束后，这些军官许诺上交一份名单，但从未有人听说过这么一份名单。从史密斯上尉的回忆录来看，当时在场的欧洲军官都是法国人、意大利人或德国人，他们不可能用英语进行交流。这个故事很有可能是当时的伤兵编造出来的，当他们看到敌军中的白色面孔时，想当然地认为他们是自己国家的人。现在已知的为马拉塔人效力的欧洲军官包括帕尔曼、杜邦（这两个名字都是阿瑟·韦尔斯利提供的），以及沃尔特·莱因哈特的寡妻率领的军队的辎重警卫队队长赛勒，或许还有 J.B. 达·方丹。

虽然现在欧洲国家的军队都不是法国军队的对手，但这并不意味着法国军官在印度的处境很好。对此，读者可以参考拿破仑·波拿巴征服东方的计划失败后舍瓦利耶·劳对此事的评论。这位勇敢的冒险家抱怨道:"当你为一个亚洲统治者效力时,你会感到孤立无援,不会信任当地的任何一个同僚。这种自由的文明思想一定是致命的。"对那时的所有描述表明,无论本土统治者是谁,欧洲官员大都处境危险,且影响力非常小。1802年6月24日,常驻道拉·拉奥·辛迪亚宫廷的柯林斯上校给英国政府写了一封关于佩龙的信,他最近在阿里格尔拜访了佩龙。柯林斯上校在信中写道:"道拉·拉奥·辛迪亚蛮横地要求佩龙将军放弃不属于他封地的所有地产。我认为此时佩龙对道拉·拉奥·辛迪亚的所作所为已经非常不满,因此,他打算交出现有的指挥权。"

正如我们所见,佩龙即将为此付诸行动。显然,他已经怒火冲天。

然而,正如米尔描述的那样,仅凭佩龙与英国官员谈话时表现出的不满,就认定他对英国人没有敌意是不明智的。柯林斯上校的《回忆录》(要记得,这本书的作者当时正在服役)的要旨表明佩龙对英国人充满敌意,无论他们在印度是普通人还是有权势的人。如果英国没有通过《博森条约》获得印度洋和印度西海岸的管辖权,阿伯克龙比[①]和哈钦森[②]也没有在埃及取得胜利,那么佩龙很有可能在法兰西共和国军队的支持下成为英国最可怕的对手。詹姆斯·斯金纳生动地描述了他试图让佩龙帮他官复原职时的情景,佩龙说:"滚开,詹姆斯·斯金纳!我不相信你。"佩龙不信任也不同情任何一个有英国血统的军官。

[①] 阿伯克龙比,即拉尔夫·阿伯克龙比爵士(1734—1801),他与约翰·摩尔爵士一同恢复了英国士兵的声誉。1795年,他接替约翰·旺汉担任西印度群岛最高指挥官。——译者注
[②] 哈钦森,即约翰·赫里-哈钦森男爵(1724—1794),律师,政治家。——译者注

第15章 杰拉德·莱克占领德里

但这并非坏事，相反，对那些加入英国军队的人来说这是一件好事，因为他们没有耗费很长的时间和精力就攻克了法国人敷衍的抵抗，而且解散了马拉塔人的议会。贾斯万·拉奥非但没有加入道拉·拉奥·辛迪亚的阵营，反倒援助了英国人。在阿萨伊战役中，阿瑟·韦尔斯利为自己赢得了荣誉，沃尔特·莱因哈特的寡妻的小分队在法国军官的率领下给道拉·拉奥·辛迪亚提供了力所能及的支持。杰拉德·莱克将军在阿里格尔打败了佩龙将军的军队，虽然遭到了守备军队的顽强抵抗，但不久他还是攻下了要塞。我们在描述道拉·拉奥·辛迪亚推翻纳贾夫·库里·汗的继任者时，提到过这座要塞①。自那以后，这座要塞被修得越来越坚固。以下是德里公报提到的一些"老公使"对这一要塞的描述：

> 德里的君主们管辖要塞所在地时，贾特人建造了阿里格尔要塞。当时阿里格尔的纳瓦布纳贾夫·库里·汗改进了要塞的防御工事。后来，贝努瓦·德·布瓦涅根据法国的防御体系加强了阿里格尔要塞的防御工事，使要塞处于常规防御状态。随后，佩龙和佩德隆继续加固要塞，他们下令在要塞附近开辟了一片宽阔的平地，由于地势较低，下暴雨时平地大部分会被淹没。

卢坎先生（他因投靠英军被提拔为上尉）率领的第七十六军攻破了阿里格尔要塞的大门，并袭击了要塞。后来，威廉·蒙森②撤退时，

---

① 补充材料，第145页。——原注
② 威廉·蒙森（1760—1807），印度军官，蒙森第二男爵约翰·蒙森的第四子。——译者注

卢坎成了战俘，之后被贾斯万·拉奥下令处死。印度人率领的敌军已经对佩龙的法国中尉，即佩德隆上校失去了信心，因为佩德隆成了英国军队的俘虏。佩龙立即撤到阿格拉，然后又撤到马图拉。他带着两个随从去与英国人交涉，很快，英国人同意他带着自己的家人和财产去昌达尔纳加尔。统率德里军队的邦奎恩将军试图夺取军队的最高指挥权，但被自己的印度军官逮捕了。马拉塔人渡过欣登河追上正在前进的英国军队，展开了一场激战。欣登河位于西坎德拉巴德镇的一条旧路上，在首都以东几英里处（欣登河在这本书中出现了很多次）。马拉塔人杀了六个英国军官，用炮炸死了约一百六十个士兵后，训练有素的英国第二十七骑兵团与第七十六步兵团将他们打得溃不成军。战后，马拉塔人共损失了三千名士兵与六十八门法国大炮。这一重要战役发生在1803年9月11日。1803年9月14日，英国军队渡过朱木拿河，邦奎恩将军和四个法国军官跑来寻求他们的庇护。不久，德干军队的骑士杜·德内克与另外两个军官效仿邦奎恩将军投奔了英国军队。之后，约翰·赫辛与其他两个指挥阿拉格守备军的军官也来寻求英国军队的庇护。起初他们被监禁了，但随后通过斡旋，他们向英国军队投降了。

不幸的君主沙·阿拉姆二世听到帝国守卫军失败的消息后，立即与杰拉德·莱克将军展开正式谈判，之前他与杰拉德·莱克将军曾秘密交涉过。结果，1803年9月16日，皇位的法定继承人米尔扎·阿克巴被派去军营等候杰拉德·莱克将军，并陪同杰拉德·莱克面见了年老眼盲的沙·阿拉姆二世。毫无疑问，沙·阿拉姆二世是印度斯坦所有荣誉与权力的合法来源。米尔扎·阿克巴王子用亚洲独有的方式维护了自己的尊严，他让杰拉德·莱克将军足足等了三个小时。仪仗队终于排好队列，慢慢悠悠地走了五英里，在太阳

第 15 章 杰拉德·莱克占领德里

快要落山时到达了王宫。狭窄的道路上密密麻麻地挤了近十万人，想快点过去是不可能了。王公大臣与群众挤在一起，好不容易才得以脱身。著名的私人大厅入口的上方竖着一项破旧的遮阳篷，下面是一个仿制的王座，上面坐米尔扎·阿克巴与奥朗则布的后代。接待杰拉德·莱克将军的方式与双方的发言都很有趣，但细心的"宫廷记者"的记述与索恩少校和阿瑟·韦尔斯利的概述是现在保留下来的对此事的唯一记载。据后者讲，德里人民欢欣鼓舞，君主对他们非常感激。据前者讲，当时君主激动得热泪盈眶，在泪水的冲刷下，他十五年前被格拉姆·卡迪尔·汗用匕首弄坏的视力居然恢复了。这些记载是当时的作家为现在寻求历史真相的学者提供的仅有的一些有参考价值的史料。

可以肯定的是，这位英国将军（即杰拉德·莱克）获得了一人之下万人之上的头衔——达乌兰·汗，这也许意味着君主同意了奥德的纳瓦布成为世袭宰相的要求，但英国政府"不考虑任何关于君权的问题"。换句话说，英国政府想自己掌握莫卧儿的君权。虽然现在的君主沙·阿拉姆二世名义上统治着首都德里及其周边的一小片区域，但实际上真正的统治权在一位英国公使手里。这位公使除了每月支付君主九万卢比的薪俸外，还需要交纳一部分统治区域内的收入。

以上这些条款得到了英国政府的许可，并在公文里有所记载，但条约迟迟没有达成。尽管当地有传言称曾达成过一份条约，但后来又被废止了。据说这一条约的副本在皇家档案馆里，后来被英国人偷走了。这一传言毫无根据，虽然英国国王与道拉·拉奥·辛迪亚制定了一项条款，但他并未与沙·阿拉姆二世订立任何条约。这很重要，因为这说明理事会已经取代瓦基尔－穆特拉克①的位置，即帝国全权代表的职位，取代了马拉塔人的佩什瓦和他曾经至高无上的代理人。他们都臣服于乔治三世，但他们也是沙·阿拉姆二世的雇员。钱币以君主的名义被源源不断地制造出来，当时，在印度斯坦盛行的法规依然有效。沙·阿拉姆二世放弃了谋取皇室特权的计划，"作为印度斯坦的君主，人们认为他应该统治莫卧儿帝国的领土，但沙·阿拉姆二世并没有提出统治这些领土的任何要求"。这一点意义非凡。

1803年11月1日，杰拉德·莱克在残酷的拉斯瓦利战役中打败了杜·德内克指挥的一个旅。同时，阿瑟·韦尔斯利再次在德干地区取得了胜利，道拉·拉奥·辛迪亚同意签订《沙吉－阿詹加恩条约》。在该条约中，道拉·拉奥·辛迪亚不仅割让了以前占领的多阿布的所有地区，还有其他一些领地。

至此，英国代表团完全掌握了印度斯坦的行政管理权，只要英国有能力保护当地人民的生命与财产安全，维持良好的社会秩序，实现人身自由、贸易自由、思想自由，它在印度的统治就会成功。英国还成功免除了之前规定的阶级义务，直到印度不再承认英国在印度的统治权。

---

① 瓦基尔－穆特拉克意为"帝国全权代理人"。——译者注

第16章

莫卧儿帝国衰落后的印度

精彩看点

气候对种族的影响——早期移民——法国人和英国人——没有被英国推翻的伊斯兰统治——佩龙的行政管理——之后的变化——塔卢克达尔——杰拉德·莱克的意图——塔卢克达尔的失职——权力受到遏制——没有人生、财产、交通等方面的保护政策——诸如此类的事情依然依赖外国通过不断发展的生产劳动和人类犯下的诸多错误，历史得出了一个结论：一个国家的自然环境是形成国民性格的决定因素。在某种意义上，虽然移居到异国的人并不习惯那里的土壤和阳光，但他们的后代表现出与其祖先完全不同的生理和心理特征。

因此，当学者们认为缺乏活力的印度人是人类最古老、最纯粹的种族代表时，我们不应该感到惊讶。首先解释一下印度教徒：人们认为婆罗门和其他一些阶级的人是古代亚洲文明的勇敢民族的后裔，无论是宗教作家还是世俗作家都常常提到这些民族。他们同样也是尼尼微和巴比伦以及后来的米堤亚和波斯帝国的创建者。当时，波斯帝国在马拉松[①]和萨拉米斯[②]被希腊人击败，它征服欧洲的计划被迫终止。准确地说，古希腊人和古罗马人以及现代欧洲人是同一个庞大族系的后裔。

---

① 马拉松是希腊的一个地名。——译者注
② 萨拉米斯是希腊的一个岛，位于爱琴海的萨洛尼卡湾。——译者注

伊斯兰教主要有三个贵族部落，早期入侵印度的伊斯兰教是来自新月①的阿拉伯战士，或者是阿拉伯的早期盟友——加兹尼王朝和古尔王朝勇敢的山地人。他们的后代至今仍然分布在印度各地，被称为谢赫人和帕坦人。一些赛义德人也是他们的后裔。

后来，成群结队的突厥人和蒙古人（欧洲人称他们鞑靼人，但并不准确）来到印度，也就是成吉思汗和帖木儿的后代。他们像蝗灾一样可怕。他们到来之前，这片土地如同伊甸园，经过他们的蹂躏，这里变成了一片荒芜之地。

之后，许多波斯人入侵印度。这些人主要来自赛义德家族或者伟大的穆罕默德的后代。后来阿富汗人的一个种族也被称为帕坦人，最终与鞑靼侵略者（皈依伊斯兰教）一起建立了莫卧儿帝国。在这样的政权统治下，印度文明开始呈现一种波斯风格。在今天的印度，"莫卧儿"一词更多地指波斯人，而不是突厥人或鞑靼人。这些人在名字中间加上"贝格"一词，他们通常属于什叶派，同时是波斯赛义德家族的后裔。阿拉伯出身的赛义德家族常在姓名前冠以"米尔"头衔，帕坦人的姓名中间通常使用"汗"这一词缀。除了印度教徒的后裔，其他人都是一些好战的外来种族的后裔。

这些强大的入侵者渐渐被印度斯坦炎热的气候征服。虽然这里土壤肥沃，但人们却很懒散。炎热的天气使人们讨厌做任何费力气的工作。

---

① 新月（Crescent），即新月沃土，或称肥沃月弯，是指西亚、北非地区、两河流域及附近一连串肥沃的土地，位于今日的以色列、约旦河西岸地区（简称西岸）、黎巴嫩、约旦部分地区、叙利亚以及伊拉克和土耳其的东南部、埃及东北部。因为地图上这些地区好像一弯新月，所以美国芝加哥大学的考古学家詹姆士·布雷斯特德将这一片肥沃的土地称为新月沃土。——译者注

蒙古人来到印度

然而，高温不是导致这种变化的唯一因素。阿拉伯是世界上最炎热的国家之一，但阿拉伯人曾推翻了拜占庭的罗马帝国和西班牙的哥特君主国。另外，克什米尔宜人的气候使这里的男人显得比印度其他地方的男人更羸弱。的确，在印度人中，尤其是多阿布北部地区的农民，他们大都身强力壮，从事大量户外劳动，但这里的气候非常炎热。也许印度的这个魔咒如同克什米尔人的魔咒一样，甚至所有适宜人类生存的地区也是如此，由于缺少持续努力的动力，人们的竞争意识逐渐被消磨殆尽，继而产生了一种忌妒心理。缺乏宣泄途径的原始竞争情绪以诽谤与邪恶的方式展现了出来。克什米尔人从当地的气候中获得的优势表现为他们智力上的优越性。

在1761年的帕尼帕特战役中，胜利者和溃败者的损失几乎相等。这场战役使印度被洗劫一空，再也无法诱惑入侵者。之后，几乎没有人愿意移居到印度。精疲力竭的印度居民以自己的方式为了这片破败不堪的土地争执不休。具有时代特色的混乱状态与普通大众经历的种种痛苦已经逐步展现在读者眼前。

但新鲜血液即将从一个意想不到的地方注入印度。当时，欧洲最活跃的两个民族是英国人和法国人。英法两国贫困的乡绅的孩子生长在非常严酷的气候环境中（这种气候增加了人对各种资源的需求量，同时也增加了满足这些需求的难度），这使他们开始利用各种手段在东西半球寻找本国法律和统治机构无法提供的获取财富的机遇。他们的奋斗成果强烈震撼了印度和美国。然而，印度并没有在这些殖民者的激烈竞争下开始衰落，在最终的灾难来临之前，殖民者的英勇与野心也不是导致印度衰落的唯一原因。然而，除了造成印度衰落的表层原因外，最根本的原因是，印度所有的统治者在政府管理方面几乎都极其无能，欧洲的竞争者自然会抓住这一绝佳

第16章 莫卧儿帝国衰落后的印度

机遇。想要了解这方面历史细节的人可以参考马勒森上校关于法国人在印度的两部著作。在拥有本国政府的支持、稳定的政策扶持和充足物资供应方面，英国人更胜一筹。

在描述外国统治势力取代印度的无政府状态的过程中，我的任务是展现造成或伴随这种无政府状态的主要事件。从英属印度帝国的发展过程中可以追溯到这些事件。结果表明，长期以来，"商人们的公司"[①]占领了沿海地区及其邻近的一些省份，通过谨慎的自我保护措施与对自己生活长期的节制，该公司最终获得了印度的统治权。与此同时，印度北部地区与加尔各答政府之间的关系，与后来旁遮普和阿富汗被相继占领的地区与它们的统治者之间的关系非常相似。尽管这一事实绝对真实，却一直被人们忽视，原因在于印度成为英属帝国后，加尔各答仍然是最高政权所在地。然而1857年的事件表明，在印度人的心目中德里一直是帝国的都城。无论如何，认为印度是英国人从伊斯兰教徒手中抢过来的观点完全错误。英国人出现在印度之前，除了孟加拉，伊斯兰教徒几乎在所有地方都遭到重创。加尔各答的"马拉塔沟"表明，即使孟加拉的英国人几乎被印度新的领袖消灭殆尽，伊斯兰教徒也没有能力长久占据在那里。如果英国人没有赢得普拉西战役与布克萨尔战役，整个莫卧儿帝国现在可能已经成为锡克教徒、拉杰普特人和马拉塔人的战场。1716年，法鲁赫希亚尔颁布诏书后，除了德干的尼扎姆，印度几乎没有一个势力强大的穆斯林统治者。库尔德拉战役之后，德干的尼扎姆从英国政府那里获得了权力。从阿拉姆吉尔二世逝世到沃伦·黑斯

[①] 商人们的公司指"东印度公司"。——译者注

廷斯卸任期间，屡弱的莫卧儿帝国在英国的支持下继续维持着对印度名义上的统治。正是由于英国对印度政权直接或间接的干预，海德拉巴德及其他所有的穆斯林公国才得以留存下来。

现在唯一应该注意的是，根据现有资料，莫卧儿帝国的大部分领土落入最终的征服者手里后，这些领土的社会状况如何。

半个多世纪后，奉地方政府的命令出版的一部作品或许给出了这一问题的最佳答案。该作品描述了法国将军（佩龙将军）亲自管理的领土的社会状况。

为了维持军队的日常开销，佩龙占领了大片土地，并以绝对权威统治着自己的领地。一位"老公使"描述了佩龙统治时期阿里格尔的状况。内容如下：

> 他保持着一位东方领主的威仪与尊严，与强大的王公联盟，并以其军事优势威慑周边的小酋长。在德里君主的领土上，佩龙拥有与君主同等的权力。他力图用增加税收的方式提高自己的收入。大区的百姓通常以农耕为生，其中小部分土地作为封地被分封给当地酋长，但他们治下的人必须定期服兵役。驻扎在总部的大批军队负责收缴税收（阿里格尔附近的土地）。西坎德拉巴德的一个旅的任务就是按时收税。如果土地所有者拒绝缴税，下场一般很惨，他的村庄会立即遭受毁灭性的劫掠与破坏，以此来杀一儆百。这些严酷而粗鲁的措施往往会导致流血牺牲。另外，这种司法管理体系存在很大缺陷，它没有固定的程序。印度教和伊斯兰教的律法也没有强有力的执行体系。因此，除了增加税收，镇压犯罪活动成了统治者最关心的政务。

加尔各答

一名官员被任命为巴克什·阿达莱特，他的工作是收取内政部官员的报告，并传达佩龙将军对逮捕罪犯的处理命令。没有任何审判来裁定罪犯的罪行，证据全部来自官员们的报告，最后由佩龙将军决定如何惩处。

  这种司法管理体系的缺点在于，统治者可以肆无忌惮地对人民施行暴政，随心所欲地征税，并将这些税收占为己有。印度人统治阿里格尔时期，没有人担心建造华丽的砖石屋会引起大家的注意，从而使人们认为他很富有，因此缴纳巨额赋税。贝努瓦·德·布瓦涅和佩龙统治时期，人们在饮食与衣着方面非常简单朴素，甚至连婚礼都不敢铺张，女性也不敢佩戴首饰。在这种状况下，即使地主积聚了大量钱财也不敢享受，他们将钱埋在地下，但经常因为死亡或其他原因使这些钱突然被发现，落入他人之手。七十年间，科尔市发生了翻天覆地的变化。现在，科尔市到处都是豪华的房屋，市场上摆放着琳琅满目的商品，银行和钱庄的生意蒸蒸日上，女性戴着珠宝首饰在街上走来走去，人们享受着健全的法律体系带来的美好生活，再也不用担心遭遇危险。贝努瓦·德·布瓦涅和佩龙掌权时期，科尔市的集贸街特别狭窄。他们从未考虑过百姓福利和改善民生等问题，他们的精力都放在增强军事力量和维护国内秩序上，因为他们很清楚，并且他们的下属也曾提醒，对这片土地的统治只是暂时的。与道拉·拉奥·辛迪亚的战争将会改变事态的发展方向，最终，他们会失去这些土地。

第16章 莫卧儿帝国衰落后的印度

一份写于 1808 年的报告证实了上述内容。阿里格尔的税收官写信给委员会，提出应当谨慎评估土地税或政府租金。这个委员会是为了在被征服的省份建立行政管理体系成立的。由于之前在管理措施上的失误，以及 1785 年的大饥荒和其他一些历史原因，再加上长年累月的战争，这个国家在很大程度上已经退回原始状态。这位税收官预计，如果六年内不发生战争，种植业和财政收入将会增长 32%。

这片区域内有很多杰出的地主，无论他们之前是官员还是农民，他们都取得了成功。主要代表是西边巴特普尔的贾特人和东边皈依伊斯兰教的拉杰普特人的后裔。曾经漫长的纷争使莫卧儿的贵族逐渐没落，如今，几乎没有一位莫卧儿贵族拥有大片土地。

贾特人和伊斯兰教徒是印度西北诸省著名的塔卢克达尔[①]的祖先。塔卢克达尔有限的权力是一个具有较大争议的话题，早期英国行政人员的严谨要求我们必须注意他们在法国－马拉塔人统治下的地位，以及他们成为英属印度的子民后的生活状况。

我们已经看到，塔卢克达尔（这个术语后来才出现，现在已广为人知，但当时并不适合指称大地主）经常非法收税，并挪为私用。每一个大型村庄都有自己的关税平台，进出的货物都要向乡村管理者纳税。除此之外，塔卢克达尔还通过与当地的强盗和土匪分赃来获得相当可观的收入。这些强盗和土匪中有一部分人是逃兵，由于战争结束后军队会遣散一部分军人，这种情况日趋恶化。

---

① 塔卢克达尔（Talukdars）是指莫卧儿和英国统治印度时期的土地所有者，塔卢克达尔负责征收土地税。——译者注

杰拉德·莱克将军发表了一份声明，称将会确保土地所有者的合法权益不受侵害，但对上述两种敛财手段采取了惩处措施。然而，印度贵族间的相互争斗和掠夺商人财富对土地所有者来说非常重要，就像这些权力对他们欧洲中世纪的祖先同样重要一样。这些地主自恃拥有坚固的防御工事，将这些反社会的特权紧紧攥在手中。

1803年年初，在向道拉·拉奥·辛迪亚宣战之前，总司令亲自率领英国在印度北部的所有兵力，攻下了多阿布的部分要塞。一年前，奥德省督（莫卧儿帝国的省级地方行政长官）将多阿布割让出来。经过长期忍耐，被征服省份的伊斯兰首领采取了同样的方式。1804年12月，他们在阿里格尔附近叛乱，几乎占领了周边所有地区。阿里格尔要塞的指挥官伍兹上尉只能在税收官的支持下调拨军队。1805年7月月底，司令部派来一支强大的特遣部队，终于平息了叛乱。这些伊斯兰首领在任职期间大肆劫掠，积聚了大量物资，1806年10月再次发动了叛乱。整个阿里格尔北部地区，以及毗邻的波兰沙哈南部地区被侵占。卡莫纳要塞和格诺拉要塞的守军全副武装，时刻处于防御状态。1807年11月19日，卡莫纳要塞的守军抵御了狄更斯少将率领的英国军队的进攻，战况非常激烈，英国军队损失惨重。不久，卡莫纳部落被征服。

约十多年后，阿里格尔地区的贾特人的塔卢克达尔才被征服。我们有理由相信，在这段漫长的岁月里，他们阻断贸易往来，扰乱农业秩序，对社会发展造成巨大影响。最终，1817年3月，哈特拉斯要塞被捣毁，顽固的王公达亚拉姆被驱逐出去。至此，贾特人的塔卢克达尔叛乱完全被平息。

第 16 章 莫卧儿帝国衰落后的印度

可以客观地认为，保护人民生命财产安全、为贸易往来中的外国商人和依赖土地生活的农民提供安全保障是政府的首要职责。但在我们看到的这段黑暗时期，政府并没有承担这些责任。

我前面参考的"统计数据"的作者们说："事实上，那段时期，马路上空空荡荡，行人都通过小路往来。沃尔特·莱因哈特的寡妻的领土上有浓密的热带丛林和散布的众多堡垒，为逃亡的人提供了保护。在这里，掠夺来的财产可以很快脱手，为抢劫行为提供了诸多便利条件。"

英国征服者成立了一支特种部队，由著名的马拉塔军官加德纳上校指挥。他在打压嚣张的犯罪帮派方面取得了巨大成功，但不幸的是，这些犯罪帮派很快从贾特人的一位塔卢克达尔希拉·辛那里获得了支持，再次重操旧业。哈特拉斯要塞被摧毁后这种混乱的局面才结束。十四年对于重建社会秩序来说并不长，况且这里已经混乱了四十多年。

詹姆斯·福布斯[①]的《东方回忆录》是 1763 年到 1783 年作者对德干南部地区的调查结果，这本书并没有什么特殊目的，也不是为了引起争议。在作者退休至少三十年后，这本书才出版。下面这段文字摘录自《东方回忆录》卷一：

> 马雷是距温泉最近的一座马拉塔重镇，渡过河后很快就能到达。我们经常去附近的一座山上远足。马雷幅员辽阔，防御工事坚固。当地总督居住在浦纳，他无视百姓的疾苦，任由下属欺压百姓。事实上，马拉塔的管理制度一向暴虐无道，如果看到他们温和、公平的执政方式反而会觉得非

[①] 詹姆斯·福布斯（1749—1819），《东方回忆录》的作者。1765 年，他作为东印度公司的作家去了孟买。——译者注

常奇怪。贪赃枉法成为治国之道并渗透各个政府部门，只要君主需要钱，各省的总督和官员就必须无条件提供，君主从来不过问这些钱的来源，这为官员们提供了一个敛财机会。他们向自己的下属索要大量钱财，这些下属再从商人和农民那里敲诈更多的钱，远远超过他们应该上交的数目。于是，整个国家笼罩在暴政的阴影中，上至王公贵族，下至贩夫走卒，所有人都无法掌控自己的财产和生命。每当遇到雨水充沛、庄稼丰收的年景，农民的收成都会落入贪官之手。他们从来没有像英国农民一样，幸福地看着自己成熟的庄稼。他们的牲畜也是一样，随时有可能被抓去为战争服务，或者用于其他方面，但农民往往得不到任何补偿。印度农民无权支配自己的金钱。如果有人凭借聪明才智或不懈努力，积累了比邻居多一点点的财富，依旧于事无补，他的生活并不会因此好转。他也许会因为恐惧或多疑将这笔钱埋在地下，甚至不会告诉自己的子女。

在《东方回忆录》第二卷第339页有一段类似的叙述：

在所有东方专制君主中，马拉塔的专制王权最令人窒息。统治阶级通过各种残酷手段榨取百姓的钱财，而不是通过发展商业、农业的方式获取财富和实现繁荣，他们也不会像其他一些秩序井然的国家那样，使百姓安居乐业。

1807年，埃特瓦和科尔地区的税务官详尽叙述了印度本土统治者的统治状况，这些叙述收录在1873年出版的《西北诸省税收记录》

的第 314 页和第 337 页。下面是埃特瓦的税务官的一段叙述：

> 这是一个好战的部落，从本性和习惯上来说，他们更喜欢掠夺而不是和平与法制。他们更愿意用犁铧去换取刀剑。外国的入侵和本国的骚乱在很大程度上抑制了人口增长，与此同时，国内的贫困和政府官员的贪婪几乎阻断了贸易的发展，或者说在很大程度上将贸易往来局限在沿海省份的极少数有钱人手中，如柴明达尔。

科尔的税务官的叙述更大胆一些：

> 大大小小的革命带来的最显著的后果是，这个国家越来越贫穷，人口越来越稀少。政府没有能力采取相关措施满足人民的需求，也无法通过支持农牧业和商业发展的方式改善帝国的经济状况。然而，大多数国民极力推崇军队生活。职业军人往往忽视工业发展与和平的重要性，这一点符合当时的时代特征和民族性格，也影响了帝国的财政收入，人口不断减少。另外，国内盛行的高利贷和税收制度对国家经济造成了严重破坏。土地所有者的积极性遭到打击，统治阶级剥夺了他们通过辛勤劳作取得的合法收益，同时剥夺了他们的生产资料。他们很快发现，自己为改善现状所做的一切努力，非但没有使生活变得更好，反倒助长了政府官员的贪欲。由于没有激发农民的生产积极性，农业生产逐渐衰退殆尽。

阿里格尔（科尔）的状况更加引人注目，因为这里与最先被英国占领的地区有关，更重要的是，这里由佩龙将军直接管辖。因为这部分地区不受欧洲人监管，所以更适合作为研究样本。尽管在亚洲人统治的地区，或者在频繁遭受锡克人侵扰的地区，再或者地理位置、土壤、气候等自然条件较为恶劣的地区，人民无疑遭受了更多苦难，但从我们的叙述中或许也可以看到社会状况的混乱程度。我们展示出的没有法律的政府、没有良知的贵族、没有交通的道路，以及被荒草覆盖的田野，是英国统治印度之前，印度人自己治理国家的悲惨图景。

对过去的所有记录中，很少显现出无可争辩的真理。除了肤色与语言，英国人对印度人来说不再是外国人，他们是来自异国的印度人。由于受到世代沿袭的制度缺陷与无政府状态以及民族传统的影响，至今没有出现可以完全统治整个半岛的势力。印度半岛幅员辽阔。婆罗门及其制度在早期穆斯林的猛烈攻击下逐渐衰落，这些穆斯林后来又被莫卧儿人征服。当帕坦人和莫卧儿人被印度本土人同化时，他们失去了自己强壮的游牧祖先的骄傲与活力，逐渐演变成两种新的印度种族。另外，对印度来说，像 M. 劳一样的难民联盟和像乔治·托马斯一样的逃跑海员与拥有一大群追随者的穆斯林贵族一样重要。

不能忽视的是，穆斯林统治印度的辉煌时期，虽然统治阶级拥有很大权力，但具体的土地管理权掌握在辛勤劳作的本地人手中。在穆斯林帝国衰落之前，统治阶级曾试图将行政管理权集中到君主的贵族议会手中，并孤立议会中的印度教徒。然而，正如我们看到的那样，印度教徒是印度行政管理体系中不可缺少的一部分。

第16章 莫卧儿帝国衰落后的印度

可以肯定的是，即便穆斯林统治者的计划最后成功，他们的优越性也会削弱印度教徒的信仰，使局势更加混乱，最后导致没有移民愿意迁入印度的窘境，社会发展止步不前。之前印度的穆斯林因为滥用职权失去的统治地位如今被英国人占据，同样，英国人受到了荣誉与利益的双重约束。由于命运的安排，他们统治着数量庞大的部落与民族，这些部落与民族处在与他们不同的发展阶段，因此，他们必须谨慎、温和、坚定。英国人的职责是促进当地人的进步，使他们适应文明有序的政治生活。

但这并不意味着，结果是诱使当地人要求自治。困难一如既往地伴随着社会的发展，我们现在还看不到结果。此外，国民教育中不可避免的世俗特性激化了社会矛盾。当缺乏物质资源的种族处在顺从和无知的生存状态下时，他们可能陷入停滞不前的僵局，这也许是许多无能的统治者的理想状态，却不符合现代英国的统治精神。一方面，英国人意识到，在印度传播知识是他们的职责。另一方面，他们与印度人的关系使他们无法在印度开展宗教教育。因此，在英印合办的学校和大学里，学生正在逐渐失去自己的宗教传统，却得不到任何补偿。很显然，这样的体系迟早会招来人民的不满。

那些在以前的生存状态中失去希望的人，非常渴望在现在的生存状态中感受到生活的美好。

尽管如此，社会中依然存在两种相反的情绪，二者水火不容。一方面，许多人向往埃及的奢靡生活，渴望拥有一片流淌着奶与蜜的肥沃土地。在这种憧憬下，他们愿意服从英国人的统治。但另一方面，一部分人对英国的统治表现出诸多不满。没有必须详述这些过程。我们的理想是让印度的统治者用行动说服印度人民，让印度人民相信自己正在被引向光明与自由，让辛勤善良的民众看到被救赎的印度如何在伟大的新体系中有条不紊地前进。也许这个理想永远无法实现，但对于为了大英帝国的强盛不断努力的人来说，这个理想还是有益的。

专有名词英汉对照

H. G. Keene	H.G. 基恩
Hindustan	印度斯坦
Moghul Empire	莫卧儿帝国
Elphinstone	埃尔芬斯通
Hindu	印度教徒
Mohammedan	伊斯兰教徒
Alamgir II	阿拉姆吉尔二世
Lake	杰拉德·莱克
Dechi	德里
Medižval War	梅迪兹瓦尔战争
British Empire	大英帝国
Mahrattas	马拉塔人
Bengal	孟加拉
Benares	贝拿勒斯
Clive	罗伯特·克莱夫
Warren Hastings	沃伦·黑斯廷斯
East India Company	东印度公司
S. Owen	S. 欧文
Madras	马德拉斯
Roman	罗马人
Carling Empire	卡林帝国
Oxford	牛津
Timurides	帖木儿帝国
Aurungzeb	奥朗则布
Muhamad Shah	穆罕默德·沙
Ahmad Shah	艾哈迈德·沙
Panipat	帕尼帕特
Ramnarayan	拉姆纳拉亚恩

莫卧儿帝国：从奥朗则布大帝时代到莱克勋爵占领德里

M. Law	M. 劳
Battle of Gaya	加雅战役
Massacre of Patna	卡西姆
Kasim	巴特纳大屠杀
Sumroo	苏姆罗奥
Battle of Buxar	布克夏尔战役
Allahabad	阿拉哈巴德
Mirza Jawan Bakht	米尔扎·贾万·巴克特
Jats	贾特人
Jaipur	斋浦尔
Sikhs	锡克教徒
Bhartpur	巴特普尔
Rohillas	罗希拉人
Rohilkand	罗希尔坎德邦
Madhoji Sindhia	玛多吉·辛迪亚
Zabita Khan	扎比塔·汗
Mirza Najaf Khan	米尔扎·纳贾夫·汗
Audh	奥德
H. Rahmat	拉赫马特
Najaf Kuli Khan	纳贾夫·库里·汗
Upper Doab	上多阿布
Popham	波帕姆
Gwalior	瓜廖尔
Begam	贝加姆
Afrasyab Khan	阿弗拉西阿卜·汗
Mirza Shaffi	米尔扎·沙菲
Agra	阿格拉
Chalisa	查理萨
Rajput	拉杰普特人
Battle of Lalsot	拉尔索特战役
Mohammed Beg	穆罕默德·贝格
Ismail Beg	伊斯梅尔·贝格
Begam Sumroo	贝加姆·苏姆鲁
Battle of Chaksana	查克萨纳战役
George III	乔治三世
Gokalgarh	高卡尔加尔
Fatihpur	法提赫布尔
Firozabad	费罗扎巴德
Moharram	回历正月

专有名词英汉对照

Meerut	密鲁特
Battle of Patan	帕坦之战
Mathra	马图拉
Jodhpur Raja	焦特布尔王公
Battle of Mirta	米尔塔战役
Puna	浦纳
Battle of Lakhairi	拉克海利战役
Lord Cornwallis	康沃利斯勋爵
George Thomas	乔治·托马斯
Daulat Rao Sindhia	道拉·拉奥·辛迪亚
Appa Khandi Rao	阿帕·坎蒂·拉奥
Battle of Kurdla	库尔德拉战役
Perron	佩龙
Afghans	阿富汗人
War of Bais	拜斯战争
Nizam	尼扎姆
Shimbunath	辛布纳斯
Lakwa Dada	拉科瓦·达达
Indor	印多尔
Treaty of Bassein	《博森条约》
Marquis of Wellesley	韦尔斯利侯爵
The First Consul	第一执政官
Talukdars	塔卢克达尔
Satlej	萨特累季河
Indian Ocean	印度洋
Narbadda	纳巴达河
Son	宋河
Himalaya Mountains	喜马拉雅山脉
Ghagra	加格拉河
Sirhind	锡林德
Lahore	拉合尔
Rajputana	拉杰普塔纳
Gujrat	古吉拉特
Malwa	马尔瓦
subahs or divisions	省
sarkars or districts	县
dasturs or sub-divisions	乡
parganahs or fiscal unions	村
Deccan	德干

Panjab	旁遮普
Kabul	喀布尔
Bihar	比哈尔
Orissa	奥里萨
Ajmir	阿杰梅尔镇
Aravalli Mountains	阿拉瓦利山脉
Abu	阿布
Ceylon	锡兰
Bay of Bengal	孟加拉湾
Metayer system	地租分成制
Urdu or Rekhta	乌尔都语
Arabised Persian	阿拉伯化的波斯语
Hindi	印地语
Turkish	土耳其语
Shahjahan	沙·贾汗
Urdu-i-muali	乌尔都－伊－木阿里
Urdu-ki-zaban	乌尔都－奇－扎班
Edward III	爱德华三世
Arabia	阿拉伯语
Persia	波斯语
Sanskrit	梵语
Kashgar	喀什
Alps	阿尔卑斯山脉
Tartars	鞑靼人
Tedeschi	泰代斯基人
Piedmont	皮埃蒙特
Lombardy	伦巴第
Central Asia	中亚
Goths	哥特人
Huns	匈奴人
Saxons	撒克逊人
Sudras	首陀罗
Scythian	塞西亚人（又译西徐亚人）
Vedas	吠陀
Gautama	高塔马
Puranas	宇宙古史
Sarawagis	萨拉瓦吉斯
Jains	耆那教徒
Buddhists	佛教徒

专有名词英汉对照

Shiva	湿婆派
Vishnu	毗湿奴派
Musalman	穆斯林
Ramzan	拉姆赞
Hijra	海吉拉
Sambat	桑巴特
Raja	拉贾
Bikram Ajit	比克拉姆·阿吉特
Akbar	阿克巴
Tartar	鞑靼
Christ	基督
Pliny	普林尼
Tertullian	特土良
Christianity	基督教
Anglican Bishop	圣公会主教
Indraprastha	因陀罗补罗湿多
Jamna	朱木拿河
General Cunningham	坎宁安将军
Kutb Minar	顾特卜塔
Ghazni	加兹尼
Humayun	胡马雍
Din Panah	汀帕纳
Mewat Highlands	莫瓦特高地
Diwan-i-Am	公共大厅
Diwan-i-Khas	私人大厅
Salimgarh	萨利姆加尔
Red Palace of Dehli	德里红宫
St. John	圣约翰
Caste	种姓制度
Macaulay	麦考利
Nand Komar	南德·科马尔
Timur	帖木儿
Babar	巴布尔
Chaghtais	察哈台汗国
Jahangir	贾汉季
Mosque	清真寺
Cordova	科尔多瓦
Granada	格拉纳达
Khuram	胡拉姆

Taj	泰姬
Pathans	帕坦人
Golconda	戈尔康达
Bijapur	比贾普尔
Western Ghats	西高止山脉
Etruscan	伊特鲁里亚人
Louis Quatorze	路易十四
Bahadur Shah	巴哈杜尔·沙
Lahor	拉霍尔
Mirza Moizudin	米尔扎·莫伊祖丁
Barha	巴尔哈
Saiyid	赛义德
Farokhsiar	法鲁赫希亚尔
Sultan Roshan Akhtar	苏丹·罗山·阿赫塔
Mohammad Shah	穆罕默德·沙
Sunnis	逊尼派
Shias	什叶派
Chin Kulich	钦·库利奇
Saadat Ali	萨阿达特·阿里
Turan	图兰人
Haidarabad	海德拉巴德
Bhopal	博帕尔
Malwa	马尔瓦
Khan Dauran	汗·达乌兰
Nadir Shah	纳迪尔·沙
Peacock Throne	孔雀宝座
Peshwa	白沙瓦
Rohelkhand	罗西康德省
Vakil-i-Mutlak	瓦基勒－伊－穆塔拉克
Ahmad Khan Abdali	艾哈迈德·汗·阿卜达里
Daurani Afghans	道拉尼阿富汗人
Vazir	维齐尔
Mir Mannu	米尔·曼努
Abul-Mansur Khan	阿布－曼苏尔·汗
Safdar Jang	萨夫达尔·扬
Kamr-ul-din Khan	卡姆尔－乌尔－丁·汗
Moin-ul-din	莫因－乌尔－丁
Nasir Jang	纳西尔·扬
Bakhshi	巴克什

专有名词英汉对照

Amir-ul-Umra	阿米尔－乌尔－乌姆拉
Nawab	纳瓦布
Jawid Khan	贾维德·汗
Udham Bai	乌德哈姆·巴依
Kudsiya Begam	库德塞亚·贝加姆
Kashmir Gate	喀什米尔门
Suraj Mal	苏拉杰·马尔
Ganges	恒河
Kumaon mountains	库毛恩山
Multan	木尔坦
Professor Dowson	道森教授
Firoz Jang	菲罗兹·扬
Shahabuddin	谢哈布丁
Aamad-ul-Mulk	阿迈德－乌尔－穆尔克
Aurangabad	奥兰加巴德
Lucknow	勒克瑙
Bhurtpore	布尔特普尔
Intizam-ud-daulah	英提扎姆－乌德－道拉
Khan Khanan	汗·克哈南
Kamar-uddin	卡马尔－乌丁
Bolandshahr	博兰德沙
Moghul Darba	莫卧儿达巴
Jahandar Shah	贾汉达尔·沙
Najib Khan	纳吉布·汗
Dundi Khan	达乌德·汗
Bijnaur	比杰诺尔
Saharanpur	萨哈兰普尔
Bawani mahal	巴瓦尼·马哈尔
Doab	多阿布
Aliverdi Khan	阿里瓦迪·汗
Bangash	班加什
Ali Gauhar	阿里·高哈尔
Adina Beg	阿迪纳·贝格
Mirza Ali Gauhar	米尔扎·阿里·高哈尔
Ahmad the Abdali	艾哈迈德·阿卜达里
Sardar Jahan Khan	萨达尔·贾汗·汗
Great Mutiny	大兵变
Anupshahar	阿努普沙哈尔
Kasi Raj Pandit	卡西·拉杰·潘迪特

Timur Shah	帖木儿·沙
Kandahar	坎大哈
Ali Mardan Khan	阿里·马尔丹·汗
Rajah Ramnath	拉姆纳特王公
Saiyid Ali	赛义德·阿里
Sikandra	锡根德拉
Mahdi Ghat	马赫迪加特
Kashmirian	克什米尔人
Firozabad	费罗扎巴德
Firoz Shah	菲罗兹沙宫
Mirza Babar	米尔扎·巴巴尔
Balabash	巴拉巴什
Uzbek	乌兹别克人
Intizam-ud-Daula	安提扎木－乌德－道拉
Kam Bakhsh	卡姆·巴克沙
Shah Jahan II	沙·贾汗二世
Farukhabad	法鲁哈巴德
Shall Alam	沙尔·阿拉姆
Surat	苏拉特
Mecca	麦加
Bandelkhand	本德尔肯德
Pakpatan	帕克帕坦
Campaign of Panipat	帕尼帕特战役
Berar	贝拉尔
Haidar	艾达尔
Daurani Empire	杜兰尼帝国
Sadasheo Rao	萨达舍奥·拉奥
Peshwa	佩什瓦
Sivaji	西瓦吉
Mikado of Japan	日本天皇
Ibrahim Khan	易卜拉辛·汗
Bussy	蒲塞
Holkar	霍尔卡
Gaikwar	牧牛王
Gobind Pant	戈宾德·潘特
Shujaa	舒贾阿
Grant-Duff	格兰特－达夫
Jhansi	佳斯
Count de Boigne	布瓦涅伯爵

专有名词英汉对照

Shah Wali Khan	沙·瓦力·汗
Chevalier Law	舍瓦利耶·劳
Captain Knox	诺克斯上尉
Khadim Hossain	卡蒂姆·侯赛因
Shatab Rai	沙塔布·拉伊
Shahdara	沙赫德拉
Kunjpura	昆杰普拉
Dasahra	达沙哈杰
Ram	拉摩
Lanka	楞伽城
Baghpat	巴格帕特
Sonpat	桑帕特
Sambalka	桑巴尔卡
Gobind Pant Bundela	戈宾德·潘特·邦德拉
Atai Khan	阿泰·汗
Shah Pasand	沙·巴桑
Hafiz Rahmat	哈菲兹·拉马特
Shah Pasand Khan	沙·帕桑德·汗
Gholam Hosain	格拉姆·侯赛因
Colonel Skinner	斯金纳上校
Jankoji	冉克吉
Sebastian	塞巴斯蒂安
Calcutta	加尔各答
Lord Chatham	查塔姆勋爵
Lakhs	拉克
Battle of Buxar	布克夏尔战役
Mohammad Kuli Khan	穆罕默德·库里·汗
Kamgar Khan	卡姆加尔·汗
Karamnassa	卡拉姆纳萨河
Kanauti	卡瑙提
Meer Jaffier	米尔·贾法尔
Ghor	古尔王朝
Shaikh	谢赫
Battle of Plassey	普拉西战役
Captain Smith	史密斯上尉
Bakshi Adalat	巴克什·阿达莱特
Bolandshahar	波兰沙哈
Major-General Dickens	狄更斯少将
Forbes	福布斯

Suan	苏安
Mir Kasim	米尔·卡西姆
Oriental Memoirs	《东方回忆录》
subahdar	苏巴达尔
Ellis	埃利斯
Walter Reinhardt	沃尔特·莱因哈特
Franco-German	法裔德国人
Duchy of Luxemburg	卢森堡公国
Treves	特里尔特人
Gregory	格雷戈里
Gurjin Khan	古尔金·汗
Armenian	亚美尼亚人
Broome	布鲁姆
Salzburg	萨尔茨堡
Madras	马德拉斯
Lally	拉利
Bundelkand	邦德尔坎德
Colonel Carnac	卡纳克上校
Major Monro	蒙罗少校
Sir Hector	赫克托爵士
Buxar	布克萨尔
Karamnassa	卡拉姆纳萨河
Ghazipur	加齐普尔
Faizabad	法扎巴德
Bareilly	巴雷利
Malhar Rao Holkar	马尔哈·拉奥·霍尔卡
Cawnpore	坎普尔
Diwans	迪万
Kora	戈拉
Manir-ud-daulah	马尼尔–乌德–道拉
Raja Ram Nath	拉姆·纳特王公
Siar-ul-mutakharin	希萨姆–乌德–道拉
Treaty of Benares	《贝拿勒斯条约》
Thakur	塔库尔
Elliot	利奥特
Murshidabad	穆尔希达巴德
Chandarnagar	昌达尔纳加尔
Lord Combermere	康伯米尔勋爵
Chillianwala	齐连瓦拉

专有名词英汉对照

Dholpur	托尔布尔
Gohad	戈哈达
Jutland	日德兰半岛
Kent	肯特郡
Hampshire	汉普郡
Mewat	梅瓦特
Farokhnagar	法洛克纳加尔
Bahadurgarh	巴哈杜加尔
Biloch	比洛克
Hansi	哈恩西
Faujdarship	法吉达尔
Shahdara	沙赫德拉
Hindan	欣登河
Jowahir Singh	奥瓦希尔·辛格
Sikandrabad	西坎德拉巴德
Malhar Rao Holkar	马尔哈·拉奥·霍尔卡
Madhu Sing	马杜·辛格
Kachwaha	卡克瓦哈
Kusha	库沙
Amber	安伯
Lake of Pokar	波卡尔湖
Alwar	阿尔瓦尔
Ranjit Singh	兰吉特·辛格
Chambal	昌巴尔河
Patel	帕特尔
Takuji Holkar	塔库吉·霍尔卡
Ranoji Sindhia	拉诺吉·辛迪亚
Central Doab	多阿布中央地区
Mr. Verelst	弗勒斯特先生
Ali Mohammad	阿里·穆罕默德
Najibabad	纳吉巴德
Siwalik Hills	西瓦利克山脉
History of Rohillas	《罗希拉人的历史》
Tarikh-i-Mozafari	《莫扎法伊尔传》
Brounker	布朗克
Hissam	希萨姆
Hashim-Ud-Daula	哈西姆－乌德－道拉
Korah	科拉省
Medoc	梅多克

Robert Barker	罗伯特·巴克
Bawanni Mahal	巴万尼·马哈
Muzaffarnaggar	穆扎法尔纳格尔县
Pathargarh	帕塔尔加尔
Attock	阿塔克
Ghausgarh	格豪斯加尔
Mohamadan League	穆斯林联盟
Sir R.Barker	R.巴克爵士
Hafiz Rahmat Khan	哈菲兹·拉马特·汗
Balamgarh	巴拉姆伽合
Zulfikar-ud-daulah	祖尔菲卡尔-乌德-道拉
Lower Doab	下多阿布
Romghat	拉姆哈特
Buxar	布克萨尔
Etawa	伊塔瓦
Sukhartal	苏克哈塔尔
Romaghat	罗马加特
Aligarh	阿里格尔
Bareilly	巴雷利
Abdul Ahid Khan	阿卜杜勒·阿希德·汗
Manzur Ali Khan	曼祖尔·阿里·汗
Mill	米勒
Whig	辉格党
Tippu Sultan	蒂普苏丹
Rampur	兰普尔
Hmadan	哈马丹
Rathur	拉图
Bikanir	比卡尼尔
Hariana	哈里亚纳邦
Saif-ud-daulah	赛义夫-乌德-道拉
Latafat Khan	拉塔夫·汗
Hodal	霍达尔镇
Dig	迪格
Kumbhair	库姆比哈伊尔
Majad-ud-daulah	马贾德-乌德-道拉
Hamilton	汉米尔顿
Francklin	富兰克林
Madho Rao	马德霍·拉奥
Pattiala	帕特提阿拉

专有名词英汉对照

Jhind	杰信德
Latafat	拉塔法特
Faujdar	法乌吉达尔
Maulah Ahmad Dad	马乌拉·艾哈迈德·达德
Farkhanda Barkht	法尔克汉达·巴克特
Pattiala	帕提亚拉
Amar Singh	阿马尔·辛格
Karnal	卡纳尔
Sirdar	希尔达尔
Heptarch	七王国
Egbert	埃格伯特
Haidar Ali	海达尔·阿里
Chatr Singh	查特尔·辛格
Maharaj Rana	马哈拉杰拉纳
Gohad	戈赫德
Major Popham	波帕姆少校
Captain Bruce	布鲁斯上尉
Lieutenant Cameron	卡梅伦中尉
Sword of State	国之剑
Kotana	科塔纳镇
Aloysius	阿洛伊修斯
Johanna	乔安娜
Sardhana	萨尔达纳
Captain Scott	斯科特上尉
Saffavi	萨法维
Jamma Masjid	加玛清真寺
Maharaja Bijai Singh	马哈拉贾·比扎伊·辛格
Udaipur	乌代布尔
Ambaji Inglia	阿姆巴吉·英格利亚
Joynaghur	约纳古尔
Jeypore	杰普尔
Ajeet Roy	阿吉特·罗伊
Partab Singh	帕塔·辛格
Desmukh	德斯姆克
Collector of Land Revenue	土地收益收税官
Aulia Saint Shah Nizam-ud-din	奥里亚·圣·沙·尼扎姆－乌德－丁
Diwan Khas	迪万·卡斯
Levant	雷范特
Kammar-ud-din Khan	卡玛尔－乌德－丁·汗

Kosi	柯西
Treaty of Salbai	《萨尔巴伊条约》
Coote	库特
Stuart	斯图亚特
Nana Farnavis	纳纳·法纳维斯
Esdraelon	埃斯德赖隆
Bhatiana	巴提亚纳
Muhanmud Beg Hamadali	穆罕默德·贝格·哈马达尼
Ismail Beg Khan	伊斯梅尔·贝格·汗
Carnatic	卡纳提克
Tippu Sahib	提普大人
Calcutta Gazettes	《加尔各答公报》
Jonathan Scott	乔纳森·斯科特
Ferishta	《菲丽什塔》
Said Raza Khan	赛义德·拉扎·汗
Zain-ul-Abidin	扎因-乌尔-阿比丁
Gosain	印度教托钵僧
Mr. Macpherson	麦克弗森先生
Anderson	安德森
Major Brown	布朗上校
Himmat Bahadur	黑马特·巴哈杜尔
Dehli Gazette	《德里公报》
Secundra Rao	塞昆德拉·拉奥
Battle of Lalsot	拉尔索特战役
Benoit de Boigne	贝努瓦·德·布瓦涅
Bawani Mahal	巴瓦尼·马哈尔
Byzantium	拜占庭帝国
Daulat	道拉特
Daulah	道拉
Arkan-i-Daulat	阿尔坎-伊-道拉特
Asaph	阿萨夫
Solomon	所罗门
Raghogarh	拉戈加尔赫
Malwa	马尔瓦
Major Palmer	帕尔默少校
Jaigir	扎伊吉尔
Raja Narayan Dass	纳拉扬·达斯王公
Dhiraj	齐拉贾
Jodhpur	焦特布尔

专有名词英汉对照

Rathor	拉索人
Rewari	雷瓦利
Gurgaon	古尔冈
Mewatis	莫瓦提斯
Minas	米纳斯人
Bhattis	巴提斯人
Ram Rattan	拉姆·拉坦
Dastar-u-Goshwara	达斯特-乌-格施瓦拉
Chamberi	昌伯利
Listeneaux	利森诺
John Hessing	约翰·赫辛
Kachwaha Dhiraj	卡克瓦哈·齐拉贾
Jainagar	杰伊纳格尔
Raza Khan	拉扎·汗
Najibs	纳吉布
Zeb-un-Nissa	泽布-安-尼萨
Sirdhana	信德哈纳
Fatihpur Sikri	法提赫普尔-西克里
Claude Martine	克劳德·马丁尼
Gul Mohammad	古尔·穆罕默德
Badal Beg Khan	巴达尔·贝格·汗
Sulaiman Beg	苏莱曼·贝格
Rayaji	拉亚吉
Ballamgarh	巴拉姆加尔
Shah Nizam-ud-din	沙·尼扎姆-乌德-丁
Dariaoganj	达瑞奥干吉
Lalla Sital Das	拉拉·西达尔·达斯
Ramrattan Modi	拉姆拉坦·莫迪
Yakub Ali	雅各布·阿里
Khair-ud-din	凯尔-乌德-丁
Ibratnama	《伊布拉特纳马》
Koran	《古兰经》
Red Castle	红色城堡
Rana Khan	拉纳·汗
Ghausgarh	卡尔巴拉
Faizula Khan	法伊祖拉·汗
Farrukhabad	法鲁卡巴德
Bedar Bakht	贝达·巴克特
Bawani	巴瓦尼

Nana Farnavis	纳纳·法纳维斯
Kuarpur	库尔布尔
Shimbunath	辛布纳特
Malhar Rao	马尔哈·拉奥
Anglo-Indian	英裔印度人
Beadle	比德尔
Kanaund	卡瑙德
Bikanir	比卡内尔
Dan Sah Jat	丹·萨哈·贾特
Ujain	乌贾因
Levaissoult	莱维苏尔特
Le Vasseur	瓦瑟
Fort William	威廉堡
Ashraf Beg	阿什拉夫·贝格
Madhu Rao Peshwa	马杜·拉奥佩什瓦
Wanauli	瓦纳利
Sir Dinkar Rao	丁卡尔·拉奥爵士
Sahib Bagh	萨希卜·巴格
Colonel Pedron	佩德隆上校
Nagpur	纳格浦尔
Khooshwuk Allee	库什乌克·阿里
Filose	费洛斯
Gopal Rao Bhao	戈帕尔·拉奥·巴奥
Tipperary	蒂珀雷里
Liegeois	里基人
Colonel McGowan	麦克高恩上校
Sleeman	斯利曼
Saleur	萨勒赫
Mr. Dyce	戴斯先生
Zaman Shah	扎曼·沙阿
Abdalees	阿布达利
Ludiana	卢迪亚纳
Raymond	雷蒙德
Kardla	凯尔德拉
Colonel Malleson	马勒森上校
Boyd	博伊德
Mr. Sangster	桑斯特先生
Fraser	弗雷泽
Vaman Rao	瓦曼·拉奥

专有名词英汉对照

Kattahir	卡塔海尔
Aftab	阿夫塔卜
Yazid	亚兹德
Solaiman	苏莱曼
Badal Beg	巴达尔·贝格
Mubarik Mahal	木巴瑞克·马哈尔
Sindh Deserts	信德大沙漠
Palibothra	帕里波斯拉
Madar-ul-Maham	马达尔–乌尔–马哈姆
Ali Jah	阿里·扎
Savoyard	萨瓦人
Gibraltar	直布罗陀
Palestine	巴基斯坦
Krishna	克利须纳
Bijai Singh	比扎伊·辛格
GopalRao	戈帕尔·拉奥
Colonel Rohan	罗翰上校
Waterloo	滑铁卢
Valley of Death	死亡之谷
Bernier	伯尼尔
Taragarh	塔拉加尔
Captain Mackenzie	麦肯齐上尉
Battle of Assai	阿萨伊战役
Pohlmann	帕尔曼
Dupont	杜邦
Saleur	赛勒
French Republic	法兰西共和国
Bourquien	邦奎恩
Vakil-mutlak	瓦基尔–穆特拉克
Treaty of Sarji-Arjangaon	《沙吉–阿詹加恩条约》
Nineveh	尼尼微
Babylon	巴比伦
Marathon	马拉松
Salamis	萨拉米斯
Crescent	新月
Ghazni	加兹尼王朝
Tadolini	塔多利尼
Satara	萨塔拉
Marre	马雷

Narbadda	纳巴达河
Napolon Bonaparte	拿破仑·波拿巴
Louis Bourquin	路易·布尔坎
Barhampur	巴汉布尔
Wellington Dispaches	《惠灵顿快报》
Wheeler	惠勒
Raghoji	拉格吉
Bhonsla Raja	邦斯拉王公
General Baird	贝尔德将军
Henry Wellesley	亨利·韦尔斯利
Gorakpur	哥拉克普
Rainer	雷纳
Lord Hobart	霍巴特侯爵
Peace of Amiens	《亚眠和约》
Malcolm	马尔科姆
Political History	《政治史》
Czar Paul	保罗一世
Mr. Michell	米歇尔先生
Major Thorn	索恩少校
St. Domingo	圣多明哥
St. Cloud	圣克卢宫
Moradabad	莫拉达巴德
Wuzier	乌兹尔
Sasnee	萨斯尼
Pergunnahs of Jellalee	詹勒里大区
Pergunnahs of Secundra	塞昆德拉大区
BijeyGurh	比詹古尔
Kuchoura	库周拉
Major Naivve	纳伊维少校
Bhudwas	布德沃斯
Carnegie	卡内基
Ferguson	弗格森
Lucan	卢坎
Birch	伯奇
Woodville	伍德维尔
Colonel Vickers	维克斯上校
John Morris	约翰·莫瑞斯
Nearchus	尼阿库斯
Colonel Sutherland	萨瑟兰上校